U0895807

英国苏格兰社区养老服务多元主体合作供给模式研究

曹鸣玉 著

人民出版社

序

曹鸣玉博士的《英国苏格兰社区养老服务多元主体合作供给模式研究》，是在中外人口老龄化背景下进行的实地考察和理论探讨。作者选择了具有特殊地理环境和社会人文特色的英国苏格兰社区，在缜密设计和实地调查的基础上，梳理概括出该社区特有的养老系统机制和管理治理理论，创造性地揭示出“多元主体”在社区养老过程中共同参与、合作互补、各司其职的系统机制。其中，政府在“多元主体”中扮演着特殊的角色，在服务递送、融资、决策、规制等养老环节中，始终起着关键性的赋权者、引导者、规范者的主导作用。在此基础上，作者作出了进一步的悉心探究和理论升华，梳理出该社区养老模式对社会民主化改革和新公共治理理论方面作出的积极贡献。

作者之所以能够取得卓有成效的研究成果，其重要原因是采用了科学缜密的研究方法，发挥出艰辛探索的刻苦精神。作者在社会哲学和逻辑整合的指导下，扬弃了实证主义方法与人本主义方法、整体主义方法与个体主义方法固有弊端，实现了二者的辩证统一，从而保证了整个研究的科学性；通过大量实地考察走访和典型案例分析，保证了研究的客观真实性。作者在自己的研究成果中，体现了典型性原则和普遍性原则的高度统一，从而实现了研究的理论意义与现实意义的完美结合。

自古以来，世界上不同国家、不同民族、不同地域的人们，在自身生活实践中创造的社会文化，总是突破种种界限的限制而相互影响、相互交流、相互借鉴，从而推动人类共同体的共同繁荣和发展。作者用心研究的苏格兰社区养老服务多元主体合作供给模式，就是这种人类文化的典型内容。近些年来，中国人口结构的老龄化日益突出，社会养老服务随之尖锐地突显出来，诸多社会养老服务问题亟待我们认真研究、积极探索和不断改进。作者立足国内，放眼世界，创新探索，为我所用，其研究成果对于推进我国的社会养老服务事业具有重要的借鉴参照作用。

概览了作者的研究成果，深为后人的研究能力和理论素养感到欣慰，写了如上的一些话，是为序。

魏礼群

2023年元旦

目　录

图目录

表 目 录

前　言

英国是社区照顾理论与实践的发源地。在人口老龄化的背景下，英国提倡以“在地安老”满足养老需求，社区养老服务成为社区照顾的主要内容。英国的养老服务供给是医疗与社会照顾服务供给体系中的一个重要组成部分，其服务供给理念与方式受到福利国家改革及公共管理理论范式转变的深刻影响。相较于英国其他地区，苏格兰地区的社区养老服务多元主体合作供给问题更加集中地体现出民主化改革和新公共治理理念。

社区养老服务多元主体合作供给，实际上是公私合作供给。其中，公共部门（政府）是服务提供方，私人部门是服务生产方，服务使用者（老年人及其家人）是服务受益方和协同生产方。本书根据服务生产方“是否营利”“是否正式”的本质属性进行交叉分类，划分出“政府与非正式部门合作供给”“政府与第三部门合作供给”“政府与私营部门合作供给”三种模式。运用新公共治理理论、福利多元主义理论、帕森斯的 AGIL 理论、积极老龄化理论等相关理论资源，在界定“社区养老服务”“多元主体”“合作供给”诸核心概念的基础上，建构了社区养老服务“服务提供方—服务生产方—服务受益方 / 协同生产方”合作供给模式的“权责角色—结构功能—价值目标”分析框架，并运用这一分析框架，对英国苏格兰社区养老服务多元主体合作供给的上述三种模式进行典型案例分析，在此基础上根据差别复制逻辑，通过分析性归纳得出结论。为了使研究视角更加全面，本书还以服务提供方（即公共部门 / 政府）为切入点，探讨政府对以上各模式的维护保障作用。

本书通过研究发现：上述三种模式之间不存在优劣之分，而是以其各有差异而又部分重叠的服务供给特征，共同构成社区养老服务供给的连续统一体，以覆盖老年人不同层面的需求。这三种合作供给模式的主体权责角色结构、AGIL功能实现路径、积极老龄化价值目标及其实现路径均具有类型化特征，因而有不同类型的运行机制：政府与非正式部门合作供给模式的运行机制是政府赋权社区、社区自治互助，该运行机制侧重通过社区互助推动老年人融入社会；政府与第三部门合作供给模式的运行机制是政府分权引导第三部门，第三部门在公民、非正式组织和政府之间架起链接互通的桥梁，该运行机制侧重通过斗争性参与维护老年人平等权益；政府与私营部门合作供给模式的运行机制是政府规范市场、私营部门与服务使用者协商共塑服务，该运行机制侧重通过政府将资金直接支付给老年人以实现老年人对养老服务的个性化选择。在合作供给中，政府与其他主体之间既非如替代理论所谓替代关系，亦非如互补理论所谓互补关系，而是“局部替代—整体互补”的关系：单从服务递送的角度来看，政府的部分职能一定程度上由非正式部门、第三部门、私营部门替代；但从服务递送、融资、决策、规制四个角度综合来看，政府与其他三个部门以及服务使用者之间呈现互补关系。政府作为服务的提供方扮演着多重角色，其角色的多重性主要体现在角色层次及相应治理工具层次的差异方面。从角色层次来看，在子系统亦即各模式中，政府根据作为服务生产方的非正式部门、第三部门、私营部门本质属性的差异分别扮演“赋权者”“引导者”“规范者”角色；在总系统中，政府为多元主体合作供给模式的良性运转塑造环境，扮演总系统的“维护保障者”角色。从治理工具层次来看，政府在子系统及总系统中分别使用“制度”和“元治理”层次的治理工具。

本书从社区养老服务多元主体合作供给中服务生产方的本质属性出发进行模式划分，发现的基本规律对于其他国家或地区具有普遍适用性，对我国社区养老服务多元主体合作供给也具有一定启示和借鉴意义。

导 论

一、问题的提出

英国的养老服务供给是医疗与社会照顾服务供给体系中的一个重要组成部分，其服务供给理念和方式受到福利国家改革与公共管理理论范式转变的深刻影响，形成了由机构化养老到社区养老、由单一主体供给服务到多元主体合作供给服务、由政府独自承担政策制定及服务提供责任到政府与市场和社会共担责任、由政府官僚系统内部封闭式运作到注重组织间网络以及组织与环境之间交互作用、由将老年人视为被动的福利享有者和社会负担到将其视为合作生产的参与者和积极社会主体等多个层面的转变。

福利国家经过两次阶段性改革，体现出“等级制度（hierarchy）—市场（markets）—网络关系（networks）”三种理念的根本性转变。① 首先，从改革理念来看，英国的福利服务从20世纪40年代自上而下的等级制度，过渡到八九十年代撒切尔政府领导下的市场体系，自1997年开始逐渐形成“网络关系”与“伙伴关系”（partnership）的理念。其次，从政策路径来看，第二次世界大战之后，英国各政党就公共服务供给和实现充分就

① Grahame Thompson, *Markets, Hierarchies and Networks: The Coordination of Social Life*, London: Sage, Published in Association with the Open University, 1991.

业达成战后共识并作出坚定承诺。这一时期，社会政策相对稳定，政策的连续性较强，国家福利基本上没有受到主要政党的质疑。然而，20 世纪 70 年代的经济危机和 1979 年玛格丽特·撒切尔（Margaret Thatcher）当选首相之后，政府高度重视市场、消费主义和综合管理的重要性，认为它们是提高福利服务回应能力和降低成本的重要方式。自 1997 年起，新工党（New Labour）致力于采取“第三条道路”（The Third Way）的路线。这一路径介于战后工党政府的公共部门精神与撒切尔的市场化意识形态之间，强调跨部门协作的典型特点，以应对医疗与社会照顾体系分离的问题。①

在福利国家改革实践的推动下，公共管理理论范式由公共行政、新公共管理向新公共治理跨越，并反过来塑造公共政策制定与公共服务提供，养老服务供给方式在改革实践与理论范式转变的双重影响下不断更新。

从 1945 年至 1979 年，英国政府为公民提供全方位、高水平的福利保障，养老服务以基于经济情况调查（means-testedpayments）的机构化的居住性服务（residential service）为主。但是在 1979 年，保守党政府减少了社会保障体系中的自由裁量权，将原本为住在居住性照顾服务机构、收入有限的老年人提供经济支持的选择性福利变成了一项公民权利，老年人无须经过需求评估即可入住养老院并获得经济支持，使得社会保障体系必须无条件地承担家庭、地方政府和英国国家医疗服务体系的服务供给责任。1986 年，英国审计委员会（Audit Commission）② 指出，这一政策的结果是居住性照顾福利的激励倒错、可行的替代性社区服务开发失败，更不用说

① Jon Glasby, *Understanding Health and Social Care (3rd Edition)*, Bristol: Policy Press, 2017.

② 英国审计委员会是一个全国性的独立公共机构，存在于 1983 年 4 月 1 日至 2015 年 3 月 31 日。2015 年 4 月，英国审计委员会被公共机构审计委任有限公司（Public Sector Audit Appointments Ltd）、英国国家审计署（National Audit Office）、英国财务报告委员会（Financial Reporting Council）和英国内阁办公室（Cabinet Office）取代。

公共支出的成倍增长。①20 世纪 80 年代末，社会保障预算中的居住性照顾费用飞涨，“照顾者”问题受到关注②，居住性服务的质量引起担忧。③政府亟须采用以社区为基础的服务来提高服务质量，减少居住性照顾需求，同时，为大多数公民提供费用更加低廉的替代性照顾方案。④

在此背景下，英国政府于 1990 年颁布了《英国国家医疗服务体系与社区照顾法案（1990 年）》（National Health Service and Community Care Act 1990）。⑤该法案在社会照顾方面的目标是减少居住性照顾的费用、将市场原则引入社区照顾、提高以社区为基础的服务水平。主要通过将支付居住性照顾机构服务费用的责任转移到地方政府，引入评估机制发挥“守门人”作用，并确保由社会保障部向地方政府转移的资金中，有很大一部分必须花在私营部门。由此，服务提供与服务购买相互分离，政府在服务供给中的作用相对减少，私营部门得到相对充分的发展。社会服务评估制度在 20 世纪 90 年代有效地阻止了老年人入住居住性照顾服务机构，客户越来越少，费用也被地方政府压低，私营部门开始感到压力。⑥

---

① Audit Commission, *Making a Reality of Community Care*, London: Her Majesty's Stationery Office, 1986.

② 随着“照顾者组织”等压力集团的出现，政府将照顾者支持问题提上了政策议程。

③ 肯特社区照顾实验（Kent community care experiment）尝试通过“下放预算”来支持处于居住性照顾需求边缘的老年人，结果比传统服务效果更好，且成本更低。由此，人们对居住性服务的质量产生担忧。

④ Hazel Qureshi, "Social and Political Influences on Services for Older People in the United Kingdom in the Late 20th Century", *The Journals of Gerontology. Series A, Biological Sciences and Medical Sciences*, Vol. 57, No. 11 (2002), pp. M705-M711.

⑤ HM Government, *National Health Service and Community Care Act 1990*, 1990, https://www.legislation.gov.uk/ukpga/1990/19/contents/enacted.

⑥ Hazel Qureshi, "Social and Political Influences on Services for Older People in the United Kingdom in the Late 20th Century", *The Journals of Gerontology. Series A, Biological Sciences and Medical Sciences*, Vol. 57, No. 11 (2002), pp. M705-M711.

1997 年，新工党政府在保守党政府执政 18 年后上台。新政策环境的关键特征是采用“第三条道路”的实用主义理念，明确承诺追求政策目标的实现而不是意识形态的价值手段，“宣称要把市场和私营经济的最佳部分与政府执政的最佳部分结合起来，以便以一种新的更有效的方式提供服务”。[①] 新工党政府主要通过权力下放解决“民主赤字”（democratic deficit）问题，强调服务使用者卷入，希望通过“协调整合”的整体性思维寻求解决多维问题的办法，并开始了对关键公共机构的现代化改革，具体包括：（1）通过组织重构和将强制性满意度调查纳入绩效指标等方式，增加公民和服务使用者的影响力；（2）通过加强监管、绩效审查、督察以及强制性的地方服务审查，保证最佳的服务质量。这一时期，英国公共服务供给对服务使用者参与的重视，同世纪之交兴起的积极老龄化的“参与”理念相一致，英国成为积极老龄化倡议的发起国和践行国之一。[②]

2010 年，英国保守党和自由民主党成立联合政府，为应对经济危机提出“经济紧缩”（austerity）概念，对福利供给进行缩减，并推出了一系列影响地方治理的举措，包括颁布《地方主义法案（2011 年）》（Localism Act 2011）[③]、废除英国审计委员会、出台“大社会”（The Big Society）议程等。“大社会”战略旨在使第三部门在提供公共服务方面发挥更大的作用，希望帮助公共部门、私营企业、慈善机构和志愿者更紧密地合作，解决社会问题，建设更强大的社区，创造一个更公平的社会。该战略认为，单靠

① ［英］皮特·阿尔科克等：《解析社会政策（下）：福利提供与福利治理》，彭华民译，华东理工大学出版社 2017 年版，第 22 页。

② World Health Organisation, *Active Ageing: A Policy Framework*, 2002, https://apps.who.int/iris/bitstream/handle/10665/67215/WHO_NMH_NPH_02.8.pdf;jsessionid=07F265F1A97A0C61F16C4A7E74F6F1C4?sequence=1.

③ HM Government, *Localism Act 2011*, 2011, https://www.legislation.gov.uk/ukpga/2011/20/contents/enacted.

政府无法解决人口老龄化等社会面临的复杂挑战，应该由政府帮助整合资源、政策和人才，让慈善机构和社会企业参与进来，取代原本庞大而官僚化的公共服务。① 然而，尽管紧缩政策推高了对第三部门服务的需求，但英国政府在财政上的支持不足使地方政府和第三部门受到压力。

2010 年至 2015 年，英国政府继续推进医疗与社会照顾服务的一体化进程，希望通过英国国家医疗服务体系的现代化改革，使每个同时接受医疗与社会照顾服务的公民都能获得“一体化照顾”（integrated care），即根据公民的个人情况共同提供最佳的照顾服务，由地方政府帮助医疗与社会照顾部门共同工作，满足公民的需求，实现医疗与社会照顾服务无缝化。②2012 年，英国政府颁布《医疗与社会照顾法案（2012 年）》（Health and Social Care Act 2012）。该法案规定了医疗系统及其与照顾和支持服务的关系的具体义务，将临床医生（clinicians）置于委托（commissioning）的中心，释放服务供应方的创新能量，赋予患者权力，给予公共医疗新的关注③，这将重新调整全科医生、更广泛的初级医疗照顾团队和成人社会照顾之间的关系。④

综上所述，英国的社区养老服务是随着福利国家改革实践、公共管理理论范式转变以及养老服务理念变化而逐渐兴起与发展的。福利国家的改

① Cabinet Office, UK, *Building the Big Society*, 18 May 2010, https://www.gov.uk/government/publications/building-the-big-society.

② Department of Health and Care, UK, *2010 to 2015 Government Policy: Health and Social Care Integration*, 8 May 2015, https://www.gov.uk/government/publications/2010-to-2015-government-policy-health-and-social-care-integration/2010-to-2015-government-policy-health-and-social-care-integration.

③ UK Parliament, *Health and Social Care Act 2012*, 2012, https://www.legislation.gov.uk/ukpga/2012/7/contents/enacted.

④ Jon Glasby & Robin Miller, “New Conversations Between Old Players? The Relationship Between General Practice and Social Care”, *Journal of Integrated Care*, Vol. 23, No. 2 (2015), pp. 42-52.

革实践推动着公共管理理论范式的转变，这一过程伴随着人口老龄化水平的不断提高，形成了养老服务的三个发展阶段。

首先，从福利国家发展的实践来看，自 1945 年至 1979 年，英国福利国家建立并进入黄金时期，由国家承担“从摇篮到坟墓”的高水平福利供给，造成国家的沉重负担和经济危机；1979 年至 1997 年，撒切尔的保守党政府推动市场化改革，以新自由主义理念为导向，强调自由市场的重要性，推动国家角色的缩小与个人自由和责任的扩大；1997 年以来，英国推进民主化改革，走政府与市场之间的第三条道路，推动权力下放和“大社会”建设，赋予公民、社区和地方政府更多权力（利）与责任，进一步重构政府、市场与社会之间的关系。

其次，从公共管理理论范式的转变来看，公共行政理论范式发端于 19 世纪末 20 世纪初，在 1945 年至 1979 年随着英国福利国家发展达到顶峰，强调以行政程序来保证公平，关注单一集权型国家统治系统，政策制定与实施被视为垂直而封闭的循环系统；新公共管理理论范式于 20 世纪 70 年代末兴起，关注分权型国家统治系统，强调公共服务生产中的效率和效益，将服务生产过程视为协调合作条件下将投入变为产出的组织内部运行过程；新公共治理理论范式始于 20 世纪末 21 世纪初，认为公共事务的参与主体是多元的，公共服务供给依靠大量相互依赖的行动主体之间的共同合作，关注组织间网络与过程管理，强调通过组织与环境的交互作用提高生产率。①

最后，从养老服务理念的变化来看，在 20 世纪 40 年代至 80 年代，养老服务以机构化服务为主要形式，老年人被视为被动的服务接受者，由政府承担服务供给的全部责任，权力集中在政府官僚体系内部。在 20 世

① ［英］史蒂芬·奥斯本编著：《新公共治理？ —— 公共治理理论和实践方面的新观点》，包国宪等译，科学出版社 2016 年版，第 7—8 页。

纪80至90年代，养老服务供给以减少居住性照顾、提高成本效益为目标，社区照顾服务成为服务供给的主要形式，政府引入私营部门提供服务，实现个人、家庭、国家和市场之间适当的责任平衡成为新趋势，但服务供给依然由服务提供者主导。自1997年以来，社区养老服务供给引入服务使用者卷入的理念，同时，第三部门、社区非正式部门等社会力量加入服务供给行列，老年人被视为具有自主权和控制力的服务主导者，作为协同生产的参与主体，与政府、市场和社会力量共同塑造服务；医疗与社会照顾服务以老年人的个性化需求为中心进行无缝化递送，成为这一阶段的政策目标。随着医疗保障水平的提高，英国的人口平均寿命不断增长，由20世纪初的男性45.5岁、女性49岁增长到20世纪90年代中期的男性74.4岁、女性79.7岁。[①] 英国国家统计局2015年的数据显示，预计到2039年，每12个人中就有1个80岁以上的老年人；75岁以上人口将增长89.3%，达到990万人；85岁以上人口将翻倍，达到360万人；百岁老人数量将增长近5倍，从2014年的1.4万人增长到2039年的8.3万人。[②] 人口老龄化既是福利国家成就的重要标志，也成为重要的社会问题。将老年人视为被动的服务接受者的理念已经不再适用，积极老龄化理念应运而生。将老年人视为具有宝贵价值的社会主体，重视其健康、人格、权利、能力，成为社区养老服务的价值目标。

从三个阶段的关系来看，政府、市场、社会主体分别在不同时期进入社区养老服务供给领域，三者分别以等级制度、市场化规则和网络关系的独特机制与理念运行，在服务供给中具有明显的主体性特征；然而，等级制度、市场化规则和网络关系等理念及其转变过程并非完全按照线性特点或纯粹的时间顺序排列，而是以周期性和相对复杂的形式出现。举例来

---

① Anthea Tinker, *Older People in Modern Society (4th Edition)*, Harlow: Longman, 1996.

② Office for National Statistics, *National Population Projections: 2014-based Statistical Bulletin*, London: Office for National Statistics, 2015.

说，社会保障体系似乎对等级制度有一种文化偏好，同时，它也希望第三部门支持网络得以发展；但当面临重大政治问题时，该体系会很快将第三部门支持网络转变为等级制度。由于等级制度的官僚化与刻板性，要求开放竞争、向市场化转变的呼声会随即响起。[①] 实际上，在社区养老服务多元主体合作供给中，政府、市场、社会主体及其对应的运行机制与理念仍然以各种组合形式，不同程度地共同存在于合作供给系统的不同环节、不同服务类型中，以公私合作的方式共同工作。其中，政府是公共部门，市场主体和社会主体都是私人部门。私人部门因其本质属性不同，可划分为不同类型。因此，从公私合作的主体视角出发，根据私人部门的本质属性“是否营利”“是否正式”的差异，对社区养老服务多元主体合作供给进行模式分类，并探讨各模式中各主体的角色权责结构、各模式的功能及其实现积极老龄化价值目标的路径，对于厘清上述机制与理念、阐明其相互间关系有着重要的理论意义。

近年来，英国政府采取紧缩性财政政策，进行民主化改革，推动权力下放和“大社会”建设，以弥补“民主赤字”，推动服务供给从消费主义向民主主义转型。英国政府将权力由中央政府下放到地区分权政府，赋予苏格兰、威尔士、北爱尔兰等分权地区更多自主权，提高公民在各分权地区政策制定和服务供给中的民主参与水平，使服务规划与递送更加符合当地公民的利益。从英国各分权地区的民主化改革实践来看，苏格兰是权力下放后拥有自治权最多的分权地区。在新工党政府颁布的《苏格兰法案（1998 年）》(Scotland Act 1998)[②] 支持下，苏格兰于 1999 年依法重组议会，

---

① Hugh Bochel & Martin Powell, *The Coalition Government and Social Policy: Restructuring the Welfare State*, Bristol: Policy Press, 2016.
Jon Glasby, *Understanding Health and Social Care (3rd Edition)*, Bristol: Policy Press, 2017, pp. 27-28.

② UK Parliament, *Scotland Act 1998*, 1998, https://www.legislation.gov.uk/ukpga/1998/46/contents/enacted.

并获得了一系列额外权力，特别在涉及卫生健康、教育、住房以及社会工作、社会照顾等政策领域，享有对自身事务更大的控制权。在被授权负责的领域中，苏格兰政策体现出与全国政策的显著差异。《苏格兰法案(2012年)》(Scotland Act 2012)“授权苏格兰议会从2016年开始，在收入所得税税率上有（从原来的3%提高到）10%的浮动空间”。① 苏格兰政府致力于通过享有的财政和福利自主权，进一步扩大可供支配的资源以实现更高水平的社会公平，提升政策制定中的协商性水平，打造更加均衡和民主的苏格兰社会。这为苏格兰地区多元主体参与社区养老服务供给、提高政策制定中的民主协商水平、提高服务使用者参与合作生产的水平、充分发挥分权地区政府的区域性宏观调控能力，提供了有利条件。因而，苏格兰地区的社区养老服务多元主体合作供给问题更加集中地体现出民主化改革和新公共治理理念，具有较高研究价值。

基于以上背景，本书以英国苏格兰社区养老服务供给为研究场域，致力于探讨以下核心问题：(1) 从公私合作的主体视角看，英国苏格兰社区养老服务多元主体合作供给模式有哪些类型？各模式之间的内在关系如何？(2) 在各模式中，各主体的角色权责关系有何特征？不同模式之间有何异同？(3) 各模式的功能及其实现路径有何特征？不同模式之间有何异同？(4) 各模式中服务使用者的参与方式有何特征？不同模式之间有何异同？(5) 各模式在实现积极老龄化价值目标的路径方面有何特征？不同模式之间有何异同？(6) 政府在维护和保障各模式运行中如何发挥作用？其发挥作用的方式有何异同？(7) 英国苏格兰社区养老服务多元主体合作供给的先行经验对我国有何启示意义？

① ［英］皮特·阿尔科克等：《解析社会政策（第五版）》，董璐译，北京大学出版社2020年版，第195页；HM Government, *Scotland Act 2012*, 2012, https://www.legislation.gov.uk/ukpga/2012/11/contents/enacted。

二、研究意义

（一）理论意义

其一，从公私合作的主体视角出发，根据私人部门“是否营利”“是否正式”的差异，对社区养老服务多元主体合作供给进行模式分类，有助于推动合作治理、组织间网络治理、网络化社区治理等相关理论研究。首先，“是否营利”和“是否正式”是区分私人部门类型的定义性特征。合作治理理论对政府与营利/非营利部门合作策略的差异关注较多，而对政府与正式/非正式部门合作策略的差异关注较少，本书可以弥补合作治理理论在这方面的研究不足。其次，无论在政策规范还是在理论研究中，在根据社会主体的正式性程度差异进行网络关系角色定位方面都尚显不足。区分社会主体组织形态的正式性差异，有助于清晰刻画社会网络结构，从而推动组织间网络治理和网络化社区治理相关理论研究。

其二，构建社区养老服务领域中多元主体合作供给的“权责角色—结构功能—价值目标”理论分析框架，为全面系统研究社区养老服务供给提供理论工具。从总体上看，该框架对于揭示社区养老服务多元主体合作供给不同模式的运行机制和人本价值有着重要的理论意义。具体来说，合作供给模式的运行机制就是影响模式运行的各要素的结构（即各合作供给主体的权责角色结构）、功能及其相互关系，积极老龄化的价值目标彰显了社区养老服务的人本价值。从理论框架的三个组成部分来看，在英国福利国家改革和公共管理理论范式转变的影响下，公共政策制定与公共服务提供中多元主体的责任关系日益复杂化，责任对象从组织内部转向组织间网络和开放的公共服务系统，服务使用者成为合作生产的主动参与者。因此，本书关注服务提供方、服务生产方、服务使用者共享权力（利）和共担责任的方式以及扮演角色的特征，有助于丰富和深化新公共治理中主体责任问题相关理论研究；关注合作供给模式（即系统）的功能，也就是关注模式与环境的关系，有助于推动从系统视角对福利供给的理论研究；关注老年人作为服务使用者参与服务供给，有助于推动养老服务供给理论研究视角从消费主义向以民主主义为重心转移，并丰富新公共治理理论中合作生产理论的研究内容。

其三，探讨多元主体合作供给中公私关系的本质，有助于深化福利治理相关理论研究。在福利治理理论研究中，公共部门与私人部门究竟是“替代”关系还是“互补”关系，是学术界长期争论的问题。本书基于福利多元主义理论建构“递送—融资—决策—规制”四维分析框架，进行典型案例研究，通过分析性归纳，提出“局部替代—整体互补”的概念，以刻画公私合作关系的本质，具有一定的理论意义。

（二）现实意义

第一，以英国苏格兰地区为范本，研究社区养老服务多元主体合作供给模式，为其他国家和地区的社区养老服务多元主体合作供给实践提供参考。自英国于 1997 年下放权力以来，苏格兰地区的民主化制度环境为政府向其他参与主体给予横向与纵向分权创造了条件，苏格兰地区的市场和社会主体得到充分发育，该地区成为多元主体合作供给高级形态的载体。“人体解剖对于猴体解剖是一把钥匙。”① 研究“苏格兰模式”这一“比较发展的整体”②，对于后发国家或地区具有一定的实践参考价值。具体来说，明确各模式中各主体在合作中扮演的角色、享有的权力（利）、承担的责任，能够为合作供给中各主体充分发挥各自作用提供指导；厘清各模式的结构功能，对于通过公私合作供给提高生产率、获取资源、获得信

① 《马克思恩格斯选集》第 2 卷，人民出版社 2012 年版，第 705 页。

② 杨耕等：《马克思主义哲学研究》，中国人民大学出版社 2000 年版，第 189 页。

息、取得合法性以及防范风险，有着重要的实践应用价值；阐明各模式实现价值目标的路径，对于通过社区养老服务供给实现积极老龄化有重要的实践价值；探讨政府在不同类型模式以及总体合作供给模式中的多重角色，对于推动社区养老服务供给中政府的职能转变具有指导意义。

第二，英国苏格兰社区养老服务供给的先行经验，对于我国建立和完善社区养老服务多元主体合作供给制度体系具有重要的借鉴意义。从人口老龄化水平来看，我国的人口老龄化程度会迅速加剧，预计自 2015 年至 2050 年，65 岁以上人口比例将增加近两倍，达到略低于经济合作与发展组织的平均水平①；从养老服务政策来看，2019 年，《国务院办公厅关于推进养老服务发展的意见》指出，我国将“持续完善居家为基础、社区为依托、机构为补充、医养相结合的养老服务体系”②；从福利供给主体来看，我国由过去的政府大包大揽转向鼓励市场和社会主体参与。无论是人口老龄化的发展趋势、“原址安老”（ageing in place）的社区养老服务理念，还是多元主体参与服务供给的改革方向，中英两国均有相似之处，英国的先行经验可为我国的社区养老服务供给制度建设提供借鉴。

三、相关研究综述

（一）国外研究综述

在 20 世纪现代主义的推动下，英国苏格兰地区的社区照顾发展到正式化与制度化阶段。战后体制结构的瓦解与 20 世纪下半叶当代苏格兰文

① OECD, *Health at a Glance 2017: OECD Indicators*, Paris: OECD Publishing, 2017.

② 《国务院办公厅关于推进养老服务发展的意见》，2019 年 4 月 16 日，见 http://www.gov.cn/zhengce/content/2019-04/16/content_5383270.htm。

化的巩固，为苏格兰地区营造了新的社会政策环境。到20世纪80至90年代，医疗与社会照顾服务供给发生了重大变化。1990年，英国颁布的《国家医疗服务体系与社区照顾法案(1990年)》① 是这项政治努力的开端，目的是应对有关公民在社区内福利的经济、人口和专业方面的压力。社区照顾改革的一个明确目标是尽可能让人们住在自己家里②，因此，家庭成员和其他社区机构的发展是实现这个目标的重要服务提供者。这一随着“准市场”（quasi-markets）的建立而产生的新的服务递送框架，重新界定了国家供应、家庭、志愿部门和私营部门之间的责任界限。多元主体如何协同供给社区照顾服务，成为近30年来学界长期关注的问题。目前，国外的研究进展主要包括以几个下方面。

1. 英国社区照顾与医养结合模式研究

随着照顾福利政策的演进与实践探索的推进，社区照顾与医养结合的相关研究经历了长期的、不断深化的历程。英国的社区照顾理念，在1946年颁布的《英国国家医疗服务体系法案（1946年)》（National Health Service Act 1946）③ 中即有体现。该法案规定提供预防性和教育性的社区照顾，以及在诊所或医院治疗后的康复与安置（rehabilitation and resettlement）服务。④20世纪50年代，政策倡议推动了社区照顾支持与服务的正式化（formalise）。社区照顾政策与服务在60至70年代发展起来，社区照顾服务的机构化特征日益明显，引发学界对机构化养老服务的质量，尤

① HM Government, *National Health Service and Community Care Act 1990*, 1990, https://www.legislation.gov.uk/ukpga/1990/19/contents/enacted.

② Robin Means & Sally Richards & Randall Smith, *Community Care: Policy and Practice (4th Edition)*, Basingstoke: Palgrave Macmillan, 2008.

③ UK Parliament, *National Health Service Act 1946*, 1946, https://www.legislation.gov.uk/ukpga/Geo6/9-10/81/enacted.

④ Alfred Torrie, “The Future of Community Care”□ *The Lancet*, Vol. 255, No. 6600 (1950), pp. 371-372.

其是机构化照顾服务增强公民依赖性的广泛批评。[1] 社区照顾的主要变化发生在 80 年代末，这是保守党政府颁布《为病人服务白皮书（1989 年）》(Working for Patients White Paper) [2] 和《关怀人民：未来十年及以后的社区照顾（1989 年）》(Caring for People: Community Care in the Next Decade and Beyond) [3] 的改革结果，就是将地方政府直接提供社区照顾服务转变为政府拨付资金从私营和志愿机构购买服务。90 年代，有学者提出，在提供社区照顾服务时引入市场因素将提高效率，并确保服务更能满足使用者的需要。[4] 对社区照顾经费的改革正是基于这一理念。这一时期，学界集中关注新政策的执行问题，包括评估、社会照顾市场发展、开支节省等；并指出，社区照顾服务管理者引入的“需求导向型评估”(needs-led assessment) 与“经济驱动型”(finance-driven) 运作体系两者之间的不协调开始显现。[5]21 世纪以来，为了满足老年人医疗与照顾的双重需要，并进一步减轻财政压力，英国政府推动医疗与社会照顾服务体系整合。

---

① Rob Baggott, *Health and Health Care in Britain (3rd Edition)*, Basingstoke: Palgrave Macmillan, 2004.

② 《为病人服务白皮书（1989 年）》在英国国家医疗服务体系中引入内部市场，将医疗体系中服务购买者与提供者的角色分离，由地方卫生当局作为购买者，根据其所辖区域的居民人口需求得到资金分配，自由购买医院和社区医疗服务，不论是从公共部门、私营部门还是从第三部门；See Department of Health, UK, *“Working for Patients” White Paper*, London: H.M.S.O, 1989。

③ 《关怀人民：未来十年及以后的社区照顾（1989 年）》是英国成人社会工作的分水岭，标定了此后多年政策制定的方向。在意识形态的驱动下，当时的保守党政府决心将市场引入公共服务领域。1997 年以来，新工党政府并没有逆转福利市场经济的进程，而是传递了一个信息：通过以用户为中心的“联合”服务形式实现医疗与社会照顾服务的现代化。See Department of Health, UK, *Caring for People: Community Care in the Next Decade and Beyond*. London: H.M.S.O, 1990。

④ Christopher Ham, *Health Policy in Britain (6th Edition)*, New York: Palgrave Macmillan, 2009.

⑤ Gerald Wistow, “Aspirations and Realities: Community Care at the Crossroads”, *Health and Social Care in the Community*, Vol. 3, No. 4 (1995), pp. 227-240.

随着政策的演进，学界对“社区照顾”的定义逐渐明确，即“正式的机构化的结构”（formal institutional structures）之外资源的可得性，侧重于朋友、家庭和邻里提供的非正式支持与照顾①；然而，有学者认为，社区照顾直至20世纪末仍然主要由家庭提供。②学界的已有研究主要包括老年人社区照顾质量的影响因素研究③、社区照顾整合组织功能研究④、社区照顾政策执行评价研究⑤等，侧重从老年学、医学、社会工作、公共政策等学科角度，针对不同时期的社区照顾政策进行效果评估、反思并提出建议。总的来说，学术领域认同社区养老照顾服务的“去机构化”导向，主张从偏重医疗卫生与居住性服务转向医疗与照顾服务在社区层面整合。

2. 多元主体合作供给社区养老服务路径研究

自20世纪70年代末以来，福利多元主义（有时被称为“福利混合经济”）在社会政策话语体系中扮演着越来越突出的角色。1978年，《沃尔芬登关于志愿组织未来的报告》（The Future of Voluntary Organisations:

---

① Martin Bulmer, *The Social Basis of Community Care*, London: Allen & Unwin, 1987.

② Louise Brereton & Mike Nolan, "'You Do Know He's Had a Stroke, Don't You?' Preparation for Family Care-giving - the Neglected Dimension", *Journal of Clinical Nursing*, Vol. 9, No. 4 (2000), pp. 498-506.

Hilary Graham, "Social Divisions in Caring", *Women's Studies International Forum*, Vol. 16, No. 5 (1993), pp. 461-470.

③ René Mõttus et al., "'On the Street Where You Live': Neighbourhood Deprivation and Quality of Life Among Community-dwelling Older People in Edinburgh, Scotland", *Social Science & Medicine*, Vol. 74, No. 9 (2012), pp. 1368-1374.

④ Bienke M. Janssen et al., "Working Towards Integrated Community Care for Older People: Empowering Organisational Features from a Professional Perspective", *Health Policy (Amsterdam)*, Vol. 119, No. 1 (2015), pp. 1-8.

⑤ Roger Fuller, "Evaluating Community Care in Scotland: Critical Reflections on a Study of Policy Implementation", *Scandinavian Journal of Social Welfare*, Vol. 7, No. 2 (1998), pp. 167-173.

Report of the Wolfenden Committee)① 发表后，英国对福利多元主义产生了浓厚的兴趣。该报告提出志愿部门是能够提供社会福利的四个部门(国家、家庭、私营部门和志愿部门）之一，试图扩大志愿部门的作用，作为提供社会福利的多元化体系的一部分。② 此后，第三部门在成人社会照顾服务中发挥了重要作用，然而，仅有少量文献专门关注老年人服务，只将第三部门参与作为一种协同照顾方式进行描述，认为第三部门的服务往往与维护独立性（independence）和“以人为中心”（person-centred）的实践目标有关。一些学者认为，与法定部门（statutory sector）③ 合作是协同照顾的先决条件，这是具有挑战性的，需要建立一系列功能性制度安排，以支持有效的伙伴关系；还有学者关注了主要利益相关者群体视角下第三部门协同照顾实践的优缺点。④ 同时，学术界认为，公共部门与福利质量管理战略的形成关系密切，探讨了公共部门的复杂性，分析的关键问题包括公共部门的特殊使命和责任的重要性、不同利益相关者的范围和影响、对决策者开放的战略组合选择、公共部门反常的质量逻辑、客户和决策者的特殊性等。⑤ 英国的“准市场”概念是在 20 世纪 80 年代发展起来的。当时的保守党政府寻求有效方法来协调市场原则和公共资助服务。学术界结合医疗与社会照顾领域的政策变化研究了“准市场”的性质，认为需要高度监

---

① Wolfenden of Westcott, John Frederick Wolfenden, *The Future of Voluntary Organisations: Report of the Wolfenden Committee*, London: Croom Helm, 1978.

② Neil Gilbert, “Welfare Pluralism and Social Policy”, in *The Handbook of Social Policy*, James Midgley & Michelle Livermore (eds.), London: SAGE, 2009, pp. 236-246.

③ 法定部门是英国中央（“白厅”）与地方（如地方当局、卫生当局）政府机构的总和，这些机构是由议会法案（Parliamentary Acts）或地方议会级别的法律创建的。

④ Michele Abendstern et al., “Care Co-ordination for Older People in the Third Sector: Scoping the Evidence”, *Health & Social Care in the Community*, Vol. 26, No. 3 (2018), pp. 314-329.

⑤ Mike Donnelly, “Making the Difference: Quality Strategy in the Public Sector”, *Managing Service Quality*, Vol. 9, No. 1 (1999), pp. 47-52.

管，避免过度的市场化倾向。[①] 综上所述，学术界对政府、市场、第三部门多主体福利供给体系的战略选择、原则方针、制度安排、政策影响等进行研究，从社会政策、政治学等学科角度探讨社会福利分配、公共服务供给、社区照顾服务递送等领域的协同合作路径。

3. 苏格兰权力下放与社区平台构建制度研究

1998 年，《苏格兰法案（1998 年）》[②] 的颁布使苏格兰权力下放制度得以建立。苏格兰议会会议在中断了近 300 年之后于 1999 年首次召开，承诺制定更符合“苏格兰需求”（Scottish needs）的政策，并宣布提供“解决苏格兰问题的苏格兰方案”（Scottish solutions for Scottish problems）。权力下放之后，苏格兰议会在影响苏格兰的大部分社会政策领域享有权力，包括医疗、住房、教育、社区发展、刑事司法等。学界关注苏格兰民族党 [③] 对政策制定的影响，特别是探讨制定促进团结（solidarity）、凝聚力（cohesion）和公平（fairness）的政策等问题，以及提升苏格兰经济竞争力的战略，关注民族主义（nationalism）在社会福利分析中的重要性。[④]2002 年颁布的《社区照顾与医疗（苏格兰）法案（2002 年）》（Community Care and

① Bob Hudson, “Quasi-markets in Health and Social Care in Britain: Can the Public Sector Respond?”, *Policy and Politics*, Vol. 20, No. 2 (1992), pp. 131-142.

② UK Parliament, *Scotland Act 1998*, 1998, https://www.legislation.gov.uk/ukpga/1998/46/contents/enacted.

③ 苏格兰民族党是苏格兰民族主义（Scottish nationalist）、社会民主主义（social democratic）政党，支持和争取苏格兰在欧盟内的独立地位。按成员计算，该党是英国第三大政党，仅次于工党（Labour Party）和保守党（Conservative Party）；按总体代表人数计算，它是英国下议院的第三大政党，仅次于保守党和工党；它是苏格兰最大的政党，在苏格兰议会拥有最多的席位，在苏格兰议会的 59 个席位中占有 47 席。现任苏格兰民族党领袖尼古拉・斯特金（Nicola Sturgeon）自 2014 年 11 月以来一直担任苏格兰首席大臣（First Minister of Scotland）。

④ Gerry Mooney & Gill Scott, “Social Justice, Social Welfare and Devolution: Nationalism and Social Policy Making in Scotland”, *Poverty and Public Policy*, Vol. 3, No. 4 (2011), pp. 1-21.

Health (Scotland) Act 2002）[①] 规定，苏格兰行政院（Scottish Executive）在“免费个人护理”(Free Personal Care）[②] 问题上出人意料地采取与英国其他地区截然不同的政策，引发了学界对权力下放后苏格兰地区治理子系统问题的关注。[③] 此外，学界还针对苏格兰老年人综合社区照顾计划相关政策开展研究，关注地方合作伙伴关系构建及用户主导型服务规划等问题，肯定了苏格兰联合发展（Joint Future）倡议的重要性。[④]2010 年，英国联合政府提出“大社会”政策，强调了地方居民为其所在社区福祉作出贡献的价值，并计划增加社区团体和第三部门组织在提供服务方面的贡献。这代表了政府对社会的新愿景，即公民个人和社区拥有更多的权力与责任，并用其创建更好的社区和地方服务。[⑤] 学界认为，通过个人参与来促进社区可持续发展的努力是值得称赞的，它对福利国家的潜在缺陷作出了回应；同时，为了保护最脆弱群体的利益、保证社区和组织之间服务供应的公平性，应采取逐步的、得到支持的、适当的评估方法。[⑥] 总而言之，学界关

---

① UK Parliament, *Community Care and Health (Scotland) Act 2002*, 2002, https://www.legislation.gov.uk/asp/2002/5/contents/enacted.

② 自 2002 年以来，苏格兰为 65 岁以上的成年人提供免费的个人护理服务。苏格兰政府已通过立法，确保到 2019 年 4 月 1 日，任何年龄的成年人，无论他们的条件、资本或收入如何，只要当地政府评估他们需要这项服务，都有权免费获得此服务。

③ Gordon Marnoch, “Scottish Devolution: Identity and Impact and the Case of Community Care for the Elderly”, *Public Administration (London)*, Vol. 81, No. 2 (2003), pp. 253-273.

④ Duncan Mctavish & Robert Mackie, “The Joint Future Initiative in Scotland: The Development and Early Implementation Experience of an Integrated Care Policy”, *Public Policy and Administration*, Vol. 18, No. 3 (2003), pp. 39-56.

⑤ Department for Communities and Local Government, UK, *Annual Report and Accounts 2010-11*, 18 July 2011, https://www.gov.uk/government/publications/dclg-annual-report-and-accounts-2010-to-2011.

⑥ Beck Taylor et al., “What Are the Challenges to the Big Society in Maintaining Lay Involvement in Health Improvement, and How Can They Be Met?”, *Journal of Public Health*, Vol. 33, No. 1 (2011), pp. 5-10.

注了权力下放对社会政策本质、方向、实践与治理的影响①，探讨了地方自决对老年人社会福利的影响和年龄平等（age equality）管理问题②，批评了权力下放和责任转移的“分权财政紧缩”（decentralise austerity）倾向及使弱势地区风险化的弊端③，研究了“大社会”政策对社区发展、志愿组织培育、公民权维护的影响及面临的障碍。④

由此来看，国外的相关研究主要包括社区养老与医养结合服务体系构建研究、多元主体供给福利服务的实践路径研究、权力下放与社区赋权制度研究等，研究方法主要涉及定量研究方法、区域比较研究方法、类型学研究方法等；然而，运用政策分析方法和案例研究方法，从主体视角系统探讨多元主体合作供给社区养老服务模式及其运行机制的研究相对较少。

（二）国内研究综述

我国关于英国社区养老服务的研究随着英国相关政策的发展而推进，也与我国对养老服务事业的关注密切相关。自 20 世纪 90 年代英国政府推动社区照顾法律体系进一步完善，我国开始关注英国模式与经验，开展对英国社区养老服务理论与实践的研究。研究成果逐渐丰富，主要包括英国

① Charlotte Williams & Gerry Mooney, “Decentring Social Policy? Devolution and the Discipline of Social Policy: A Commentary”, *Journal of Social Policy*, Vol. 37, No. 3 (2008), pp. 489-507.

② Paul Chaney, “Equality and Territorial (in-)justice? Exploring the Impact of Devolution on Social Welfare for Older People in the UK”, *Critical Social Policy*, Vol. 33, No. 1 (2013), pp. 114-139.

③ Vivien Lowndes & Alison Gardner, “Local Governance Under the Conservatives: Super-austerity, Devolution and the ‘Smarter State’”, *Local Government Studies*, Vol. 42, No. 3 (2016), pp. 357-375.

④ Debra Morris, “Charities and the Big Society: A Doomed Coalition?”, *Legal Studies*, Vol. 32, No. 1 (2012), pp. 132-153.

养老保障制度、养老服务体系、老年人社区照顾模式等方面的政策研究、发展脉络梳理、经验借鉴与启示，以及社区老年照顾的国际比较研究等。同时，我国逐步出现对西方福利理论与思想以及福利多元主义和混合福利的研究。2010 年以来，学界开始从福利多元主义视角探讨英国养老福利供给与多元主体在社会保障体系中的角色问题。本书的国内研究综述，将从英国社区照顾制度研究、福利理论研究、经验借鉴研究等三方面进行评述。

1. 英国社区照顾与多元主体角色作用研究

21 世纪以来，我国关于英国社区照顾的研究开始起步，但对于社区照顾的研究常常包含在长期照护和养老保障体系等较为宽泛的问题之中，且多以发达国家及中英之间老年服务模式比较研究的形式呈现。在早期研究中，杨蓓蕾提出英国社区照顾的概念，即“在社区中由社区各类人士合作去为有需要的人士提供照顾，以求在社区环境中改善居民的生活素质”，并将社区照顾的内容分为生活照料、物质支援、心理支持、整体关怀等四类。① 2010 年以后，祁峰进一步推进了对英国社区照顾的内容和特点研究，指出社区照顾的方式分为“在社区照顾”和“由社区照顾”两种，特点包括社区化、多样化、官办民助、以人为本、专业化等。② 近几年来，学界对英国社区照顾模式特点、运行机制及多元主体合作方式的研究日益深入。代表性研究包括：从新自由主义和新管理主义等视角，研究英国政府购买社区照顾服务模式的特点③；从英国长期照护服务引入准市场的实践中，分析政府、市场、供应商、消费者之间关

---

① 杨蓓蕾：《英国的社区照顾：一种新型的养老模式》，《探索与争鸣》2000 年第 12 期。

② 祁峰：《英国的社区照顾及启示》，《西北人口》2010 年第 6 期。

③ 龚韩湘、冯泽华、唐浩森等：《英国购买式社区照顾服务模式的发展、改革及启示》，《中国卫生政策研究》2017 年第 1 期。

系的演变历程[①]；关注私营资本参与养老服务体系建设问题，分析资金保障制度、市场化机制、评价和监管机制的重要作用[②]。研究方法以文献研究为主，研究内容集中在制度梳理、现状介绍等方面，系统深入的实证性研究非常少见。

2. 福利多元主义理论及其政策应用实践研究

福利多元主义理论及其应用于社会政策的实践效果，是我国公共管理领域关注的热点问题。无论学者还是社会治理实际工作者，都在探索构建一个平衡的、互补的、资源优化的政府、市场、社会多元主体共同供给公共服务的方案。21 世纪以来，我国学界引入了西方的福利多元主义理论，为我国理解西方国家福利思想和社会政策演进提供了方向。林闽钢梳理了福利多元主义的兴起及其政策实践，从福利国家危机与福利私有化转型的角度指出："西方各国政府转变自身作为社会福利唯一提供者的角色，出现福利市场化、志愿化、地方分权化、福利社区化等趋势。"[③]彭华民引介了"福利三角"这一政策分析范式，在家庭、市场和国家三个福利来源的基础上引入志愿部门，并分析福利三角的组织、价值与关系。[④]田北海等人运用福利多元主义的分析框架，提出社会福利社会化的价值理念，即福利目标由最低标准向社会质量转变、福利对象由被动受助者向能动主体转变、福利主体由多元支撑向多元合作转变、福利机制由行政主导型向民主对话型转变、福利政策模式由消极被动向积极主动转变。[⑤]韩央迪关注从

① 王莉：《准市场、竞争与选择：英国老龄群体长期照护制度分析》，《卫生经济研究》2019 年第 2 期。

② 郭林：《西方典型国家私营资本参与养老服务体系建设》，《国外社会科学》2014 年第 6 期。

③ 林闽钢：《福利多元主义的兴起及其政策实践》，《社会》2002 年第 7 期。

④ 彭华民：《福利三角：一个社会政策分析的范式》，《社会学研究》2006 年第 4 期。

⑤ 田北海、钟涨宝：《社会福利社会化的价值理念——福利多元主义的一个四维分析框架》，《探索与争鸣》2009 年第 8 期。

福利多元主义到福利治理的福利改革路径演化，指出随着第三部门在社会福利领域的规模化与专业化，福利治理开始成为西方国家福利改革的新思路，这促进了福利领域向治理范式的转型。① 此外，近年来，学界逐渐开始以福利混合经济的视角分析西方发达国家养老服务等公共服务提供方式转型问题。钟慧澜等学者通过对瑞典、英国、澳大利亚的比较研究发现，西方国家养老服务的市场化改革由"私有化""个性化""去机构化""非正式化"组成的驱动系统合力推动。② 总的来说，已有研究的研究方法较为单一，大多为文献研究，使用案例研究方法的研究成果并不多，结合特定政策实践的深入研究不足。

3. 英国养老服务国际比较与经验借鉴研究

针对养老服务供给模式开展国际比较研究是近年来国内学界的一种趋势，其目的在于借鉴人口老龄化程度较高的发达国家的经验，为我国构建老年福利供给体系提供借鉴。已有的国际比较研究包括发达国家之间的比较与中外比较两种，主要关注养老方式、服务供给模式、养老保障制度、社会支持与文化观念等方面。张敏杰比较分析了中国、欧美、日本等国家和地区的家庭养老方式，划分为互动型、独立型、同居型三种类型，认为应在传承家庭养老的基础上推动向社会养老的转变。③ 珂莱尔·婉格尔、刘精明通过类型学研究提出了关于老年人社会支持网的类型模型，认为对老年人的社会支持存在五种基本类型，分别是家庭依赖型、社区整合型、自我涵括型、社区依赖型、自我局限型；发现北京和利物浦两地的老年人社会支持网络类型分布存在相似性，但社会文化因素仍然对老年人社会支

---

① 韩央迪：《从福利多元主义到福利治理：福利改革的路径演化》，《国外社会科学》2012年第2期。

② 钟慧澜、章晓懿：《从国家福利到混合福利：瑞典、英国、澳大利亚养老服务市场化改革道路选择及启示》，《经济体制改革》2016年第5期。

③ 张敏杰：《中外家庭养老方式比较和中国养老方式的完善》，《社会学研究》1994年第4期。

持形式有一定影响。① 一些学者梳理了美国、英国、日本、澳大利亚、加拿大等发达国家的养老模式与养老保障体系，认为“英国的养老保险制度由国家基本养老保险、职业养老金、自愿储蓄性的私人养老金组成”，其社区照顾分为居家照顾和院舍照顾②，主要服务内容包括生活照料、物质支援、心理支持、整体关怀③，其长期照护保险制度属于国家责任型，资金主要来源于税收，属于全民普及型保险，但具有“排富条款”的限制，按照资产水平给予差异化保障。④ 基于对国外经验的梳理与比较，一些学者进行了经验借鉴。陈伟通过对英国社区照顾中服务提供者、服务优先享用者、服务内容与提供形式、评估机制等重要环节的分析，为我国居家养老服务的本土化过程以及养老模式的建构提供参考。⑤ 赵青、李珍梳理了英国长期照护制度整合中提升绩效和优化服务的改革措施，提出我国应合理界定长期照护保险的受益人群，并通过将康养、医护同预防结合，实现整合式照顾。⑥ 总的来说，以往的研究对英国老年照顾服务供给的制度研究进行了较好的梳理，对于发展我国社区养老服务也提出了见解性观点，但仍然存在不足：一是对英国老年照顾服务供给的实证研究较为缺乏；二是目前关于英国老年福利与照顾服务的研究多局限于政策层面，对养老服务供给的机制性、根源性探讨明显不足。

① 珂莱尔·婉格尔、刘精明：《北京老年人社会支持网调查——兼与英国利物浦老年社会支持网对比》，《社会学研究》1998 年第 2 期。

② 贾培培、何朝珠、肖守渊等：《发达国家养老服务模式与保障体系》，《中国老年学杂志》2017 年第 19 期。

③ 郭竞成：《居家养老模式的国际比较与借鉴》，《社会保障研究》2010 年第 1 期。

④ 杨沛然：《国外长期照护保险制度比较及其对中国的启示——以德国、日本、荷兰、美国、英国为例》，《劳动保障世界》2017 年第 20 期。

⑤ 陈伟：《英国社区照顾之于我国“居家养老服务”本土化进程及服务模式的构建》，《南京工业大学学报（社会科学版）》2012 年第 1 期。

⑥ 赵青、李珍：《英国长期照护：基本内容、改革取向及其对我国的启示》，《社会保障研究》2018 年第 5 期。

由此可见，国内相关研究主要包括英国社区照顾及多元主体角色研究、福利多元主义理论及政策实践研究、英国养老服务国际比较与经验借鉴研究等，着重于梳理英国福利理论或照顾服务政策与实践，将理论与政策实践相结合的实证研究明显缺乏，也因此难以为我国提供从制度改革到政策制定、社会引导的多层次建议。

（三）研究空间

现有对公私合作供给社区养老服务的研究较多关注合作路径或合作方式，并以此为标准进行分类研究，缺乏以私人部门的本质属性为标准进行分类的研究。然而，政府与不同类型的私人部门合作供给社区养老服务，其角色权责与价值目标等均有所不同。研究这些不同之处，对于把握政府与不同类型私人部门合作供给社区养老服务中各主体的角色定位、权责关系以及合作的功能、价值目标等方面的差异，有着重要的理论和实践意义。本书以公私合作中私人部门这一主体为视角，以私人部门“是否营利”“是否正式”的本质属性为标准对公私合作供给社区养老服务进行模式划分，并对各模式进行系统、深入的探讨，有一定研究空间。

从现有对多元主体合作供给社区养老服务的研究看，有关各主体角色权责关系、结构功能、积极老龄化意义等方面都有所探讨，但缺乏以“权责角色—结构功能—价值目标”为分析框架的研究。单从主体角色权责关系、功能、积极老龄化意义的某一方面考察，很难揭示出多元主体合作供给社区养老服务以实现积极老龄化价值目标的内在机理。本书以上述三维框架为分析工具，系统、深入探讨三者间的内在关联，揭示政府与不同类型的私人部门合作以实现积极老龄化价值目标的内在机理，有一定研究空间。

国内对英国多元主体合作供给社区养老服务的探讨以政策梳理为主，实证研究非常少见；国外虽然实证研究较为丰富，但从私人部门本质属性差异视角开展的案例研究相对缺乏。政策梳理可以把握多元主体合作的宏观背景，却难以再现不同主体之间合作关系及其与外部环境之间交互关系的复杂性，实证研究不足限制了我国对这一问题的研究深度。本书采用实证研究和案例研究方法，探究英国社区养老服务供给中多元主体合作的复杂关系，有一定研究空间。

四、研究方法

（一）方法论

社会科学方法论处于社会研究方法的最高层次，“所涉及的主要是社会研究过程的逻辑和研究的哲学基础”①，对社会研究起着指导和规范作用。

在社会研究方法论中，主要有实证主义方法论与人本主义方法论的对立、整体主义方法论和个体主义方法论的对立。实证主义认为，社会现象是在各种力量作用下的“社会事实”，同自然现象一样，是客观的、有规律可循的；因而，社会科学的任务不是研究个别人和个别事件，不在于说明社会现象应该是什么或必须是什么，而是纯客观地描述“社会事实”，并从中发现客观规律。与实证主义相反，人本主义认为，社会现象不同于自然现象。社会现象都与人的行动的主观动机相关，都是独特的、不可重复的，因而无规律可循。人本主义主张从人性出发去理解社会现象的价值意义。②整体主义认为，社会的性质不是由其各部分的性质决定的，社会整体的性质决定其各部分的性质，因此，社会研究的任务是通过揭示社会

① 风笑天：《社会研究方法（第五版）》，中国人民大学出版社 2018 年版，第 8 页。

② 仇立平：《社会研究方法（第 2 版）》，重庆大学出版社 2015 年版，第 27—29 页。

整体的本质属性来说明和解释其中各个个体的行动。与整体主义相反，个体主义认为社会研究的基本分析单位是个人，因为个人是唯一的有意义行动的承担者；而社会整体，如社会结构、社会制度、文化等，只不过是表明人们之间互动的某种范畴。个体主义主张将社会整体分解为其中各个参与者的行动，并以此对社会整体作出解释。①

实证主义方法与人本主义方法、整体主义方法与个体主义方法各执一端，各有所长，也各有所短。本书力求取其所长，舍其所短，将实证与人本、整体与个体结合起来，力避研究方法论上的偏执。本书研究社区养老服务多元主体合作供给模式，将合作供给模式看作其中各主体合作供给行动的有机整体即系统。本书既重视对模式中各主体的合作供给行动及其角色权责关系的规律进行客观描述；又注重从人性出发，阐明各主体的合作供给行动对尊重老年人健康、人格、权利、能力的人本价值。既重视运用整体性思维，从社会政策、文化等宏观背景去说明模式功能的实现路径；又注重运用个体性思维，从模式中各主体的合作供给行动及其动机出发，把握模式的运行机制。

（二）研究方式

本书采用案例研究方式。案例研究是“研究方法体系中介于研究方法论与研究技术之间的一种综合性研究方式，是开展案例研究的思维和行动的策略、逻辑、步骤、程序和技术”。② 案例研究最适用于以下三种情况：其一，研究的问题类型是“怎么样”和“为什么”；其二，研究的对象是目前正在发生的事件；其三，研究者对于当前正在发生的事件不能进行

① 袁方等：《社会研究方法教程（重排本）》，北京大学出版社 2019 年版，第 47—48 页。

② 曹堂哲：《公共管理研究方法——基于公共管理问题类型学的新体系》，北京大学出版社 2014 年版，第 293 页。

控制或仅能进行极低程度的控制。[①] 本书致力于回答英国苏格兰社区养老服务多元主体合作供给模式中，各参与主体之间"如何"合作的问题，并以此为核心，分析多元主体在各合作供给模式中扮演的角色、共享的权力(利)、共担的责任，探讨多元主体合作供给模式的结构功能与实现价值目标的路径。研究问题属于"怎么样"的类型，所关注的是当前正在发生的事件。合作供给模式与外界的经济、政治、社会、文化等情境条件紧密相关，合作过程受到复杂因素影响且难以控制。因此，本研究符合案例研究方法的适用条件。

本书的研究对象是社区养老服务多元主体合作供给模式，亦即公私合作供给模式，参与主体由服务提供方、服务生产方、服务受益方/协同生产方共同构成。服务提供方是公共部门，即政府部门；服务受益方/协同生产方是服务使用者，即老年人及其家人。两者在各合作供给模式中都同样存在，但服务生产方的类型在不同模式中各有差异。本书根据服务生产方"是否营利""是否正式"的本质属性进行交叉分类，划分出服务生产方的三种类型，分别是营利正式部门（私营部门）、非营利正式部门（第三部门）、非营利非正式部门（非正式部门），形成"政府部门—私营部门—服务使用者""政府部门—第三部门—服务使用者""政府部门—非正式部门—服务使用者"三种合作供给模式，也就是本书的分析单位。需要指出的是，分析单位和观察单位有所不同。分析单位是指"研究什么或研究谁"，"是用来考察和总结同类事物特征、解释其中差异的单位"，"有时候我们并不直接'观察'我们的分析单位"。[②] 本书的观察单位包括政府部门、私营部门、第三部门、非正式部门以及老年

① ［美］罗伯特·K.殷：《案例研究：设计与方法（原书第5版）》，周海涛等译，重庆大学出版社2017年版，第19—21页。

② ［美］艾尔·巴比：《社会研究方法（第13版）》，邱泽奇译，清华大学出版社2020年版，第88—89页。

人及其家人。

根据合作供给模式的划分，本书采用多案例研究。“多案例研究背后的原理与多元实验相同，每一个案例都要经过仔细挑选，挑选出来的案例，要么能产生相同的结果，（逐项复制，a literal replication）；要么能由可预知的原因而产生与前一项研究不同的结果（差别复制，a theretical replication）。”① 本书根据“差别复制”法则，以服务生产方是否营利、是否正式的本质属性为标准，针对每种类型的合作供给模式选择典型个案，以政府政策指导下服务生产方提供服务的状况为切入点，透视合作供给模式是如何运作的。

本书选取英国苏格兰首府爱丁堡市为研究范围。爱丁堡市是苏格兰的政治、经济、文化中心，是苏格兰政府、议会的所在地，也是私营部门、第三部门和非正式部门的活跃之处。自 1999 年苏格兰议会成立以来，苏格兰政府部门对地方服务供给的自主性增强，与当地公民及各类服务生产方组织合作生产服务的特征更加明显。爱丁堡市历史悠久，不仅各类服务供给主体发育充分，公共服务承载力较强，而且因其靠近权力下放的政治中心的区位优势而体现出最为突出的多元共治特征。从人口老龄化水平来看，预计自 2017 年之后的 20 年间，爱丁堡市 65 岁至 74 岁、75 岁至 84 岁、85 岁以上人口将全面大幅增长，面临长期照护服务等复杂性需求的人口数量随之增加；其中，达到高级需求水平的老年人口数量将增加 61%，患有失智症的人口数量将超过 1.1 万人。② 秉持尽可能实现非机构化照顾的理念，爱丁堡市的服务供给主要以社区照顾的形式进行，将会有更多老年

① ［美］罗伯特 · K. 殷：《案例研究：设计与方法（原书第 5 版）》，周海涛等译，重庆大学出版社 2017 年版，第 72 页。

② Care Inspectorate, *Services for Older People in Edinburgh*, May 2017, https://www.careinspectorate.com/images/documents/3831/Edinburgh%20services%20for%20older%20people%20joint%20inspection%20report%20May%202017.pdf.

人实现支持下的社区居家安老。鉴于此，本书选择爱丁堡市作为社区养老服务多元主体合作供给模式的研究范围。

由于社区养老服务供给主要以服务生产方为场域，多元主体的合作嵌入服务生产方的运行过程之中，笔者从爱丁堡市社区养老服务的服务生产方入手，进行案例选择。在筛选案例的过程中，笔者紧扣研究目的和研究需求，进行大量的探索性研究，共实地调查了69个参与供给社区养老服务的组织机构；其中，非正式部门组织20个、第三部门组织21个、私营部门组织13个、政府部门组织8个，代表性组织7个。同时，对不同类型和层次的案例进行综合评估，使案例选择最大程度上匹配研究需求。根据案例的典型性、普遍性、前瞻性、客观性、资料可得性等标准，从非正式部门、第三部门、私营部门中各选择一个有代表性的组织进行研究，作为政府与非正式部门合作供给模式、政府与第三部门合作供给模式、政府与私营部门合作供给模式的典型案例。案例介绍和实地调研情况在各主体章节与附录中进行详述，在此不加赘述。案例选择与选取案例的标准如表0—1所示。

表0—1 选取案例的标准①

案例选择	普雷斯顿菲尔德社区项目	苏格兰老年协会	老年照顾家园
模式类型	政府与非正式部门合作供给模式	政府与第三部门合作供给模式	政府与私营部门合作供给模式
生产方属性	非营利、非正式	非营利、正式	营利、正式
典型性	该组织扎根单一社区，与社区非正式力量结合紧密，组织规模较小，不以营利为目的	该组织服务范围覆盖苏格兰地区，社会影响力较大，组织形态正规，不以营利为目的	该组织服务范围覆盖爱丁堡市，其连锁机构遍布全球，组织形态正规，以营利为目的

① 参见祝阳:《中国政府购买公共服务中的政民关系及其影响因素研究》，北京师范大学社会发展与公共政策学院2018年博士学位论文，第15—16页。

续表

案例选择	普雷斯顿菲尔德社区项目	苏格兰老年协会	老年照顾家园
普遍性	一定程度上代表以单一社区为服务范围，为非失能或半失能的低龄老年人提供群体性照顾服务或社交、兴趣活动的组织	一定程度上代表以某一区域内社区为服务范围，为全年龄段老年人提供与组织目标相关的特定服务的组织	一定程度上代表以社区中的老年人个体为服务单位，为失能或半失能的高龄老年人提供长期照护服务的组织
前瞻性	该组织成立较早，适应政策变迁，发展相对成熟，是多位爱丁堡市议员长期关注和推崇的组织形态	该组织是代表与维护老年人权益的典范组织，社会认可度高，是政府长期以来的亲密伙伴	该组织全球知名度高，本地化程度强，受到当地居民广泛认可，是政府重点推介的供应商
客观性	作为研究者，在调研中保持客观判断，避免主观性影响	作为志愿者，在调研中保持客观判断，避免主观性影响	作为研究者，在调研中保持客观判断，避免主观性影响
资料可得性	以爱丁堡大学研究人员和苏格兰老年协会社区链接服务组工作人员的身份联系该组织负责人，获得允许后进行实地调研与资料收集	通过个人申请和爱丁堡大学外方导师推荐，进入苏格兰老年协会社区链接部门进行志愿工作，深度参与，便于实地调研与资料收集	以爱丁堡大学研究人员和苏格兰老年协会社区链接服务组工作人员的身份联系该组织负责人，获得允许后进行实地调研与资料收集

在资料收集方面，“案例研究需要从多渠道收集资料，并将资料汇合进行交叉分析”①，“对多种来源资料的需求远远大于其他研究方法”。②案例研究的资料收集工作围绕研究对象的真实事件和行为展开，还需捕捉案例中实际参与人员的信息，因此，资料收集需要投入大量时间进行现场调查。本书的现场调查工作从2017年9月开始，至2018年11月完成。其间，笔者在国家留学基金管理委员会“中英联合研究创新基金博士生交流项目”支持下于英国爱丁堡大学联合培养，通过个人申请和外方导师介绍进入田

---

① 曹堂哲：《公共管理研究方法——基于公共管理问题类型学的新体系》，北京大学出版社2014年版，第293页。

② ［美］罗伯特·K.殷：《案例研究：设计与方法（原书第5版）》，周海涛等译，重庆大学出版社2017年版，第124页。

野，独立开展现场调查。为了提高研究的信度和建构效度，本书采用多种来源的资料，使用观察法（参与性观察）、访谈法（深度访谈、焦点访谈）、文献法（获取档案、文件类证据），通过上述多种证据来源之间的优势互补，形成“证据三角形”，以降低只采用单一资料收集方法带来的风险。

在资料分析方面，本书根据研究的问题，在相关理论的基础上建立“权责角色—结构功能—价值目标”三维理论框架，依据研究框架（亦即理论假设），使用经验论证法和文本分析法，对三个案例分别进行描述与分析。最后，使用比较分析法，对三个案例进行一致性比较和差异性比较，根据差别复制逻辑进行分析性归纳，以保证结论的外部效度。

（三）具体方法

1. 资料收集方法

（1）观察法

案例研究应该在“案例”的自然情境中进行。研究者应创造观察机会，获取与案例相关的社会与环境条件的信息。① 在参与性观察中，研究者从局外人变成局内人，一定程度上介入研究客体的活动和行为，进入“封闭性”集体内部，通过较长时间的共同活动深入了解研究客体，获得外部观察难以得到的资料。② 笔者采用参与性观察的方法，亲身参与社区养老服务供给中非正式部门、第三部门、私营部门的日常工作，全面、深入、客观地观察在社区养老服务供给中，各类组织如何递送服务、与政府部门互动、实现组织内部整合与外部合作（观察提纲见本书附录一）。

具体来讲，首先，笔者以志愿者的身份加入苏格兰老年协会的社区链接团队，进行为期 11 个月、每周 4 小时的志愿服务，亲身参与服务递送的

① ［美］罗伯特 · K. 殷：《案例研究：设计与方法（原书第 5 版）》，周海涛等译，重庆大学出版社 2017 年版，第 137—141 页。

② 仇立平：《社会研究方法（第 2 版）》，重庆大学出版社 2015 年版，第 277 页。

全过程，全面、系统地观察该组织的内部管理结构、服务递送情况、与其他服务供给主体的关系状态、与政府部门的沟通方式等。其次，笔者对普雷斯顿菲尔德社区项目进行为期3个月的跟踪访问，选择每周的不同时段参与活动，观察服务递送的方式、老年人在使用服务时的实际状态、服务人员在工作中的真实状态、服务人员与老年人及其家人之间的交流情况、与外部组织及政府部门的互动情况等。再次，由于老年照顾家园等私营机构主要为高龄的失能、半失能老年人提供长期照护服务，该群体属于受到法律保护的脆弱群体，笔者在老年人照顾者的陪伴下进行每组30分钟至1小时左右的单次观察，参与老年人的轻度运动、复健、娱乐、聊天、用餐、护理等活动，观察服务递送过程、老年人的身体与精神状态、照顾工作者的工作方式、老年人家人的参与情况等。最后，对于选取的三个案例以外的服务生产方组织，笔者根据服务使用者的承受能力、服务递送过程是否对研究者开放等具体情况，有选择地进行参与性观察，观察尽可能多样的组织和服务形态。

（2）访谈法

笔者主要采用深度访谈与焦点访谈两种访谈方法，访谈内容聚焦“多元主体合作供给服务的运行机制”问题，访谈提纲以开放式问题为主（访谈提纲见本书附录二），访谈以半结构化形式进行，以期平衡结构化访谈的客观性、可信度与无结构访谈的灵活性、主动性之间的矛盾。访谈对象有三种类型：其一，服务生产方及其服务使用者，包括非正式部门、第三部门、私营部门养老服务组织的主要负责人、各部门管理者、服务从业者，服务使用者及其家人；其二，服务提供方，包括苏格兰政府与议会、爱丁堡市政府与议会中医疗和社会照顾、老年人福利、社区工作、服务督察等相关部门的负责人；其三，代表性组织，包括各部门、各行业协会的负责人。通过社区养老服务合作供给中多元参与主体对具体事务的多角度叙述，探寻合作供给模式的结构、功能与价值意义，收集尽可能详尽的第一手资料。

具体来讲，首先，笔者采用深度访谈法，以上述各机构的领导者与部门管理者等关键人物为访谈对象，进行一对一的半结构化访谈。在确定访谈核心问题的前提下，灵活调整提问方向，根据受访者的工作侧重点和独特观点，机动性地挖掘深层问题，引导受访者多维、深入、细致地阐述服务供给的各个方面，了解受访者在参与服务供给中的价值观念、情感体验和行为规范。此外，笔者根据谈话内容，要求受访者推荐其他访谈对象与资料来源，以期挖掘合作供给中的关系网络，因而，受访者也是重要的信息提供者。深度访谈持续时间1.5至3小时不等。

其次，笔者采用焦点访谈法，以服务使用者（老年人及其家属）为访谈对象，通过“判断抽样”选择个人背景异质性较强的社区养老服务的使用者，以家庭或朋友为单位，形成3至5人的焦点小组。根据老年人不同的个人情况和家庭情况机动性提问，讨论焦点集中、表述客观，避免引导性提问，给予受访者表达空间，全面了解服务使用者对服务递送方式、质量、类型、效果以及供需匹配度等方面的感受，以供分析评价各案例中社区养老服务供给的成效。焦点访谈时间为40分钟至1小时。笔者共对186位访谈对象进行访谈（访谈对象编码表见本书附录三）。

（3）文献法

文献法指的是“用科学的方法收集文献资料，摘取有用信息并进行整理分析的方法”。[①]本书注重文献研究，通过网络资源下载、档案记录查询、购买等方式，收集整理与社区养老服务供给相关的文献资料，包括专题著作、期刊论文、调查报告、会议文集等学术资料，法律法规、政策文件、政府报告、统计数据等官方文件，宣传手册、新闻报道等媒体信息，筛选并提炼有价值的信息。同时，笔者在调研中积极争取调研对象的支持与帮助，在被调研机构获取丰富的内部资料，包括年度工作报告、项目基金申请书、会议记录、议事日程、服务介绍、督察报告、审计报告、社区通讯

① 谭祖雪等：《社会调查研究方法（第2版）》，清华大学出版社2020年版，第173页。

剪报等，证实与证伪从其他来源获得的资料，对案例分析起到支撑作用。

2. 资料分析方法

（1）比较分析法

比较分析法是定性资料分析中，对两个或两个以上认识对象进行异同点比较，从而达到认识事物目的的逻辑思维方法①，包括一致性比较与差异性比较、横向比较与纵向比较等具体方式。首先，本书将一致性比较与差异性比较相结合，分析不同社区养老服务合作供给模式的共同特征，比较分析不同模式之间的差别，并研究各模式异同点的形成原因。其次，本书将横向比较与纵向比较相结合，一方面，对同一服务生产方在不同政策阶段的发展情况进行对比，纵观案例中各主体之间的合作情况与服务供给效果的变化，分析合作关系的历时性变化；另一方面，对不同合作供给模式在同一时期的情况进行横向比较，分析各模式的共时性特征，通过将历时性和共时性比较研究相结合，研究社区养老服务多元主体合作供给模式的差异性与嬗变规律。

（2）经验论证法

经验论证也被称为列举法，即研究者基于研究发现的事实或预置的理论收集并梳理资料，然后通过资料列举与经验证据对理论或事实进行说明和论证。② 本书在设定的理论框架下进行资料整理和案例分析，在论证中大量列举通过访谈与观察获得的第一手经验证据，对论证的观点进行佐证。

（3）文本分析法

文本分析法是指“在对文献资料重新整理和分析的基础上，解释社会现象之间的关系和变化趋势”。③ 本书的文献资料主要包括政策文本和文献资料。首先，本书围绕研究框架梳理并分析与英国苏格兰社区养老服务相关的政府政策法规、指导意见、会议文件、规划报告、行动倡议、问题

① 谭祖雪等：《社会调查研究方法（第2版）》，清华大学出版社2020年版，第183页。

② 谭祖雪等：《社会调查研究方法（第2版）》，清华大学出版社2020年版，第183页。

③ 仇立平：《社会研究方法（第2版）》，重庆大学出版社2015年版，第286页。

回应等文本资料，解析文本内容体现出的政策目标、价值理念、执行措施，探究公共政策对社区养老服务多元主体合作供给的影响机制。其次，本书收集整理相关文献资料，对英国社区养老服务相关学术著作与期刊论文进行思考、提炼、分析、评述，形成对相关理论与现实问题的全面理解，为社区养老服务多元主体合作供给模式分析提供借鉴。

（4）分析性归纳

分析性归纳（analyticgeneralization）是一种不同于统计性归纳（statisticalgeneralization）的归纳法：统计性归纳是从样本的属性推导出总体的属性，样本量越大，结论越可靠；分析性归纳则是以理论或理论假设为框架对典型案例进行分析，并在此基础上归纳、概括得出结论，案例越典型，结论越可靠。分析性归纳与统计性归纳具有不同的理论基础：统计性归纳遵循的是抽样法则，分析性归纳遵循的则是复制法则。正如罗伯特·K. 殷（Robert K. Yin）强调的，要"把多案例研究看作多元实验——也即，在进行多案例研究时，要遵从'复制'法则"①，只有这样，才能保证归纳得出的结论"高于具体案例（实验）的理论水平"。②本书对英国苏格兰社区养老服务多元主体合作供给模式采用了多案例研究，在运用所建构理论分析框架对各个模式进行典型案例分析的基础上，利用分析性归纳得出结论，以保证结论的外部效度。

此外，对以上三种合作供给模式都是从服务生产方（即私人部门）的角度切入，分析公私合作供给社区养老服务的运行机制。为了使研究视角更加全面，本书还以服务提供方（即公共部门）为切入点，探讨政府对各模式的维护保障作用。

基于上述研究方法论、研究方式、具体方法，提出研究路线，如

① ［美］罗伯特·K. 殷：《案例研究：设计与方法（原书第 5 版）》，周海涛等译，重庆大学出版社 2017 年版，第 71 页。

② ［美］罗伯特·K. 殷：《案例研究：设计与方法（原书第 5 版）》，周海涛等译，重庆大学出版社 2017 年版，第 52 页。

图 0—1 所示。

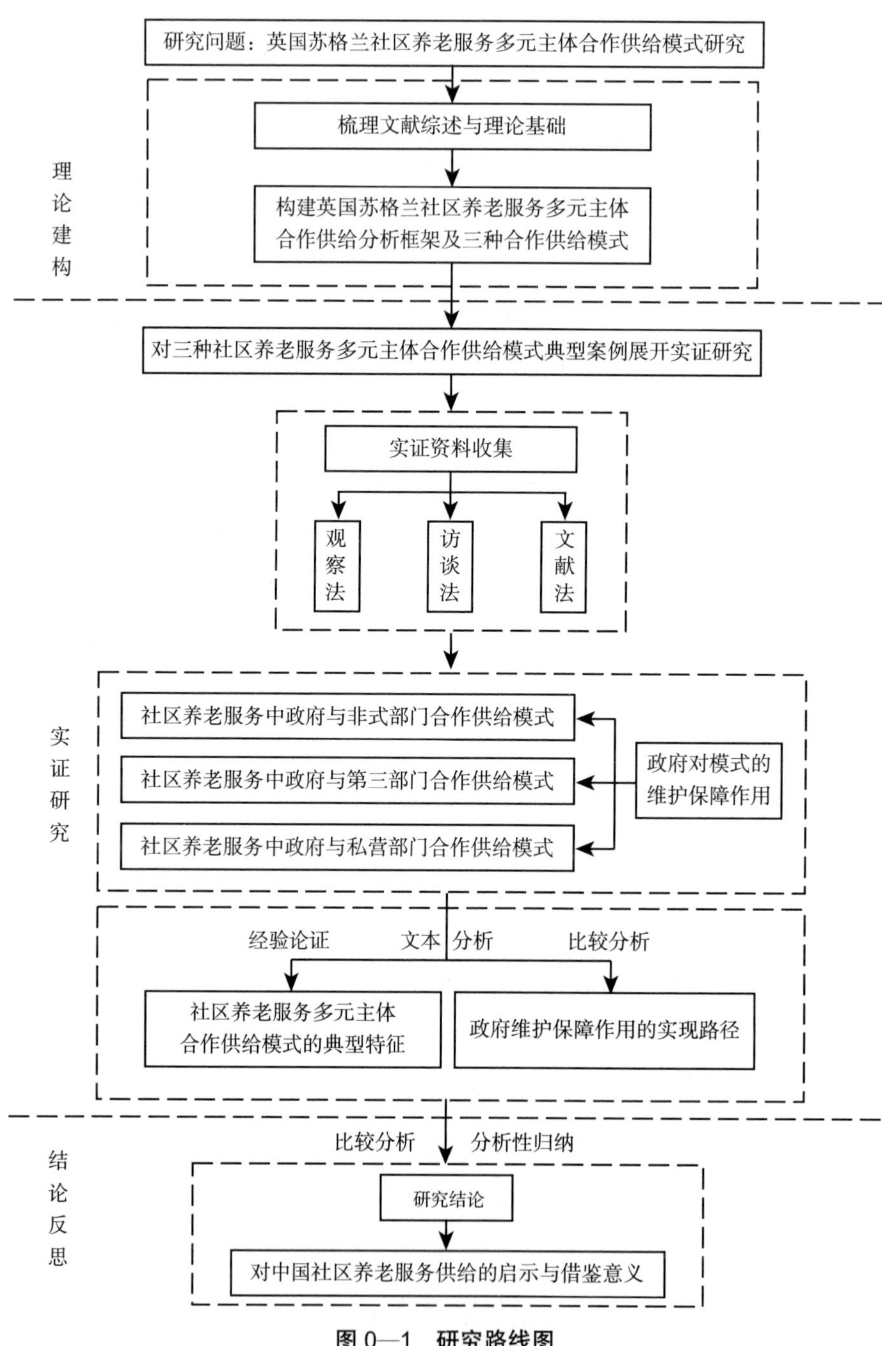

图 0—1 研究路线图

基于以上研究思路，本书的章节安排如下：第一章进行相关理论考察、核心概念界定，并在此基础上建构理论分析框架；第二章、第三章、第四章从服务生产方角度考察合作供给模式的运行，对每一个合作供给模式选取典型案例进行考察，分别分析政府部门与非正式部门、第三部门、私营部门如何合作，在公私合作框架下考察合作供给模式的角色权责结构、功能及价值目标；第五章以新公共治理为理论视角，从服务提供方，即政府部门的角度进行考察，涉及政府与多个部门、组织、地区和老年人群体的合作关系，研究其对各合作供给模式维护保障作用的实现路径；第六章对各合作供给模式进行比较，在此基础之上，通过分析性归纳得出结论，并对我国借鉴英国社区养老服务多元主体合作供给模式提出政策建议。

第一章　理论工具与分析框架

一、相关理论考察

（一）新公共治理理论

在过去的一个世纪里，公共行政领域先后出现了公共行政、新公共管理、新公共治理等思潮。这些思潮在反思、批判与重构中得以形成和演化，成为公共政策实施和公共服务提供的三种体制。公共行政发端于19世纪末20世纪初的公共部门，在1945年到1979年的英国福利国家时期达到顶峰。公民希望国家满足其“从摇篮到坟墓”的所有经济和社会需求。公共行政成为这一时代的工具，强调通过行政程序来确保公平。新公共管理兴起于20世纪70年代末，由英国撒切尔夫人的民营化改革开启先河，以“竞争、放松管制、顾客至上、结果导向”等为核心理念。其极端观点认为私营部门的管理技术远胜于公共部门，并假定若将此类技术应用于公共服务供给，就会自动促进公共服务效率和效益的提高。21世纪以来，公共服务提供主体日益多元、政策制定过程日益复杂，新公共治理能够充分反映和把握公共政策制定与公共服务提供的现实。

新公共治理理论的主要提出者史蒂芬·奥斯本（Stephen Osborne）通过对上述三种体制进行对比，凸显出新公共治理之“新”。在奥斯本看来，公共行政属于政治学领域，它主要关注单一制的国家统治系统。其中，政策制定与实施通过垂直整合形成一个封闭系统。公共行政聚焦于政策制定与实施这一循环体系，假定公共行政的有效性取决于公共管理者对政策的成功执行，而政策制定由处于系统上层的民主选举的政治家完成并对其负责。由于公共行政的垂直整合特点，等级制成为其资源分配的机制，强调通过纵向管理来确保对公共资金使用进行问责。其价值基础在于这一明确假定，即公共部门拥有对公共政策实施与公共服务提供的绝对影响力。

相比之下，新公共管理建立在新古典经济学和理性 / 公共选择理论的基础上，它主要关注分权化的国家统治系统。其中，政策制定与实施至少部分连接而部分分离，政策实施是通过一系列独立且理想情况下相互竞争的服务单元完成的。国家在这里的角色是管制者，且通常在委托—代理的情境下进行管制。新公共管理聚焦于组织内部的过程和管理，它基于开放的理性系统，将公共服务生产过程塑造成一个在相互协调合作环境下变投入为产出（服务）的组织内部过程，强调公共服务生产过程中的经济与效率。新公共管理假定在任何公共政策领域中的独立服务单元之间存在竞争关系，这种竞争发生在横向组织的市场中；其中，核心资源分配机制是竞争机制、价格机制、契约关系的多种组合。新公共管理的价值基础是“计算的逻辑”，并包含这样一种信条，即市场及其运行机制为公共服务生产提供了最适宜的场所。

相对公共行政和公共管理而言，奥斯本认为，新公共治理扎根于制度理论和网络理论。它假定公共活动的参与者是多元的，由大量相互依赖的行动主体共同致力于公共服务提供；同时也假定公共活动的决策制定过程是复杂的，政策制定系统由多种不同的过程共同构成。新公共治理汲取了开放自然系统理论的思想，因而特别关注制度及外部环境的压力。这种压力既能为多元系统中的公共政策实施与公共服务提供形成动能，又能对其造成限制。这两种多元化形式导致的结果是，新公共治理重点关注组织间的关系以及对过程的控制和管理，强调依靠公共服务组织与其环境之间的交互作用来提高服务效率和产出。新公共治理的核心资源分配机制是组织间网络，其责任需要通过网络内部的组织间和人际间协商而定。需要注意的是，这些网络很少由地位平等的主体结合而成，各主体权力的不对等导致主体间常常四分五裂。为了使网络高效运行，需要对网络中的各主体进行有效控制与协调，因此，网络中的价值基础是分散且相互竞争的。由此，新公共治理既是21世纪公共政策实施与公共服务提供日益复杂化、多元化和碎片化的产物，也是对这种特征的回应。公共行政、新公共管理和新公共治理的核心要素如表1—1所示。

表1—1　公共行政、新公共管理和新公共治理的核心要素①

范式 关键要素	公共行政	新公共管理	新公共治理
理论基础	政治科学和公共政策理论	理性/公共选择理论和管理科学	制度和网络理论
国家/统治系统的特点	单一集权型	管制型	公共服务提供主体多元化和政策制定过程复杂性
焦点	政治系统	组织	组织及其所处环境
强调的重点	政策制定和实施	组织资源管理和绩效管理	价值、意义和关系的协商
资源分配机制	等级制	市场和古典主义或新古典主义契约	网络和关系契约
服务系统的特点	封闭	开放、理性	开放、自然
价值基础	公共部门的精神	竞争效力和市场效率	价值是分散与相互竞争的

奥斯本在他主编的《新公共治理》一书中指出，新公共治理是当代公共服务提供（包括公共服务提供过程中的决策制定以及组织间结成的以网络为基础的众多模式）的一个重要范式；同时，从本质上讲，新公共治理要求与公共政策和公共服务的环境进行更加广泛的交互。然而，有必要指

① 参见［英］史蒂芬·奥斯本编著：《新公共治理？——公共治理理论和实践方面的新观点》，包国宪等译，科学出版社2016年版，第1—8页。

出，新公共治理的提出既不是对公共行政和新公共管理的规范性与政策性的替代选择，也不是公共政策实施与公共服务提供的最佳方法，而是一种帮助我们理解和评估 21 世纪新的现实与核心挑战的一种概念模型。与此同时，从实践上看，上述三种体制是同时存在并相互影响的，而不是先后之间彼此替代的关系。因而，虽然新公共治理已成为主导性体制，该体制重视可持续的公共政策和公共服务发展以及组织间关系的治理，但这既没有抹杀公共政策过程的重要性，也没有否认以效率和效益管理个体组织资源与绩效的必要性。

在新公共治理的框架下，公共政策实施与公共服务提供领域关注一系列新的核心问题，主要包括：(1) 基本问题：新公共治理的基本分析单位是公共服务系统，其中不仅包括公共政策过程和公共服务组织（包括组织内人员及服务供给的软、硬件技术），还包括作为公共服务协同生产者的服务使用者，以及更为广泛的公共服务提供的制度与环境等权变因素。在这一理论体系中，协同生产 (co-production)① 是一个核心要素。它既关注公共服务提供过程中的合作生产要素，又关注服务具有的关系性质。(2) 价值问题：在公共治理阶段，由于公共服务组织运作环境的冲突性与组织本身的混杂性，公共价值也因此变得极具冲突性。公共部门和私人部门在管理实践与价值理念中，既存在趋同，也存在分歧的现象。(3) 责任问题：新公共治理聚焦公共服务系统，将服务系统中政治家的角色和政治责任与公共服务提供中的非政府服务提供者的责任相联系，将可持续性问题以及问责系统中的主体需求问题纳入其中，形成不同于传统问责方法与问责焦点的问责系统。②

本书与新公共治理理论有着内在的关联性，主要体现在以下几个方

① co-production 一词又译为“合作生产”。

② [英] 史蒂芬·奥斯本编著：《新公共治理？——公共治理理论和实践方面的新观点》，包国宪等译，科学出版社 2016 年版，第 391—399 页。

面：第一，本书主要关注20世纪90年代以来英国苏格兰的社区养老服务模式，从公共政策与公共服务的发展阶段来看，正是由新公共管理向新公共治理发展与进一步推进的阶段。第二，新公共治理理论的主要提出者史蒂芬·奥斯本系英国爱丁堡大学国际公共管理教授、卓越公共服务研究中心主任。该理论的提出主要基于英国的公共管理改革实践，而本书也正是基于对英国特别是苏格兰地区公共政策与公共服务实践的考察，因而，该理论对于本书有较好的适用性。第三，本书的研究对象是社区养老服务合作供给系统（即合作供给模式），研究的核心问题包括合作供给系统与环境的关系（即合作供给模式的功能）、协同生产视角下合作供给系统中的多元主体划分、各主体在系统中的角色定位与权责结构，特别是服务使用者卷入后其角色的转变以及权力下放后政府承担责任方式的转变等，与新公共治理的未来议程是完全一致的。

（二）福利多元主义理论

福利多元主义有时被称为福利混合经济，兴起于古典自由主义理论与凯恩斯—贝弗里奇范式之后，是在福利国家发生危机与自由主义复兴之际产生的新的理论范式。自20世纪70年代后期以来，它在社会政策领域发挥着越来越突出的作用。福利多元主义的主要价值在于突破了传统的政府或市场一元福利供给模式，提出建立由政府、市场、社会、家庭等多元主体共同参与、整合、协调的福利供给主体结构，推动建构具有高效性、公平性、回应性的福利供给模式。

从福利供给的多元组合视角来看，蒂特马斯（Richard Morris Titmuss）于20世纪50年代最早提出社会福利的多元供给体系，将福利来源划分为财政、就业和社会三类，认为社会整体福利由财税福利、职业福利、法定福利共同构成，可达到福利效应的最大化，如表1—2所示。

表 1—2 福利来源的划分①

类型	来源	内容
法定福利	社会	由国家或政府提供的福利支持，如公共福利物资与服务
职业福利	就业	通过雇佣形式保障福利供给，如额外津贴、公司福利等
财税福利	财政	通过税收系统传送化费或者津贴，如通过税收激励实现养老金储蓄或税收抵免等

根据福利多元主义理论建立与发展的时间脉络，较早使用“福利多元主义”概念的是 1978 年的英国沃尔芬登报告《志愿组织的未来》。该报告主张福利供给主体多元化，提出应将志愿组织纳入福利供给体系，并首次将政府与市场以外的其他主体引入福利供给制度，寻求扩大志愿部门的作用。② 在随后的 1984 年，欧洲中心举办“社会工作培训与研究”会议，提出由自助组织、互助组织、志愿组织、社区组织等新生力量大规模参与社会福利制度化供给，这体现出理论界与实务界对福利混合经济的共同期望。③ 福利多元主义理论的影响逐渐在欧美以及东亚国家传播，在不同国家的文化传统与社会政策基础上形成了不同的福利供给主体结构，包括福利三元论、四元论等。

罗斯（Richard Rose）是第一个对“福利多元主义”进行清晰界定的学者。他提出社会福利源于家庭、市场和国家，由这三者共同构成社会福利体系，也就是“福利三角”理论。“罗斯反对将政府视为福利提供的唯一主体，认为市场和家庭是满足公民福利需求必不可少的重要途径”④，同时，国家仍然是福利生产与提供的最主要主体。伊瓦思（Adalbert Evers）

① See Richard Morris Titmuss, *Essays on 'The Welfare State'*, London: Unwin University Books, 1974.

② Wolfenden of Westcott, John Frederick Wolfenden, *The Future of Voluntary Organisations: Report of the Wolfenden Committee*, London: Croom Helm, 1978.

③ 韩央迪：《从福利多元主义到福利治理：福利改革的路径演化》，《国外社会科学》2012 年第 2 期。

④ Richard Rose & Rei Shiratori (eds.), *The Welfare State East and West*, Oxford: Oxford University Press, 1986.

把福利三角置于社会、经济、政治、文化情境中，把福利三角中的三方对应不同的组织、价值和关系，如表 1—3 所示。

表 1—3　伊瓦思的福利三角：组织、价值和关系 ①

福利三角	组织	价值	关系
（市场）经济	正式组织	选择与自主 （choice and anonymity）	行动者与（市场）经济的关系
国家	公共组织	平等与保障 （equality and security）	行动者与国家的关系
家庭	非正式 / 私人组织	团结与共有 （solidarity and community）	行动者与社会的关系

哈奇（Stephen Hatch）和莫克罗夫特（Ian Mocroft）较早提出，社会照顾与医疗服务由政府部门、商业部门、志愿部门和非正式部门共同提供。② 伊瓦思在三元结构的基础上关注民间力量，发展出由政府、市场、家庭（社区）、民间社会构成的福利四元结构。约翰逊（Norman Johnson）将非营利组织纳入福利供给主体，在伊瓦思的研究基础上将四元空间分别对应政府部门、商业部门、非正式部门、志愿部门四个部门，构建了四元主体福利供给体系。他提出以组织化程度作为区分非正式部门和志愿部门的标准，其中，非正式部门的功能承载者为亲属、朋辈、邻里等，志愿部门包括睦邻团体、自助或互助组织、压力团体、研究性团体、“伞状”协会组织（umbrella bodies）等。③ 上述四个部门提供的福利及其

① See Adalbert Evers, “Shifts in the Welfare Mix: Introducing A New Approach for the Study of Transformations in Welfare and Social Policy”, in *Shifts in the Welfare Mix: Their Impact on Work, Social Services and Welfare Policies*, Adalbert Evers & Helmut Wintersberger, Bloomington: Campus Verlag, 1990, pp. 7-30.

② Stephen Hatch & Ian Mocroft, *Components of Welfare: Voluntary Organisations, Social Services and Politics in Two Local Authorities*, London: Bedford Square Press/NCVO, 1983, p. 287.

③ Norman Johnson, *The Welfare State in Transition: The Theory and Practice of Welfare Pluralism*, Amherst: The University of Massachusetts Press, 1987, p. 58.

特征如表 1—4 所示。

表 1—4　不同部门提供的福利及其特征①

部门	国家	市场	家庭 / 社区	民间社会
福利生产部门	公共部门	市场	家庭、非正式部门	非营利组织
福利提供行动协调原则	科层制、国家责任	竞争	个人责任	志愿责任
福利接受方角色	拥有社会权的公民	消费者	家庭成员、社区成员	市民、协会成员
福利提供内容	社会保险、社会救助、社会服务	有偿服务（商品）	社会互助、社会服务	社会互助、社会服务
制度运行的有效标准	安全和保障	利润和效率	参与和团结	活跃的社会性

约翰逊认为，“分权”（decentralisation）和“参与”（participation）是福利多元化的核心主题与基本路径。② 福利服务权力纵向上由中央政府向地方政府与社区转移，横向上由公共部门向私人部门分散。这实质上强调了社会福利的地方化、社区化及民营化，通过政府权力的分散化，为第三部门、社区自组织和私营部门等多元主体参与提供了活动空间及合法权利③，以共同参与福利服务的供给与递送，共担责任。

派斯特奥弗（Pestoff Victor Ashgates）进一步提出，福利混合经济涉及不同社会组织和社会结构之间的关联与互动；社会结构包括国家、市场、协会组织、社区，每个结构都有各自的原则、主体、资源、动机、资金等；与这四种社会结构相对应的社会组织，分别是公共机构、私营企业、

---

① 参见彭华民、宋祥秀：《嵌入社会框架的社会福利模式：理论与政策反思》，《社会》2006 年第 6 期。

② Norman Johnson, “The Privatization of Welfare”, *Social Policy and Administration*, Vol. 23, No. 1 (1989), pp. 17-30.

③ 陈静：《福利多元主义视域下的城市养老服务供给模式研究》，山东人民出版社 2016 年版，第 57—58 页。

志愿组织和家庭。[①] 阿尔科克（Pete Alcock）以三组标准区分福利供给的类型，即公共—私人、营利—非营利、正式—非正式；提出政府部门占有公共、非营利和正式的空间，私营部门属于私人、营利和正式的空间，第三部门属于私人、非营利和正式的空间，非正式部门占有私人、非营利、非正式的空间；从而指出不同部门功能互补，为各部门平等合作，发挥各自优势，纠正政府失灵、市场失灵、志愿者失灵问题提供理论支持。

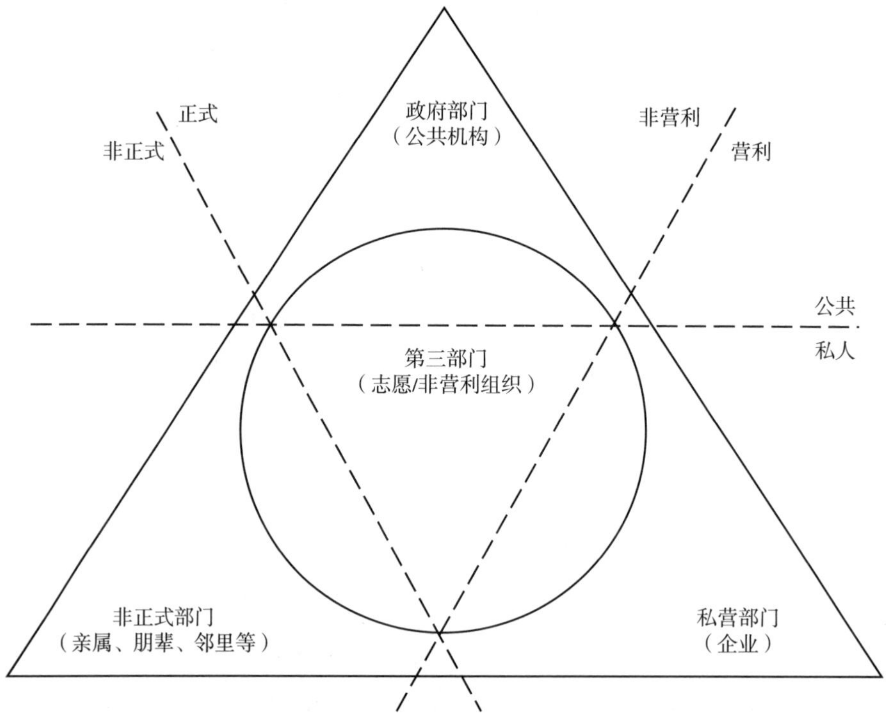

图 1—1　福利混合经济中多元主体的空间划分 [②]

① Victor Ashgates Pestoff, "Third Sector and Co-operative Services - An Alternative to Privatization", *Journal of Consumer Policy*, Vol. 15, No. 1 (1992), 21-45.

② 参见丁学娜、李凤琴：《福利多元主义的发展研究——基于理论范式视角》，《中南大学学报（社会科学版）》2013 年第 6 期；Pete Alcock, "A Strategic Unity: Defining the Third Sector in the UK", *Voluntary Sector Review*, Vol. 1, No. 1 (2010), pp. 5-24。

后来，韩国学者提出了由政府、市场、企业、第三部门、家庭五元组合的福利五边形框架①，克雷斯·德·纽伯格在政府、家庭和市场之外加入了会员组织与社会网络。②然而，这些划分与已有理论并无本质上的区别，都是基于对社会福利来源的探索。其核心在于打破福利国家对政府完全责任的依赖以及政府和市场的对立关系，提出由政府、市场、志愿部门、社区、家庭和个人等构成的多元主体福利供给理论与政策范式。

多元福利供给主体之间并非相互孤立，而是相互合作，其合作关系导致了不同福利类型的产生。为了研究福利混合经济中不断变动的主体关系，明确各部分的角度与切入维度，研究者除了关注福利供给主体的横向拓展，对福利多元主义的分析层次和认知维度也在向纵深发展。最初的单维度研究仅仅关注福利供给（provision）这一议题，为了满足分析复杂现象的需要，增加了"融资"(finance）维度，形成"供给—融资"双维度框架。双维度分析关注从国家到市场的转变路径，涉及私人投资、服务使用者付费以及商品化问题，包括以内部市场或准市场方式强化国家福利提供部门之间的竞争意识，或者在外部市场中将原本由国家供给的福利转交给私营部门，从而改变生产与投资方式，将免费享有国家福利的公民变为在市场中自由选择、购买服务的消费者等福利服务形态。③

贾奇（Ken Judge）提出的福利混合经济分析框架，将融资模式分为公共、私人—集体、私人—个体、无交换四类，将生产模式分为公共、私

① Jin Wook Kim, "Dynamics of the Welfare Mix in the Republic of Korea: An Expenditure Study Between 1990 and 2001", *International Social Security Review*, Vol. 58, No. 4 (2005), pp. 3-26.

② 克雷斯·德·纽伯格、韩永江、华迎放：《福利五边形和风险的社会化管理》，《社会保险研究》2003 年第 12 期。

③ ［英］马丁·鲍威尔主编：《理解福利混合经济》，钟晓慧译，北京大学出版社 2011 年版，第 12—13 页。

人、志愿性、非正式四类。① 纳普（Martin Knapp）将福利生产与供给部门分为政府部门、私营部门、第三部门、非正式部门四类，并将融资与需求维度相结合，划分为六种类型，即强制性集体需求、非强制性或志愿的集体需求、社团的需求、无补偿的个人消费、可补偿的个人消费、个人捐助，形成二十四格矩阵的二维分析框架。② 斯皮克（Spicker）将融资维度分为公共、私人团体、私人合作、使用者付费、志愿五个类型。双维度框架使得对于政府购买私营服务、私人购买公共服务，以及传统的纯公共与纯私人服务等福利服务的分析更加规范，然而，这一框架难以解决一个重要问题：随着公共社会服务领域引入自由市场元素，各部门之间界限划分更加模糊，国家和私人以及四大部门之间的界限相互渗透、含混不清，部门间的组合关系更为复杂，已经难以从融资角度加以清晰的区分。

为了对福利供给方式进行更加精确的研究，学者们提出了“供给—融资—决策/规制”的三维度框架，但对于第三个维度是决策还是规制观点不一。伯查特（Tania Burchardt）提供了供给、融资、决策的三维分析框架，其中，“决策”（decision）关注福利服务提供的主体或数量是由个体公民进行选择还是由国家代替公民作出选择，涉及消费者进行决策的权力的大小程度，以及选择或者退出机构服务的自主权。由此可以产生以“纯公共部门”和“纯私营部门”为两极的八种组合类型，以同心圆的形式展示，包括纯公共服务、使用者付费的公共服务、使用者付费的外包服务、政府购买的外包服务、自由市场服务、优惠券购买/享有税收优惠或补贴的私人供给服务、优惠券购买的公共服务、个体购买的公共供给服务。③

---

① Ken Judge, “Is There a Crisis in the Welfare State?”, *International Journal of Sociology and Social Policy*, Vol. 1, No. 2 (1981), pp. 1-21.

② Martin Knapp, “Private and Voluntary Welfare”, in *The New Politics of Welfare: An Agenda for the 1990s?*, Michael McCarthy, Basingstoke: Macmillan, 1989, pp. 225-252.

③ Tania Burchardt, *Boundaries between Public and Private Welfare: A Typology and Map of Services*, London: Centre for Analysis of Social Exclusion; London School of Economics, 1997.

“规制”（regulation）的重要特征是政府对于商业部门的规范、管制与检查，尤其是针对私有化的公共服务以及政府自身，包括审计机构、颁证机构、稽查机构等面向私营部门的规制者，以及质量控制机构、浪费观察机构等面向公共部门的规制者，对规制维度的测量比较困难。规制从一定程度上讲与控制或权力相关，通过改变规制对象的行为，将其塑造成为期望的状态。博兹曼（Barry Bozeman）提出“公共性”（publicness）标准，即某一机构受到政治权威影响或政府介入的程度，以衡量规制程度的高与低。①表 1—5 是简化版的三维度分析框架，将规制维度以高度规制和低度规制加以简略划分，分别用字母 a 和 b 表示。

表 1—5　福利混合经济三维度分析框架②

<table>
<tr><th colspan="6">供给</th></tr>
<tr><td rowspan="5">融资</td><td></td><td>政府部门</td><td>私营部门</td><td>第三部门</td><td>非正式部门</td></tr>
<tr><td>政府部门</td><td>1a（高度规制）
1b（低度规制）</td><td>2a
2b</td><td>3a
3b</td><td>4a
4b</td></tr>
<tr><td>私营部门</td><td>5a
5b</td><td>6a
6b</td><td>7a
7b</td><td>8a
8b</td></tr>
<tr><td>第三部门</td><td>9a
9b</td><td>10a
10b</td><td>11a
11b</td><td>12a
12b</td></tr>
<tr><td>非正式部门</td><td>13a
13b</td><td>14a
14b</td><td>15a
15b</td><td>16a
16b</td></tr>
</table>

总而言之，福利多元主义的重要组成要素是国家福利、市场福利、志愿性福利和非正式福利，仅从福利供给的维度进行研究并不充分，有必要将融资、决策、规制等维度纳入多维分析框架。面对复杂的社会经济结构，

① Barry Bozeman, *All Organizations are Public*, San Francisco, CA: Jossey-Bass, 1987.

② SeeMartin Knapp, “Private and Voluntary Welfare”, in *The New Politics of Welfare: An Agenda for the 1990s?*, Michael McCarthy, Basingstoke: Macmillan, 1989, pp. 225-252. Howard Glennerster, *Understanding the Finance of Welfare: What Welfare Costs and How to Pay for It*, Bristol: Policy Press, 2003.

福利服务的递送主体、方式、类型不断增多，各部门之间的关系与边界复杂多变，福利混合经济处于动态变化的状态。对于不同时期，面对具体的社会政策领域，应该选择适当的角度进行切入，调试恰当的分析视角。

（三）帕森斯的 AGIL 理论

在第二次世界大战之后的二三十年间，结构功能主义成为主要的社会学理论流派。结构功能主义最早于 1945 年由美国社会学家塔尔科特·帕森斯（Talcott Parsons）提出。彼时的美国社会一定程度上避免了结构性社会冲突，社会凝聚力增强，大众对民主价值观形成共识，因而，结构功能主义被视为现代富裕美国社会的产物。这一理论是宏观的整体性理论，将社会学主要创始人的不同见解整合成一个统一的整体。结构功能主义的思想来源如表 1—6 所示。

表 1—6　结构功能主义的两大思想来源比较①

思想渊源 比较类别	社会有机论	文化功能论
代表人物	奥古斯特·孔德、赫伯特·斯宾塞、埃米尔·杜尔克姆	布伦尼斯洛·马林诺夫斯基、阿尔弗雷德·拉德克利夫—布朗
核心理念	社会的系统性、整体性	功能普遍性、不可缺少性、统一性
基本假设	社会是由相互依赖的部分组成的系统	功能普遍存在于任何文化现象中，任何文化现象都有必不可少的功能，社会整体是一个功能统一体
主要观点	社会整体需求通过各部分的相互作用来满足，常态社会必须维持社会团结，区分因果分析与结构功能分析	注重对人类学事实的功能分析，社会文化现象根源于个人的生理和心理需求，功能分析基于社会整体性质

帕森斯的理论可以分为社会行动理论和社会系统理论两个层次。1937 年，

① 参见贾春增主编:《外国社会学史（第三版重排本）》，中国人民大学出版社 2018 年版，第 164—165 页。

帕森斯在他出版的第一本书《社会行动的结构》(The Structure of Social Action)中提出了“行动”的概念，将“行动”区别于“行为”，强调行动具有目的性、意志性与主体性，并提出行动的要素是目标和状态，状态由手段和条件组成。帕森斯通过批判和继承实证主义与理想主义，提出规范取向与状态背景是影响行动的重要独立因素：在确定目标和达到行动目标的手段选择时，价值规范起到指导与调节作用；状态背景在行动中形成机会与障碍。

1951 年，帕森斯出版《社会系统》(The Social System)，并与希尔斯合著《行动的一般理论》(Toward a General Theory of Action) 一书，进一步发展了行动理论，阐明了社会价值体系通过影响行动者的主观取向促使行动者彼此间相互依赖与结合的方式。帕森斯认为行动系统是行动理论的分析重点，将行动系统区分为四个子系统并确定了等级层次，自上而下分别是文化系统、社会系统、人格系统、行为有机体系统，通过子系统间的信息和能量流动形成控制与制约关系。“社会系统的核心是行动者之间稳定的、制度化的角色关系，社会系统依赖于角色之间在权利和义务关系上的互补性。社会系统以制度化的价值体系为特征，通过社会化机制和社会监督机制来维护社会结构和价值体系的稳定与统一。”①

为了区分行动者的主观取向，建立社会行动转向社会系统的联结，帕森斯提出模式变量理论，作为类型学工具来区分行动者在互动时的主观取向。模式变量由五对范畴组成：(1) 情感性—中立性，即在互动关系中是否介入情感因素；(2) 扩散性—专一性，即互动主体的权利义务关系集中而具体还是广泛而分散；(3) 普遍性—特殊性，即互动情景中的行动标准是否统一；(4) 先赋性—自获性：即行动者的识别与评价标准是特质还是成就；(5) 私利性—公益性，即互动过程中优先考虑自身利益与个人目标

① 贾春增主编：《外国社会学史（第三版重排本）》，中国人民大学出版社 2018 年版，第 169 页。

还是集体利益与群体目标。① 模式变量的组合是既成与稳定的，是社会文化系统中价值规范的制度化成果。模式变量可在文化层次对不同价值取向加以区分，为跨文化比较提供基础；也可在人格层次对不同需求倾向加以区分，推动对人格类型的研究。②

为了进一步回答为什么互动关系结构以特定的变量组合为特征的问题，帕森斯将结构分析与功能分析相结合，发展了结构功能理论与分析方法。结构功能分析的基本任务包括识别系统的功能要求，以及分析各结构如何满足功能要求。帕森斯认为："行动系统的制度化结构是由该系统必须满足的功能要求决定的"。他提出了四个基本范畴以代表功能要求：(1) 适应 (adaptation)，即系统从环境中获取所需资源的手段；(2) 目标达成 (goal attainment)，即系统确定目标次序级别并调动资源实现目标的能力；(3) 整合 (integration)，即为了让系统有效发挥整体功能而使各系统单位建立联系、相互合作、协调一致；(4) 模式维持 (latency pattern maintenance)，即确保系统运行模式得到完整保存，行动者的动机、需求与角色能够保持合适的状态，系统内部的紧张关系得到处理。

在 AGIL 框架中，较高层次系统中各项功能需求的结构即为其功能性子系统，每个系统都可以划分为四个相应的子系统：(1) 行为有机体具有系统适应环境的性质，并为实现适应性功能提供能量；(2) 人格系统包括个体的动机、欲望与目标，通过聚合与调节目标实现目标获取；(3) 社会系统是行动主体的制度化关系整合而成的地位—规范网络；(4) 文化系统通过价值规范维护行动系统的制度化模式。各个子系统也可作为独立系统，当发展到一定规模时，其内部也会逐渐分化出相对独立、级别较低的

---

① [美] 乔纳森·特纳：《社会学理论的结构（第 7 版）》，邱泽奇等译，华夏出版社 2006 年版，第 40 页。

② 贾春增主编：《外国社会学史（第三版重排本）》，中国人民大学出版社 2018 年版，第 172 页。

子系统。

1956 年，帕森斯和斯默尔赛合著《经济与社会》（Economy and Society）一书，集中分析了社会系统中的主要制度模式及其相互间的关系，将社会系统的四项功能与四类制度性结构相对应：（1）满足适应功能的是经济制度，经济活动能够将资源转化成产品以满足需求；（2）目标决策与实施由政体来承担，包括政府机构以及其他行使权力与权威的制度或行动类型；（3）整合是通过制度性结构使系统内部实现团结与合作，由法律和宗教中的某些部分来实现；（4）模式维持是保存和传递社会价值规范，使系统不受成员更替的影响，由家庭、教育和宗教中的某些部分来承担。

系统运行是否稳定不仅取决于其子系统是否能够满足功能需求，还取决于子系统之间跨越边界的、对流性的交换关系，即一个子系统的输出满足其他子系统的需要，同时也从其他子系统的输入中得到满足。子系统之间的交换媒介分别是：（1）适应功能子系统的交换媒介是货币；（2）目标达成功能子系统的交换媒介是权力；（3）整合功能子系统的交换媒介是影响与赞同；（4）模式维持功能子系统的交换媒介是价值承担与声望。

面对 20 世纪 60 年代的社会冲突，帕森斯关注社会进化与变迁问题，提出结构分化与子系统边界关系等关键概念，认为结构分化是社会进化的手段和重要指标，一方面会使子系统边界关系复杂化，另一方面会由于子系统分化速度与水平不一致而造成子系统间边界不平衡。有的不平衡可以通过系统内部的调节机制得到恢复；有的不平衡超出了调节机制的控制能力范围，就会出现社会变革。社会进化就是在边界关系再平衡中产生的，社会系统的适应能力由此得到增强。帕森斯提出了进化过程的演化形态，分别对应系统的结构功能：（1）适应性增长，即经济活动效率提高；（2）分化，即目标分化与专门化；（3）容纳，即为了防止系统分裂而提高整合水平；（4）价值概括化，即抽象的共有价值取代特殊规范。

帕森斯的结构功能分析 AGIL 模式在不同阶段的发展后形成了完整的

体系，如表 1—7 所示。

表 1—7　结构功能分析的 AGIL 模式[1]

<table>
<tr><th>总体功能</th><th>系统层次</th><th>制度性结构</th><th>交换媒介</th><th>演化形态</th><th colspan="2">层次间关系</th></tr>
<tr><td>适应（A）</td><td>行为有机体系统</td><td>经济制度</td><td>货币</td><td>适应性增长</td><td rowspan="4">↑
信息控制</td><td rowspan="4">能量条件
↓</td></tr>
<tr><td>目标达成（G）</td><td>人格系统</td><td>政体</td><td>权力</td><td>分化</td></tr>
<tr><td>整合（I）</td><td>社会系统</td><td>法律、宗教</td><td>影响、赞同</td><td>容纳</td></tr>
<tr><td>模式维持（L）</td><td>文化系统</td><td>家庭、教育、宗教</td><td>价值承担、声望</td><td>价值概括化</td></tr>
</table>

自 20 世纪末以来，公共政策与公共服务领域由新公共管理走向新公共治理，关注的焦点逐渐由组织内部转向组织外部，分析单位由个体组织转向公共服务系统。当代的公共服务研究不再局限于关注孤立的焦点，而是需要一个系统性的方法。该方法从开放的、自然形成的、系统的视角来看待公共服务提供，强调系统与环境的交互作用，聚焦于制度及外部环境对处于公共服务提供主体日益多元化、政策制定过程日益复杂化的系统中的公共政策实施和公共服务提供形成的压力与挑战。这种压力既能赋予后者能力，也能限制其发展。[2] 帕森斯的结构功能主义理论正是采用系统的研究视角，“关注行动的结构性质和行动结构的功能特性，强调行动受到结构的制约，行动系统是功能协调的系统”[3]，认为“结构的功能在于满足系统的必要条件”。[4] 帕森斯的 AGIL 模式为各种不同类型的社会系统提

① 参见［美］乔纳森·特纳：《社会学理论的结构（第 7 版）》，邱泽奇等译，华夏出版社 2006 年版，第 45 页；贾春增主编：《外国社会学史（第三版重排本）》，中国人民大学出版社 2018 年版，第 169 页。

② ［英］史蒂芬·奥斯本编著：《新公共治理？——公共治理理论和实践方面的新观点》，包国宪等译，科学出版社 2016 年版，第 393 页。

③ 杨善华等：《西方社会学理论》（下卷），北京大学出版社 2006 年版，第 38 页。

④ ［美］乔纳森·特纳：《社会学理论的结构（第 7 版）》，邱泽奇等译，华夏出版社 2006 年版，第 42 页。

供了分析工具，也为各个系统之间横向与纵向的比较研究打下了基础。社区养老服务系统属于社会系统范畴，这一系统中的具体模式都是该系统的子系统。AGIL 分析模式为比较各子系统的功能提供了框架，对于厘清各子系统的功能层次、分析子系统得以生存的外部环境与条件、勾勒苏格兰社区养老服务各模式的功能特性有着重要作用。

（四）积极老龄化理论

自 20 世纪 70 年代起，联合国开始关注老龄问题，于 1982 年在维也纳首次召开老龄问题世界大会，正式将老龄问题事务提上国际议程。联合国第一次老龄问题世界大会颁布的《老龄问题国际行动计划》在此后的 20 年间成为老龄问题的思想与行动指南，在维护并满足老年人的就业、收入、健康、教育、住房、社会福利等方面的权益与需求中发挥了重要作用。1982 年以后，世界人口老龄化快速发展。到 2000 年，60 岁以上老年人口占比由 8.7%上升到 9.9%。为应对世界人口老龄化的新形势与新问题，联合国决定召开第二次老龄问题世界大会，推动国际与各国在社会权利、经济权利与人权发展等相关政策制定中，将老龄问题放在主要位置。

“积极老龄化”（Active Ageing）这一概念最早于 1996 年由世界卫生组织作为工作目标提出，在 2002 年举行的联合国第二次老龄问题世界大会上经过讨论修订被写入《政治宣言》，正式成为 21 世纪应对世界人口老龄化的政策框架。该宣言将老年人与发展、老年人的健康与福利、保障对老年人切实可行的支持环境三个方面放在优先地位，强调各国的老年政策应以积极老龄化作为方向和目标，政府、国际组织、民间社团都应制定相应的政策与计划。

积极老龄化理念认为，老年人具有巨大潜力，积极参与社会活动不仅能够改善其自身条件，还能积极参与改善社会条件。积极老龄化理念的提出，标志着国际社会首次正式认同“老年人是资源”这一观点。① 该理念建立在健康老龄化② 的基础之上，将“老年人参与”作为重要环节，与健康老龄化和有保障的老龄化相结合，强调以“健康”“有保障”“参与”作为战略要素，共同应对人口老龄化挑战。③“积极”强调老年人能够持续参与社会、经济、文化、精神和公益活动。即使是从工作中退休的老年人和身患疾病或伤残的老年人，仍然能够对家庭、朋友、社区和国家作出积极贡献。通过社会参与，老年人的角色发生了根本改变，由社会问题的制造者、社会财富的消耗者、社会发展的拖累者转变为问题的解决者、财富的创造者、发展的推动者。④ 积极老龄化理念既适用于个体，也适用于群体，使人们从生命历程视角认识到其一生中不同阶段的体力、社会与精神潜能，并依据自己的需求、愿望及能力参与社会生活。⑤ 积极老龄化以尊重老年人的权利为前提，认同联合国提出的“独立、参与、尊严、照料、自我实现”原则并以之为基础，将战略计划由“以需要为基础”转变为“以权利为基础”，强调老年人在年龄增长的过程中，在生活的各方面，都应当享有平等的机会与权利。⑥

---

① 梅陈玉婵等：《老有所为在全球的发展：实证、实践与实策》，北京大学出版社 2012 年版，第 17 页。

② 健康老龄化是 20 世纪 90 年代以来应对人口老龄化的战略，在 1993 年召开的国际老年学布达佩斯代表大会将“科学要为健康的老龄化服务”作为会议主题，各国纷纷响应，中国也将健康老龄化作为重要战略。

③ United Nations · New York, *Report of the Second World Assembly on Ageing*, 8-12 April 2002, http://www.emro.who.int/images/stories/elderly/documents/20080625_madrid_ageing_conference.pdf?ua=1.

④ 刘颂：《积极老龄化框架下老年社会参与的难点及对策》，《南京人口管理干部学院学报》2006 年第 4 期。

⑤ World Health Organisation, *Active Ageing: A Policy Framework*, 2002, https://apps.who.int/iris/bitstream/handle/10665/67215/WHO_NMH_NPH_02.8.pdf;jsessionid=07F265F1A97A0C61F16C4A7E74F6F1C4?sequence=1.

⑥ 熊必俊：《制定新世纪老龄行动计划应对全球老龄化挑战——第二届世界老龄大会综述和启示》，《市场与人口分析》2002 年第 5 期。

积极老龄化理念的最终目的是使老年人能够发展自身独立潜能，维持身体健康，保持生产力，持续参与社会生活，实现老有所为；同时，为有需要的老年人提供足够的照顾与保护，使人口老龄化不成为负担与忧虑。① 推行积极老龄化社会政策的目标如下：第一，减少老年人患慢性病和伤残的可能性；第二，减少老年人对使用更加昂贵的医疗与社会照顾服务的需要；第三，增加老年人高质量的独立自主生活的可能性；第四，使老年人对经济、政治、社会、文化有持续贡献，实现老年人自我价值，达到老有所为、健康愉悦的目标。②

积极老龄化的出发点是对老年人的尊重，主张构建有利于老年人的环境因素，比如居住环境与社会环境，以老年友好型（age-friendly）环境保障老年人能够独立自主地生活，并增加其融入社会、贡献社会的机会，鼓励老年人充分利用社会资源和自身资源进行自我照顾且获得社会支持系统的帮助，并为社会作出贡献，实现健康、积极的老年生活。

积极老龄化和新公共治理都兴起于 20 世纪末，新公共治理关注服务使用者卷入问题，积极老龄化强调老年人的参与，两者与英国自 20 世纪 90 年代以来推动的社区养老服务政策具有内在一致性。在社区养老服务中，老年人就是服务使用者，老年人参与也就是服务使用者卷入。社区养老中含有“赋权”和“正常化”的概念，这两个概念是与机构养老对比而言的。“赋权”强调社区养老为老年人创造“社区”这种正常的生活环境，让老年人能够尽可能地保持自立，并保有对日常生活的选择权，其内在的是“赋权”倾向而不是“控制”倾向。社区中的老年人能够自主选择服务，

① 孙鹃娟等：《老年学与老有所为：国际视野》，中国人民大学出版社 2014 年版，第 20—21 页。

② World Health Organisation, *Global Age-friendly Cities: A Guide*, 2007, https://apps.who.int/iris/bitstream/handle/10665/43755/9789241547307_eng.pdf;jsessionid=F9266BF11644F89243A29429D816AF13?sequence=1.

积极参与社会生活，是服务的积极参与者；而机构中的老年人只能按照机构规定进行日常生活，如吃饭、聊天、参与文体活动等，这些规定往往是为了方便机构管理人员而不是针对老年人的个性化需求设定的，老年人是服务的被动接受者。“正常化”概念适用于受照顾的成人群体，明确了个人的权利，即按照一定的社会文化和社会价值过尽可能正常的生活。这一概念主要应用于精神障碍者，后来也拓展到其他的接受照顾者。他们在机构生活中往往由于身体和心理的缺陷被迫过着迥异于常人的“变态”生活，在过分保护中被剥夺了自主和选择权利。对于老年人而言，绝大多数人以前都过着正常的生活，所以，他们的问题主要是尽可能长地保持其自主权。① 由此可见，社区养老与积极老龄化之间存在着内在关系，社区养老的目标是实现积极老龄化，积极老龄化理念呼唤社区养老这一实现路径。积极老龄化强调老年人的健康、保障和参与的重要性以及三者间有机统一与结合，让老年人实现“老有所养、老有所医、老有所为、老有所学、老有所乐、老有所教”②。社区养老强调老年人在正常的生活环境与充分的社会支持下发挥自身能力，保持自主自立，其社会权利与公民权利受到尊重和保障，享有丰富多彩的老年生活。这些都是机构化养老难以实现的。

二、核心概念的界定

基于对上述经典理论的考察，结合英国社区养老服务多元主体合作供给模式这一研究主题，本节将界定三个核心概念，以支撑本书的理论框架：“社区养老服务”“多元主体”“合作供给”。

---

① 夏学銮主编：《社区照顾的理论、政策与实践》，北京大学出版社1996年版，第8—15页。

② 邬沧萍、彭青云：《重新诠释“积极老龄化”的科学内涵》，《中国社会工作》2018年第17期。

（一）社区养老服务

“老年人”在英文中的术语为“older people”。这一表述保留了老年“人”（people）的人格属性，也体现出“老年”（older age）这一概念及其年龄起始点的模糊性。“老年人”的判定有时根据实际年龄、生理衰老迹象，或健康、能力、行为状况来认定，有时则将重点放在老年人主观的自我认知上。根据年龄来定义老年人，很容易将生物学上的衰老作为定义“老年”的标准，从而体现出其客观性与科学性，然而，生物学上的老龄化速度也受到社会和经济条件的直接影响。虽然这一标准具有局限性，但在官方分类及研究领域中，仍通常采用对“老龄”的时间定义，指实际年龄为 65 岁以上的人。这个年龄范围比较宽泛，涵盖了 65 岁以上几十年的时间。有些研究区分了“高龄人口”（the older old）类别，指年龄超过 75 岁或 80 岁的老年人，以特定的社会和心理过程作为这一阶段老年生活的特征。①

养老服务，从狭义上讲，指的是老年照顾（eldercare）服务，旨在满足老年人的特殊需求，具体包括辅助生活、成人日托、长期照护、养老院照顾、临终关怀和家庭照顾等服务。由于全球范围内老年照顾的多样性，以及不同文化观念对老年人的认识差异，养老服务不能局限于任何一种实践。例如，许多亚洲国家的老年人很少使用由政府建立的老年照顾机构，而是偏好由年轻一代的家庭成员提供照顾这一传统方式。老年照顾强调老年人的个人需求和社会需求，他们在日常活动和医疗保健方面需要照顾，同时希望有尊严地老去。所以，在设计住房、提供服务、组织活动、培训员工等过程中，应该真正以老年人用户为中心，这是养老服务的一个重要

① John Harris & Vicky White, “Older People”, in *A Dictionary of Social Work and Social Care (2nd Edition)*, John Harris & Vicky White, Oxford: Oxford University Press, 2018.

特征。老年照顾服务通常由公共资金和慈善款项共同支付。英国的养老服务属于社会照顾（social care）的一部分，社会照顾中包含成人社会照顾（adult social care），面向老年人、残疾人、精神疾病患者等群体提供服务，养老服务就是成人社会照顾面向老年人提供的服务。

“社区养老”与“社区”的概念紧密相关。从社会关系的角度来看，社区是指具有以下特点的人与人的关系：第一，带有感情（emotional）；第二，特殊主义（particularism）取向，区别于公事公办和不讲情面的普遍主义取向；第三，集体取向（collectivism），由对整体利益的认同引发身份认同，产生以整体利益为出发点的“利他行为”（altruism）以及对整体的忠诚与奉献。在典型的社区关系中，人们感到亲切，具有相似特质，愿意为他人付出，乐于承担起责任与义务，由“互惠”（reciprocity）这一道德规范引导形成社区关系中的交换网络。“社区”的概念在社会学界有多种不同的观点，然而，学者们一致认为社区的最关键因素是它传递着一种归属感。对大多数人来说，人们常对于城镇、村庄或其中的某个部分具有归属感，对“家庭”“邻里”等较小的团体产生更为强烈的归属感。此外，工作地点等其他团体来源也很重要。社区服务的发展应以此为基础，找到人们的忠诚与利益所在。除了家庭与邻里占有主导地位，工业化的发展，特别是交通运输系统的发达使人们在追求共同利益时进行相互联系更加容易，在某种意义上也可形成社区。① 由此可见，“社区是具有共同特征、松散地组成一个可识别单元的社会群体，比如街坊、村庄、城市、农村等地区。社区中通常存在归属感、共同利益，以及就共同关注的问题采取集体行动的能动性”。② 社区作为一种社会交往形式，包括高度的亲密关系、

---

① 夏学銮主编：《社区照顾的理论、政策与实践》，北京大学出版社 1996 年版，第 8—15、20—21 页。

② 曹鸣玉：《英国苏格兰第三部门社区养老服务多组织联动体系探析》，《中国行政管理》2020 年第 1 期。

情感深度、道德承诺、社会凝聚力、时间连续性等内在意涵，与“良善社会”（Good Society）有着密切联系。[①] 社区与其他组织或个人互动时，社区领袖可代表社区提倡和决定对社区有重要意义的事宜。[②]

社区养老理念起源于西方社会的社区照顾，最早出现在英国。社区养老是指，为由于年龄、精神或身体疾病而需要照顾的老年人在社区中提供照顾。从这个意义上讲，“社区”指的是“非机构”，社区养老即非机构化养老。因此，社区养老这一概念是相对于旧的主张老年人与社区和日常生活分离的机构化养老政策而言的。它鼓励老年人尽可能在社区中得到照顾，融入社区生活，反对大型的、长住的、缺乏人情味的、孤立的、昂贵的、官僚化的机构服务，推崇友好的、支持性的、丰富的、充满关怀与爱的社区服务。[③]

20 世纪 80 年代以来，英国的养老政策由机构化养老转向支持老年人独立生活，由“为”（doing “for”）老年人养老的家长式、施予式照顾转向“与”（doing “with”）老年人合作、由老年人参与的服务，旨在使老年人有更多的选择权、控制权，为老年人的独立生活提供“帮助”，而不是直接“照顾”。[④]20 世纪 90 年代，英国政府进一步推进支持老年人在家中和社区进行养老，由地方政府进行战略规划制定、项目外包和服务采购，由老年人用户在混合福利经济中选择服务。在准市场的福利供给体系中，社区养老服务主要由私营部门、第三部门、非正式部门供给，由地方政府

① John Scott (eds.), “Community”, in *A Dictionary of Sociology (4th Edition)*, Oxford: Oxford University Press, 2014.

② Miquel S. Porta & John M. Last (eds.), “Community”, in *A Dictionary of Public Health (2nd Edition)*, New York: Oxford University Press, 2018.

③ John Scott, “Community Care”, in *A Dictionary of Sociology (4th Edition)*, John Scott (eds.), Oxford: Oxford University Press, 2014.

④ Ray Jones, “A Journey Through the Years: Ageing and Social Care”, *Ageing Horizons*, No. 6 (2007), pp. 42-51.

统筹规划、提供资金支持、进行监督管理。2010 年以来，英国政府推动医疗与社会照顾服务在社区中整合，增加以社区为基础的老年医疗团队和中级医疗服务，并为初级医疗提供急需的老年服务支持。由此，社区养老服务与医疗服务相结合，进一步提高社区老年人的生活质量。

（二）多元主体

本书社区养老服务多元主体合作供给模式中的“多元主体”，与福利多元主义中福利供给的“多元主体”是相一致的。本书关注的多元主体，指的是政府部门、私营部门、第三部门和非正式部门。

政府部门（government sector）有广义和狭义之分。广义的政府是指阶级统治和社会管理的机构体系，包括立法机关、司法机关和行政机关。狭义的政府则仅仅是指国家的行政机关。①政府部门主要负责教育、医疗、社会治安、社会服务、地方公共服务、公共企业等事务。②政府是公共部门的一部分。公共部门通常由政府拥有和经营的组织组成，存在的目的是为其公民提供服务。哈耶克在《法律、立法与自由》中提出，公共部门不仅包括了政府控制之下的一切人力资源和物力资源，而且也包括政府出于一般考虑而提供并维护的一切制度性安排和设施。调整公共部门负责的事务，需要通过立法手段加以决定。③本书中的政府部门是指广义的政府概念，主要关注政府与议会，研究它们在制度制定、资源分配、民主决策中的作用。

私营部门（private sector）指的是以营利为目的，由个人或公司经营

① 王乐夫等：《公共管理学（精编版）》，中国人民大学出版社 2012 年版，第 59 页。

② Jonathan Law, “Public Sector”, in *A Dictionary of Business and Management (6th Edition)*, Jonathan Law (eds.), Oxford: Oxford University Press, 2016.

③ ［英］弗里德里希·冯·哈耶克：《法律、立法与自由》（第三卷），邓正来等译，中国大百科全书出版社 2000 年版，第 340 页。

的组织。从历史上看，这类组织在提供社会服务方面鲜少发挥作用，但社区照顾改革的推行引入了照顾服务的混合经济，为成人提供日间照顾、居住性服务等。近年来，私营部门开始提供社会工作服务。多年来，各国政府一直将私营部门理想化地描述为智慧的源泉和高标准服务的提供者，将其作为提升公共部门能力的学习典范，把市场原则、管理主义理念和私营部门的商业实践融入公共部门的工作方式作为提高地方政府公共服务水平的关键因素，以提供质量更高、公众更加满意、更符合服务使用者需要的服务。① 本书关注的私营部门是指提供社区养老服务的营利性企业，该部门的服务供给主要包括日间照顾（day care）、居家照顾（domiciliary services）、社区居住性服务（residential care）等类型。

第三部门（third sector）是介于政府、市场和私人家庭领域之间的组织活动空间。在英国，它由多样化的组织类型组成，包括志愿组织、慈善组织、社会企业、宗教组织等。② 第三部门的主要特征，包括共同的核心价值观、经济支持的多元性、对志愿精神的依赖性、利益相关者的多样性、责任义务的复杂性等。③ 第三部门不具备正式的公共地位，也不属于市场的一部分，不追求贸易与经济利润，因而人们往往从反面来界定这一概念。从部门地位来讲，第三部门具有非法定性、非政府性、公益性、独立性特征。它不是由法律法规创建的，不由政府拥有和控制，具有法律上认可的公益性质，能够自我治理与自我控制，是与其他部门并列的一个独立部门，介于国家与私人利益之间。从核心目标来看，第三部门具有非营利性、慈善性、自助与互助性和共同体性质，不在出资人中分配利润，为

① John Harris & Vicky White, "Private Sector", in *A Dictionary of Social Work and Social Care (2nd Edition)*, John Harris & Vicky White, Oxford: Oxford University Press, 2018.

② James Rees & David Mullins, *The Third Sector Delivering Public Services: Developments, Innovations and Challenges*, Bristol: Policy Press, 2016, p. 3.

③ Mark Lyons, *Third Sector: The Contribution of Nonprofit and Cooperative Enterprises in Australia*, Australia: Allen & Unwin, 2001, p. 65.

他人提供帮助，为组织成员提供帮助，为行动提供集体基础。从发展图景来讲，第三部门凝聚了社会资本，加强了社会关系，推动了国家与市场之外积极公民的发展。① 英国新工党和保守党与自由民主党联合政府都对第三部门的价值及其对公民社会的贡献大加赞赏，第三部门在提供服务方面发挥着越来越大的作用。本书除了强调第三部门的一般性质以外，还关注其组织性与倡导性，即以相对正规的、体系化的方式运行，并代表某些社会群体进行政策倡导与建议。

非正式部门（informal sector）广义上指的是非市场工作，包括非正式的经济形式，如无薪酬家务劳动、非市场生产性劳动、社区服务工作、在大家庭或社区内以物易物或作为礼物提供的商品或服务生产、工作所得税不是全部付清、不受法律保护的贸易等。还有些学者将以家庭为基础的市场工作包括在内，在他们看来，非正式部门更多地与家庭活动相关，而不是与有偿就业的抽象概念相关。这两种观点的共同特点是，官方的就业统计数据没有涵盖这些活动，或者只是部分涵盖了这些活动。② 从狭义上讲，福利供给领域中的非正式部门是指，由亲属、朋友、邻居、社区成员凝聚而成的互助力量。这些人群并非来自正式组织，他们的福利供给是基于相互之间不同的关系类型：家庭成员间的亲属关系，邻里、朋辈或社区间发展起来的相互义务，与其他处于相似情况的群体或网络之间相互交换的支持关系。这些关系都具有“互惠”的特点。这些活动都是基于一个假定，即现在给予的帮助是对过去受到他人帮助的回馈，或者未来即将得到他人帮助的回馈。③ 本书主要关注的是非正式部门中基于社区的小型组织与互

① ［英］马丁·鲍威尔主编：《理解福利混合经济》，钟晓慧译，北京大学出版社 2011 年版，第 102—103 页。

② John Scott, “Informal-sector Theories”, in *A Dictionary of Sociology (4th Edition)*, John Scott (eds.), Oxford: Oxford University Press, 2014.

③ ［英］马丁·鲍威尔主编：《理解福利混合经济》，钟晓慧译，北京大学出版社 2011 年版，第 130 页。

助小组，具有自治性、互助性特征，聚合当地社区资源，由社区居民自我管理，为社区居民服务。

按照阿尔科克的福利供给类型“公共—私人、营利—非营利、正式—非正式”三组划分标准，上述四个部门中，政府部门是公共、非营利、正式的部门，私营部门是私人、营利、正式的部门，第三部门是私人、非营利、正式的部门，非正式部门是私人、非营利、非正式的部门。

（三）合作供给

本书中的合作供给是指社区养老服务的合作供给，涉及政府部门与私营部门、第三部门、非正式部门之间的合作，即公私合作供给社区养老服务。

从公共经济学的角度来看，养老服务属于准公共产品，介于纯公共产品与私人产品之间，因而具有有限的公共性，其本质特征包括拥挤性、局部排他性、消费数量非均等性。① 早期的公共产品理论认为，公共产品（也包括准公共产品）无法通过市场机制而自发地实现供需平衡和分配正义，只能由政府供给，以此为福利国家模式提供了理论依据。这一观点在 20 世纪 70 年代以后发生了转变。学界认为，政府在纯公共产品供给中的垄断地位无可取代，但在供给准公共产品时却存在失效问题，市场机制与志愿机制能够弥补政府失灵所造成的供给不足问题，最终达到供给效率最大化的目的。在此理念的影响下，私营部门、第三部门与非正式部门逐渐被纳入准公共产品的供给体系中，由政府单一供给转向多元供给模式。由于准公共服务具有公共性与福利性，政府部门依然被视为该服务的供给责任主体，在政府让渡公共空间、寻求与其他部门合作供给的过程中形成了公私合作关系。

埃莉诺·奥斯特罗姆在公共服务产业多中心理论中指出，公共经济与

① 任俊生：《论准公共品的本质特征和范围变化》，《吉林大学社会科学学报》2002 年第 5 期。

私人经济有着本质区别，通过签约将私人产业的生产方式引入公共服务只是公私合作的一种形式，而不是实质。其实质是基于公共服务的不同性质，根据服务的运行环境制定制度规则、给予承诺、设定评估与监督准则，在此基础上形成服务提供方、生产方与受益方之间的链条型关系，以实现公共服务供给目标。在社区养老领域，公共服务与私营服务的经济结构不同。私人服务的供需结构由服务的供给方（即生产方）与需求方（即出资方）双方构成。而公共服务的结构则是由三方构成，即服务提供方——负责规划、融资、监督、管理等；生产方——在服务提供者的委托或允许下生产或购买服务，按照服务提供方的要求递送服务；受益方——由老年人及其家人构成服务使用者群体，他们提出服务需求，并在服务过程中与生产方协同生产。① 在新公共治理中，协同生产是核心要素，它是增加公民对服务提供影响力的机制之一。伊瓦思认为，在公共服务提供中，有四个可以增强服务使用者地位的概念。这些概念分别是：(1) 代议制政治民主。这一概念依赖于作为选举人的公民的间接权利以及他们选出的民意代表。(2) 参与式民主。这一概念源于具有悠久历史的自组织，有助于弥补议会民主的局限性，并且有益于重新激发当前提供社会服务的志愿组织的活力。(3) 消费者保护主义。这一概念主张在社会服务中通过类似于市场的制度安排带来更多的民主。(4) 合作生产者的参与。这种方式承诺赋予服务使用者更多的权利，并缩小了专业人士与服务使用者之间的距离。② 在本书中，政府部门是服务提供方，私营部门、第三部门、非正式部门是生产方，老年人及其家人是受益方与协同生产者。社区养老服务

① 杨团：《中国长期照护的政策选择》，《中国社会科学》2016 年第 11 期。

② ［英］史蒂芬·奥斯本编著：《新公共治理？——公共治理理论和实践方面的新观点》，包国宪等译，科学出版社 2016 年版，第 213 页；Adalbert Evers, "Consumers, Citizens and Coproducers - A Pluralistic Perspective on Democracy in Social Services", in *Towards More Democracy in Social Services: Models and Culture of Welfare*, Gaby Flösser & Hans-Uwe Otto (eds.), Berlin: Walter de Gruyter, 1998, pp. 43-46。

供给方包括提供方与生产方，涉及规划、融资、监督、管理、生产、递送等职能。从横向来看，社区养老服务供给涉及供给主体、客体、内容、方式四个方面；从纵向上看，涉及供给、融资、规制、决策四个层面。

公私合作供给是新公共治理中合作治理的一部分。约翰·D. 多纳休（John D. Donahue）和理查德·J. 泽克豪泽（Richard J.Zechhauser）认为，合作治理的定义性特征是共享裁量权，即“合作各方在裁量权共同分配与享有过程中的权限和权力”。① 裁量权出现在三个相互独立的领域，包括生产、收益和偏好。生产裁量权是指“拥有生产某种产品或提供某种服务的选择和决策的经营权限和权力”②，它是公私合作的核心，收益裁量权与偏好裁量权则为投机主义提供了破坏公私合作收益的机会。合作的基本动机在于，相信私人行动者的加入比由公共部门单独行动能够更加有效地完成任务。合作的深度随着政府部门向私人行动者赋予自由裁量权的领域不断扩展而加深：初级的合作方式包括政府采购合同的形式，承包方对如何满足交易要求具有一定自主权，但在目标设定、优先次序、批准修改、业绩评估以及其他的权威功能方面，政府仍然掌握着专有特权。在复杂的工作中，合作者参与确定工作任务与方法能够大幅提高创造价值的潜力，因而，生产裁量权由生产的技术扩展到特定的目标方面，政府与合作者的关系也就由发包转向公私合作领域。生产裁量权通常都是与收益裁量权和偏好裁量权相伴而生的，而后两者阻碍了通过公私合作以实现公共目标的能力。收益是私人合作者相对政府而多创造的额外价值。具备一定生产裁量权的私人参与者通常会要求在额外价值的分配中有一定的控制权，并很可能会使收益向其自身倾斜。而由于收益难以精确衡量与评估，且政府在专业技术与信息资源方面处于劣势，政府往往会让渡出一定的收益裁量权，

---

① 沈杰、刘爱莲：《社会治理中的合作：共享裁量权与模式选择》，《理论探索》2018 年第 2 期。

② 沈杰、刘爱莲：《社会治理中的合作：共享裁量权与模式选择》，《理论探索》2018 年第 2 期。

以获得公私合作带给政府的生产裁量权，并通过缩减双方关系中的裁量权和扩大收益、缩小损失的方式来减少风险。营利机构对金钱收益的追求更为狂热，它对净收益的渴望和对损失的规避能够促使生产力的提高及成本的降低，但其自利性倾向会在共享收益裁量权的过程中带来损害公共利益的风险。相对于营利机构而言，非营利机构追求物质回报的动机较弱。由于缺乏具有受益权的所有者而不会主动集聚财政盈余，以非营利机构作为合作者是政府规避公私合作中共享收益裁量权风险的明智选择；然而，非营利组织往往具有特定的价值追求，对某些目标与事业具有强烈兴趣，偏好的分歧使公私合作中公共目标的实现复杂化。① 在合作供给社区养老服务的过程中，政府与私营部门、第三部门、非正式部门共享生产裁量权，可提高生产率，获得信息、资源与合法性，共享收益裁量权和偏好裁量权，可能导致公共利益受到威胁的风险。

三、“社区养老服务多元主体合作供给”理论分析框架

社区养老服务多元主体合作供给体系面临一系列基本问题，即服务由谁提供、服务供给内容是什么、如何合作供给。具体而言，就是合作体系的子系统（模式）有哪些？合作供给模式中各主体的角色、权力（利）、责任是什么？各合作供给模式具有哪些功能？能否实现积极老龄化的价值目标？随着人口老龄化水平的不断提高，福利国家的财政压力越来越大，社区养老服务的供给方式不断优化，在价值观念、福利制度、供给行动、服务效果等方面均有体现。建构社区养老服务多元主体合作供给理论框

① ［美］约翰·多纳休等：《合作：激变时代的合作治理》，徐维译，中国政法大学出版社2015年版，第52—65页。

架，是分析与揭示社区养老服务合作供给模式的类型、各主体权责结构、合作供给功能、价值目标实现的重要工具。

（一）“社区养老服务多元主体合作供给”理论框架建构

1. 权责角色分析

在 20 世纪 40 年代到 70 年代这一福利国家的“黄金时期”，国家是输送福利的主要力量，提供全面与普遍的社会福利。随着 20 世纪 70 年代的经济与政治动荡，战后共识瓦解，人们承认福利由各种力量与组织机构共同供给，并开始对福利国家进行改革。1979 年至 1997 年的撒切尔保守党政府强调市场、家庭以及志愿性机构在福利体系中的作用，支持自由市场经济，推崇“辅助者”式国家的观念。1997 年至 2010 年的新工党政府逐渐将福利递送与融资等环节转向其他机构，提出将服务权力下放至地方政府与社区。[①] 目前，政府部门仍然是重要的福利供给者，市场在 20 世纪 70 年代以来成为福利供给的重要部分，第三部门与政府的关系也发生了重大变化。实际上，英国福利国家改革的上述三个阶段也正跨越了公共政策与公共服务改革中公共行政、新公共管理、新公共治理这三个阶段。虽然权责角色问题一直以来都是该领域的焦点问题，但进入新公共治理阶段后，该问题的情境变得更加复杂，责任对象从单一组织和过程转向组织间网络及整个公共服务系统。因此，在新公共治理的视域下，社区养老服务中多元主体的角色定位和权责结构成为一个值得探讨的新问题。

英国苏格兰地区的福利供给方式深受福利多元主义理念影响，政府部门与服务生产方共享裁量权，并让渡部分公共服务供给权，由私营部门、第三部门、非正式部门作为福利生产者参与服务供给，参与范围从服务供给

① ［英］马丁·鲍威尔主编：《理解福利混合经济》，钟晓慧译，北京大学出版社 2011 年版，第 28—33 页。

逐步扩展到融资、决策、规制领域。与此同时，协同生产作为一种新的公共服务方式融入福利供给实践，即由公共服务的提供者和使用者分享权力与责任，并在平等、互惠和相互关怀的关系中共同工作，使公共服务组织和公民能够更好地利用彼此的资产、资源与贡献，以达到更好的服务效果，提高供给效率。① 协同生产与传统公共服务形成鲜明对比：传统上，公共服务的递送基于交易，公民是公共服务的消费者，政府是公共服务的设计者与提供者。在协同生产中，公民能够参与公共政策的制定和公共服务的生产，涉及政府部门、私营部门、非营利部门等多元主体的公共服务供给；公民不仅成为咨询的对象，而且还参与服务的构想、设计、指导和管理。② 由此，老年人及其家人作为公共服务的协同生产者加入福利供给体系。

马丁·鲍威尔（Martin Powell）在福利混合经济理论中提出了"供给—融资—决策 / 规制"的三维框架。本书认为，广义的福利供给将融资、决策、规制包括在供给概念之内，强调多元主体在上述领域的广泛参与；而狭义的"供给"主要是指服务的生产与递送。福利递送系统是指存在于地方社区的脉络下，服务提供者与消费者之间的组织性安排。③"融资"指的是筹资方式，来源包括公共拨款、私人团体筹款、私人合作筹款、使用者付费、志愿捐赠等。④ 本书认为，融资过程涉及融资方和资金来源，融资方承担着筹集资金的责任，资金来源体现了服务的性质。"决策"不限于伯查特提出的"对福利服务提供者与服务数量的决定权"，而是包括了宏观与微观决策两个层面：宏观上是指福利供给的地区性福利规划制定、

① Governance International, *Co-production*, http://www.govint.org/our-services/co-production/.

② Christian Bason, *Leading Public Sector Innovation: Co-creating for a Better Society (2nd Edition)*, Bristol: Policy Press, 2018.

③ ［美］尼尔·吉尔伯特等：《社会福利政策引论》，沈黎译，华东理工大学出版社 2013 年版，第 189 页。

④ Paul Spicker, *Principles of Social Welfare: An Introduction to Thinking About the Welfare State*, London: Routledge, 1988.

资源投放、区域选择、类型划定等方面的决策，微观上是指具体福利服务的递送方式、类型组合、形式变更、服务数量、服务主体等方面的决策。“规制”包括“契约型规制”“审计型规制”等。① 一般认为，规制的重要特征是政府对商业组织和政府自身的制度规范，与一定程度的“控制”和“权力”相关，通过改变规制对象的行为，将其塑造成为期望的状态。博兹曼（Bozemen）提出公共性（publicness）这一衡量指标，即机构受到政治权威影响的程度，因而，规制与政治权威相关。② 实际上，随着福利供给主体的多元化，规制在各供给领域均发挥一定程度的作用，其规范作用不仅限于政府与商业组织；同时，在公私合作的契约制定中，服务生产方也深度参与方案优化，从而对规制制定产生影响。因此，本书认为“规制”包括两个层面：一是各福利供给主体受到规制规范的领域、方式与程度，二是各福利供给主体对规制制定的参与领域、方式与程度。基于此，本书将“供给—融资—决策/规制”的三维框架扩展为“供给—融资—决策—规制”四维框架，从四个层面分析各供给主体在社区养老服务合作供给中的角色定位与权责结构。角色是“个体在特定的社会关系中处于一定位置时所执行的职能”。③ 权力是“根据行使者的目的去影响他人行为的能力”④，“是指对人和物的支配力量”。权利是一个法律概念，是法律赋予人们的权力和利益，是“个人宣称对其对象所拥有的按

---

① 政府普遍采用的规制福利制度包括两种模式，即契约制和审计制。契约制是计算出在服务输送过程中产生的成本—结果因素，可以用委托—代理理论进行说明，委托人购买代理人提供的一系列服务，代理人在契约的约束下提供服务。审计制是指一系列多样化的过程和实践，包括评估、审查、绩效测量、详细检查以及狭义的金融和会计的审计。参见［英］皮特·阿尔科克等：《解析社会政策（下）：福利提供与福利治理》，彭华民译，华东理工大学出版社2017年版，第105页。

② ［英］马丁·鲍威尔主编：《理解福利混合经济》，钟晓慧译，北京大学出版社2011年版，第16—17页。

③ 孙晔等：《社会心理学》，科学出版社1988年版，第313页。

④ 张国庆主编：《公共行政学（第三版）》，北京大学出版社2007年版，第88页。

照自己的意愿来处置的地位或能力”。权力与权利都有支配、处置和所有的含义。① 责任是“应尽义务的自觉状态”②，“人们应该听从内心和社会的道德呼声，意识到应该履行自己的社会责任，以规范和价值来引导社会”，不同社群间共享价值观的关键在于权力（利）与责任的平衡。③ 各主体扮演的角色决定了各自的权力（利）与责任，权力（利）与责任和义务不能分离。④

在福利供给主体方面，福利多元主义（福利混合经济）理论将政府部门、私营部门、第三部门、非正式部门作为福利供给方纳入多元福利供给体系中，但并未将福利使用者作为福利的协同生产者纳入福利供给主体范围。而英国的公共服务使用者已经由福利国家改革前的福利“被动接受者”逐渐转变为“顾客”或“客户”的角色，随着20世纪末新公共管理向新公共治理的转变，更加强调共享权力与责任的“积极公民”（active citizens）与“小型授权者”（micro-commissioners）角色，形成了公共服务中的“使用者卷入”（user involvement）。因此，本书将社区养老服务的使用者——“老年人”纳入福利供给主体，共同构成政府部门、分权供给主体（私营部门、第三部门、非正式部门）、老年人三方合作供给主体。

老年人参与社区养老服务供给，在医疗与社会照顾领域使用者卷入的视域下，对服务使用者的潜在理论假设是消费者、公民、“专家患者”（expert patients）⑤ 和 / 或服务提供者。使用者卷入存在两种主要模式，即

---

① 顾肃：《自由主义基本理念（第二版）》，中央编译出版社2005年版，第65页。

② Amitai Etzioni, *The New Golden Rule: Community and Morality in a Democratic Society*, New York: Basic Books, 1996, pp.127-130.

③ 王俊、顾昕：《新社群主义社会思想与公共政策分析——以阿米泰·埃兹奥尼为中心》，《国外理论动态》2017年第10期。

④ 张国庆主编：《公共行政学（第三版）》，北京大学出版社2007年版，第110页。

⑤ 专家患者被定义为长期患病的人能够通过了解和管理自己的健康状况来更好地掌控自己的健康，从而提高生活质量。成为专家患者对慢性病患者来说是一种赋权。See Colin Tidy, *Expert Patients*, 8 May 2015, https://patient.info/doctor/expert-patients。

消费主义模式和民主主义模式。消费主义模式仅仅将个体服务使用者视为消费者，能够在商品和服务市场中自由选择，其选择又会反过来影响商品和服务供给的内容；民主主义模式将个体服务使用者与普通大众一样视为平等公民，通过更多、更加深入的参与，能够获得力量，掌控自我生活，并且有助于提高服务品质。与后者相比，前者作为净利消费者（a net cosumer of services）与普通大众区分开来，不能成为社会财富的净利创造者（net creators）；而后者则有能力创造社会财富，是净利创造者。① 以消费者的身份卷入和以公民的身份卷入有着关键性区别。1979 年至 1997 年的新自由主义保守党政府倾向于强调消费主义理念；而 1997 年至 2010 年的新工党政府在“民主赤字”的背景下更加强调民主主义与赋权理念，关注公民权利，在医疗与社会照顾领域提倡以人权为本的方针。② 两者间的关键性差异如表 1—8 所示。

表 1—8　消费主义理念与民主主义理念比较 ③

消费主义（官僚主义的卷入方式）	民主主义（赋权、公民权利方式）
服务 / 提供者导向	使用者导向
缺乏弹性	具有回应性
提供者主导	需求主导
权力集中	权力分享
防御性	向评审开放
保守性	向变革开放
投入导向	结果导向

① ［英］罗伯特·亚当斯：《赋权、参与和社会工作》，汪冬冬译，华东理工大学出版社 2013 年版，第 42 页。

② Marian Barnes & Alan Walker, “Consumerism versus Empowerment: A Principled Approach to the Involvement of Older Service Users”, *Policy and Politics*, Vol. 24, No. 4 (1996), pp. 375-393.

③ See Jon Glasby, *Understanding Health and Social Care (3rd Edition)*, Bristol: Policy Press, 2017, p. 146.

阿恩斯坦（Arnstein）提出“公民参与阶梯”理论，根据工作者与公民的关系划分出参与的等级，从最具控制性的低级阶梯逐步爬升到完全参与的高级阶梯，包括八个梯级，如图1—2所示。其中的非参与阶段中，使用者被视为服务的被动接受者，处于被教育和被治疗的地位；象征主义阶段中，使用者具有一定的发言权，但没有力量确保其观点受到关注；公民权利阶段中，使用者被视为具有真正决策介入能力的公民。八种公民参与梯级具体如下：（1）操纵式参与：以教育公众或策划公众支持为目的，将制定好的规划视为最优方案，权力拥有者将参与扭曲成一种公共关系的工具以获得公众支持。（2）治疗式参与：以公民参与的名义将公民视为被治疗的对象。（3）告知式参与：让公民了解他们的权利、责任和选择是走向合法公民参与最重要的第一步，然而，它过于频繁地把重点放在信息由官员到公民的单向流动上，没有为公民提供反馈渠道或赋予谈判权力。在这种情况下，特别是当信息在规划后期才提供时，公民几乎没有机会影响为“他们的利益”而设计的方案。这种单向沟通最常用的工具是新闻媒体、宣传册、海报和咨询回复。（4）咨询式参与：将征求公民意见作为全面公民参与的法定步骤，进行态度调查，召开社区会议并作公众查询。但是，如果咨询没有与其他参与模式相结合，就仍然是一种假象，因为它不能保证公民的关切和想法能够得到考虑。（5）安抚式参与：允许公民无限地提出建议或计划，但保留权力所有者判断建议的合法性或可行性的权利，例如挑选“杰出人士”加入委员会。在这一层面，公民开始具有一些影响力，表面现象却依然明显。（6）伙伴式参与：权力实际上通过公民和当权者之间的协商进行重新分配，依靠联合政策委员会、规划委员会和解决僵局的机制等结构来分担规划与决策责任。在通过某种形式的相互让步确立了基本规则之后，它们不受单方面改变的影响。（7）委托式参与：公民与政府官员之间的谈判可能导致公民对某一特定计划或项目取得决定性的决策权，公民拥有明显多数的席位和真正的特定权力。在这个层面上，公民持有重要的主导权以确保对项目的问责权。当权者需要通过与公众谈判解决分歧，而不只是回应来自公众的压力。（8）公民控制式参与：公众要求拥有一定程度的权力（或掌控力），以保证参与者或居民能够管理项目或机构，完全负责处理规划、政策制定和项目管理等全部工作，社区公司和资金来源之间不存在中介。

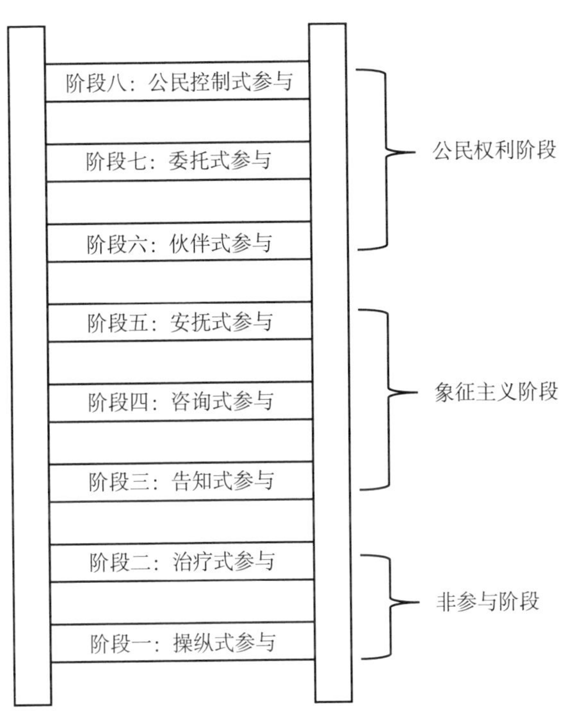

图 1—2　阿恩斯坦的公民参与阶梯[①]

“卷入”这个概念与“权力”和“赋权”紧密相连。赋权是指帮助某人获得对其生活更大的掌控能力，挑战歧视与污名。权力有三个层面的理

① See Sherry R. Arnstein, “A Ladder of Citizen Participation”, *Journal of the American Planning Association*, Vol. 85, No. 1 (2019), pp. 24-34.

解：（1）主导性组织维持其地位、使其世界观标准化、使他人从属于自己的能力；（2）采取行动达到一定目标的能力；（3）开展集体行动、发挥集体力量的能力。① 不同形式的赋权意味着不同程度的权力分享。② 赋权和卷入包括个体行动与集体行动。赫希曼（Hirschman）提出了四种赋权形式，即通过“退出”赋权、通过“发声”赋权、通过“权利”赋权、通过“斗争”赋权，其中，通过斗争赋权往往以集体形式进行。③ 按照公民个人参与和控制的水平以及卷入是以个人行动还是以集体行动进行，可以将使用者卷入的方式划分为四个象限，如图 1—3 所示。

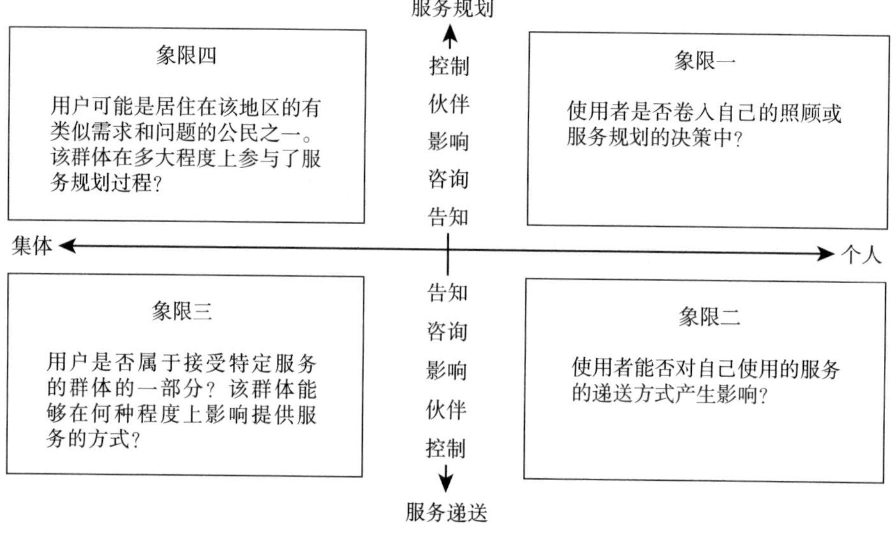

图 1—3　使用者卷入的象限划分 ④

---

① Lena Dominelli, *Anti-Oppressive Social Work Theory and Practice*, Basingstoke; New York: Palgrave Macmillan, 2002.

② Robin Means & Sally Richards & Randall Smith, *Community Care: Policy and Practice (4th Edition)*, Basingstoke: Palgrave Macmillan, 2008.

③ Albert O. Hirschman, *Exit, Voice, and Loyalty: Responses to Decline in Firms, Organizations, and States*, Cambridge, Massachusetts: Harvard University Press, 1970.

④ See Jon Glasby, *Understanding Health and Social Care (3rd Edition)*, Bristol: Policy Press, 2017, p. 150.

本书将针对服务提供方、服务生产方、服务受益方 / 协同生产方在服务供给、融资、决策、规制四个方面的参与方式进行描述和展示，勾勒出各主体合作供给社区养老服务的图景，然后以此为基础，分析各主体的角色定位与权责结构。在分析过程中，本书关注服务使用者卷入问题，特别是社区养老服务中消费主义向民主主义转型问题，以“公民参与阶梯”理论为衡量公民参与水平的尺度，分析公民在服务规划及递送中的群体和个体参与。在深度剖析各主体的合作供给关系时，需要厘清服务提供方、服务生产方、服务受益方 / 协同生产方扮演的角色、被赋予的权力（利）和承担的责任。

2. 结构功能分析

结构功能主义认为，社会由多个子系统按照一定的组织化形式构成一个整体。每个子系统都可以被看作一个独立的系统，具有稳定而持久的结构。[①]社区养老服务多元主体合作供给也就是公私合作供给，是由提供方、生产方、受益方 / 协同生产方构成的合作供给结构，根据生产方的不同，可以形成“政府部门—非正式部门—老年人”“政府部门—第三部门—老年人”“政府部门—私营部门—老年人”三种合作供给模式，即社区养老服务多元主体合作供给中三个独立的系统。本书将对这三种合作供给模式进行 AGIL 结构功能分析。

在 AGIL 结构功能分析中，“适应”是指社区养老服务提供方—生产方—受益方 / 协同生产方合作供给模式从环境中获取所需资源的手段。合作供给模式所需外部环境包括经济结构、政治价值、文化传承、历史遗留、社会态度等；其中，政策环境与经济环境尤其重要，包括国家层面与地方层面等各个层次。合作供给模式在一定环境影响下可以从外界获取人

① 李静：《城市社区网络治理结构的构建——结构功能主义的视角》，《东北大学学报（社会科学版）》2016 年第 6 期。

力、财力、物力资源，将资源转化为社区养老服务以满足老年人需求，提高服务供给效率，实现适应性增长。环境既是合作供给模式赖以生存的外部资源，又是其需要应对的挑战；合作供给模式既受到环境的形塑，其自身又能凝聚能量以适应环境并反过来影响环境。

“目标达成”是指合作供给模式确定目标次序级别并调动资源实现目标的能力。以合作三方的动机为出发点，特别关注服务生产方的情感或理性动机，结合服务提供方与协同生产方的目标和诉求调节并确定目标，在三方共享裁量权的分权与赋权条件下，实现由动机向社区养老服务供给目标决策与实施的转化，并逐渐发展形成目标的分化与专门化。

“整合”是指合作供给模式通过各主体建立联系、相互合作、协调一致，从而发挥整体效应。服务生产方在公共—私人、营利—非营利、正式—非正式空间矩阵中所处位置，与其在服务供给的制度化关系中的地位和规范形式有着紧密关系。相关的法律和政策保障为实现内部团结与合作注入了力量。各供给主体尤其是服务生产方的影响力对于整合社会资源具有重要作用。政府通过保障措施防止模式分裂，并在与各主体共担责任过程中不断提高整合水平。

“模式维持”是指确保合作供给模式得到完整保存，模式中多元主体的动机、需求与角色能够保持在合适的状态，使模式内部的张力得到疏解。合作供给模式的维持是以价值规范来维护制度化关系，形成适宜模式运行的文化氛围。当模式发展到一定规模时，各合作主体将会经过分化成为相对独立、级别较低的子系统。来自不同部门的服务生产方作为重要的合作供给主体，会经过发展分化成为子系统，形成各自的运行逻辑，其价值担当与声望将会成为发挥功能的重要媒介。在此情况下，合作供给模式的文化内核与价值规范将作为凝聚多主体力量的精神向导。模式维持将会形成、保存与传递这些价值规范，通过家庭、教育以及宗教中的部分内容共同塑造文化系统，以社会责任与义务等形式引导各主体行为，使模式在成员更替中不断传承。最终，合作供给模式的特殊规范将会上升为抽象的社会共有价值，实现价值的概括化。

3. 价值目标分析

英国是20世纪90年代最早倡导积极老龄化的国家之一，将积极老龄化作为其社区养老服务的价值目标。积极老龄化是指“优化健康、参与和保障的机会，提高人口老龄化过程中的生活质量”；其中，“积极”一词指的是“继续参与社会、经济、文化、精神和公民事务，而不仅仅是指体力活动或参与劳动力的能力”，退休、生病或残疾的老年人可以继续为其家庭、同龄人、社区和国家作出积极贡献。积极老龄化的目标是“在人口老龄化过程中延长人们的健康预期寿命，提高生活质量，包括那些体弱多病、残疾和需要照顾的人”。这一理念建立在重视老年人人权的基础上，遵循了联合国提出的“独立、参与、尊严、照料、自我实现”原则。①“积极老龄化”理念的重点是鼓励老年人参与社会，承认老年人拥有的能力与知识。这一话语体系是对人口老龄化的一种广泛的政治回应，通过给予老年人新的角色推动对“老年”一词意义的文化转变。世界卫生组织于2007年发起“老年友好型城市与社区”（Age-Friendly Cities and Communities）倡议，旨在将这一范式应用于地方一级的实践。其目的是促进公民参与运动，让老年人作为福祉的创造者发挥主导作用，并解决积极老龄化的障碍。

英国的社区养老服务政策与实践从积极老龄化出发，结合其本土的经济、政治、文化、历史、社会环境，形成社区养老服务的基本价值理念，并以此作为制定社区养老服务原则与行动计划的依据。英国社区养老服务的基本价值理念包括健康、人格、权利、能力四个方面。

---

① World Health Organisation, *Active Ageing: A Policy Framework*, 2002, https://apps.who.int/iris/bitstream/handle/10665/67215/WHO_NMH_NPH_02.8.pdf;jsessionid=07F265F1A97A0C61F16C4A7E74F6F1C4?sequence=1.

第一，“健康”是指身体上、精神上和社会上的良好状态，其中，精神健康、社会联结与身体健康同等重要。以生命历程的视角，通过干预措施创造支持性环境，促进健康选择，维持功能性能力。① 通过跨部门政策支持，减少生产力较高阶段的过早死亡，减少与老年人慢性疾病相关的残疾，延长健康寿命，使老年人享受较高质量的生活，使越来越多的老年人参与社会、文化、经济与政治生活，消除社会隔离与孤独感，降低医疗和护理的成本。在人们的老龄化过程中，注重非传染性慢性疾病 ② 的防控，以减少预防和管理失败造成的人力与社会资源消耗。③ 当慢性疾病和功能衰退的风险因素（环境与行为）保持在低水平，而保护因素保持在高水平时，人们生活的质量和数量都会得到提高；随着年龄的增长，人们将保持健康并能够管理自己的生活，需要昂贵的医疗和护理服务的老年人会越来越少。

第二，“人格”是指尊重老年人的人格，首先将老年人作为一个个体看待，其次才作为老年人。尊重人格体现在接受老年人的现状及其过去一生的经历，将其看作与其他年龄群体具有同等地位和重要性的群体，为

① 在生命历程的早期，维持生长与发育；在成人阶段，维持尽可能高的功能性水平；在老年阶段，维持独立，预防残疾。See Alexandre Kalache & Ilona Kickbusch, “A Global Strategy for Healthy Ageing”, *World Health*, Vol. 50, No. 4 (1997), pp. 4-5。

② 非传染性慢性疾病（Noncommunicable Diseases, NCDs）是对一类起病隐匿，病程长且病情迁延不愈，缺乏确切的传染性生物病因证据，且有些尚未完全被确认的疾病的概括性总称，主要指以心脑血管疾病（高血压、冠心病、脑卒中等）、糖尿病、恶性肿瘤、慢性阻塞性肺部疾病、脂肪肝和慢性肝脏疾病、肥胖症、精神异常和精神病等为代表的一组疾病，具有病程长、病因复杂、健康损害和社会危害严重等特点。慢性病的危害主要是造成脑、心、肝、肺、肾等重要脏器的损害，易造成伤残，影响劳动能力和生活质量，且医疗费用极其昂贵，增加了社会和家庭的经济负担。非传染慢性疾病是世界各地区发病、残疾和死亡的主要原因，可以预防或推迟。

③ World Health Organisation, *Active Ageing: A Policy Framework*, 2002, https://apps.who.int/iris/bitstream/handle/10665/67215/WHO_NMH_NPH_02.8.pdf;jsessionid=07F265F1A97A0C61F16C4A7E74F6F1C4?sequence=1.

其过去和当下的生活赋予价值，由此将老年时期与整个生命历程连接起来。[①] 尊重人格要求在提供服务时保证老年人尽可能长时间的自主与独立，维护老年人的自尊，消除年龄歧视与虐待老年人。[②]

第三，“权利”是指维护老年人的公民权利。马歇尔认为，公民权利（citizenship rights）由三部分组成：（1）公民权：使个人能够自由地参与社会生活的法定权利，包括财产权利和契约权利，以及思想自由，言论自由，宗教活动、集会和结社自由。（2）政治权：赋予公民参与社会治理的权利，包括投票和担任政治职务的权利。（3）社会权：公民享有参与社会普遍福利的社会和经济权利，包括医疗保健、教育等福利权利。[③]18 世纪是获得公民权的时代，19 世纪是获得政治权的时代，20 世纪是获得社会权的时代。随着普选权的产生，社会福利逐渐从国家单方面的施舍转变为公民应该享有的权利。民主机制的发展，促成了第二次世界大战后英国福利国家的形成。[④] 随着 1979 年保守党的当选，英国开启了福利国家改革，市场形式被引入了公共服务供给，改革进程关注公共服务提供由生产者回应性向消费者回应性转变，公共服务直接对消费者负责。[⑤] 消费者概念在福利供给市场化过程中兴起，公民权利却有远去的趋势，这种转变使人与

① ［英］贝弗利·休斯：《老年人与社区照顾》，谢立黎等译，湖南教育出版社 2016 年版，第 70 页。

② 虐待老年人包括身体虐待、性虐待、心理虐待和经济虐待以及忽视，包含以下内容：忽视（社会排斥和遗弃）、侵犯（人权、法律和医疗权利）和剥夺（选择、决定、地位、财务和尊重）。虐待老年人是对人权的侵犯，是造成伤害、疾病、生产力丧失、隔离和绝望的重要原因。See World Health Organisation, *Active Ageing: A Policy Framework*, 2002, https://apps.who.int/iris/bitstream/handle/10665/67215/WHO_NMH_NPH_02.8.pdf;jsessionid=07F265F1A97A0C61F16C4A7E74F6F1C4?sequence=1。

③ Thomas Humphrey Marshall, *Citizenship and Social Class: And Other Essays*, Cambridge: University Press, 1950.

④ 孙洁：《英国的政党政治与福利制度》，商务印书馆 2008 年版，第 11—14 页。

⑤ ［英］格里·斯托克：《转变中的地方治理》，常晶等译，吉林出版集团股份有限公司 2015 年版，第 19 页。

社会之间的关系由权利和责任的关系变为市场与购买力的关系。然而，这种关系建立在承担费用者发号施令的假设之上，消费者角色本身并未赋予个人强大的权利，除非其拥有必要的资金投入能力。消费主义理念对于在经济、政治、社会等各领域处于相对弱势地位的老年群体来说，不利于其权益的保障，导致老年群体进一步弱势化，形成年龄歧视。1997 年新工党执政后，着力于解决民主赤字问题，推行权力下放、赋权社区等政策措施，在公共服务供给中引入公民参与，使服务使用者参与到公共服务供给的管理和决策中，使权利理念复归，由消费主义转向民主主义。相比而言，这种理念赋予服务使用者与服务供应者及其他重要利益相关方共同商榷的权利，培养服务使用者的参与能力、才智和信心。公民权利的理念更加强调个人的权利以及个体与社会的相互责任，它建立在老年人是拥有同等重要性与有效性的社会成员的假设之上，是保障老年人权益、反对年龄歧视的重要价值基础。① 由此，英国的公共服务供给理念与积极老龄化倡导的养老服务由“以需求为基础”转向“以权利为基础”的精神相契合。

第四，“能力”是指认可老年人具有的能力与专长，根据其能力、需求、意愿和偏好，为其提供更多机会，使其以合适的方式继续为社会贡献力量，实现自我价值。虽然退休意味着正式职业经历的结束，但老年人仍然可以选择参与家庭和社区的有偿或无偿活动，度过充实而有意义的晚年。布罗姆利认为：“个体的老化是个体在成人阶段的生命后期所经历的复杂的、累积的、与时间相关的退行性过程”。斯特雷勒则认为，老龄化过程具有普遍性、内在性、累进性、退化性四个特征。这种生物学观点将老龄化视为消极与退行性过程，不具备发展性，没有将个体在某些领

① ［英］贝弗利·休斯：《老年人与社区照顾》，谢立黎等译，湖南教育出版社 2016 年版，第 70—71 页。

域的发展能力与潜力考虑进来，认为老年人是家庭和社会的负担，某种程度上造成年龄歧视的盛行。①事实上，老年人群体具有异质性，在正常的老化过程中，许多人都能以比较健康的状态活到生命的终点。从生命历程的视角来看，老年人度过了丰富多彩的人生，为家庭和社会作出了贡献，其生命历程中的成就和贡献应该得到赞扬与庆祝。从人力资本的视角来看，老年人就是一笔丰富的人力资源，他们具有的经验、智慧、知识与社会关系是社会的宝贵财富。大量健康的老年人都可以从事照顾他人、继续就业、志愿服务等正式与非正式、有偿与无偿的工作，愿意并且能够学习新的知识与技能，参与社会发展，奉献家庭与社会，实现老有所为；而且，这样的生活状态能够促进老年人的身心健康。所以，应该对老年人蕴含的丰富的人力资本进行认可、培养、开发和管理，为老年人实现老有所为创造机会。②

上述的基本价值理念体现了积极老龄化的总体方向，作为总体框架贯穿英国社区养老服务政策以及各部门、各行动主体的态度、行为与实践。这些价值观念需要转化为与其相适应的一系列原则，作为社区养老服务目标达成水平的评估标准，用来评价政策方案与服务供给的积极老龄化意义。这些原则体现得越充分，积极老龄化的意义就越明显。原则主要包括以下几个方面：第一，赋权。使老年人获得或维持掌控自我生活境况、行使权利达成自身目的的能力，从而最大限度地提升其生活品质。以优势视角③看待老年人，认可与增进老年人的能力，赋予其控制权，维护其自由生活、自主决策、自尊自立与个人价值感。第二，参与。使老年人作为服务使用者和人力资源参与到社区养老服务中，包括老年人个体参与和群

① ［英］贝弗利·休斯：《老年人与社区照顾》，谢立黎等译，湖南教育出版社 2016 年版，第 27—30 页。

② 孙鹃娟等：《老年学与老有所为：国际视野》，中国人民大学出版社 2014 年版，第 2—3 页。

③ ［美］丹尼斯·萨利贝：《优势视角：社会工作实践新模式》，杜立婕等译，华东理工大学出版社 2015 年版，第 73—82 页。

体参与，这既是原则本身，也是赋权的一种重要形式。第三，选择。使老年人有能力作出选择并且尽可能地决定其相关事务的结果，这既是对人格的尊重，也是公民权利所强调的内容。第四，融合。使老年人生活在混合的社区中，而不是只同与自己具有某种共同特点的人一起生活；将老年阶段视为生命周期的一部分，而非特殊的、分离的终点。① 让老年人在各个层面融入到主流生活中去，营造代际互动与家庭团结的氛围，打造“全龄型社会”（a society for all ages）。第五，独立。通过医疗与社会照顾服务、终身学习等全方位的社会支持网络，为老年人独立生活提供保障，延长老年人的健康寿命，推迟入院时间，使老年人尽可能独立在社区生活更长时间。第六，平等。维护老年人平等享有公共服务资源的权利，尊重不同地区、性别、收入、年龄层次的老年人个体和群体的平等权益，消除年龄歧视。第七，可及。保障服务递送系统通畅，使老年人享有完整的、连续的、可及的、有责信的社区养老服务。②

4. 社区养老服务多元主体合作供给模式分析框架

结合上述分析视角，本书建构了英国苏格兰社区养老服务“服务提供方—服务生产方—服务受益方 / 协同生产方”合作供给模式的“权责角色—结构功能—价值目标”分析框架：首先，对服务提供方、服务生产方、服务受益方 / 协同生产方三方合作供给模式进行权责角色分析，从生产 / 递

① ［英］贝弗利·休斯：《老年人与社区照顾》，谢立黎等译，湖南教育出版社 2016 年版，第 72 页。

② 养老服务递送的完整性是指机构的特性及其相互关系，与服务的地域性、协调性有关，比如各类服务能否在同一地点提供、机构间能否相互知晓并紧密配合。连续性是指各机构在提供服务以满足需求时，服务网络的缺口得到弥补，使人们获得连续的福利资源，如各机构间的沟通与转介渠道。可及性与服务使用者进入当地福利服务系统的资格标准有关，如年龄、收入、健康状况等。责信是指服务决策者同使用者之间的影响与回应关系，如使用者的需求对决策的影响和决策者对使用者需求与利益的响应。参见［美］尼尔·吉尔伯特等：《社会福利政策引论》，沈黎译，华东理工大学出版社 2013 年版，第 200 页。

送、融资、决策、规制等角度厘清三方的角色定位、权力（利）和责任。其次，对合作供给模式进行 AGIL 结构功能分析，从适应、目标达成、整合、模式维持四个方面阐述合作供给模式的功能，呈现出合作供给模式与外部环境之间的关系。最后，对合作供给模式进行价值目标分析，从健康、人格、权利、能力的价值理念和由其具体化而来的赋权、参与、选择、融合、独立、平等、可及原则等角度，分析合作供给模式的积极老龄化意义。社区养老服务合作供给模式理论分析框架如图 1—4 所示。

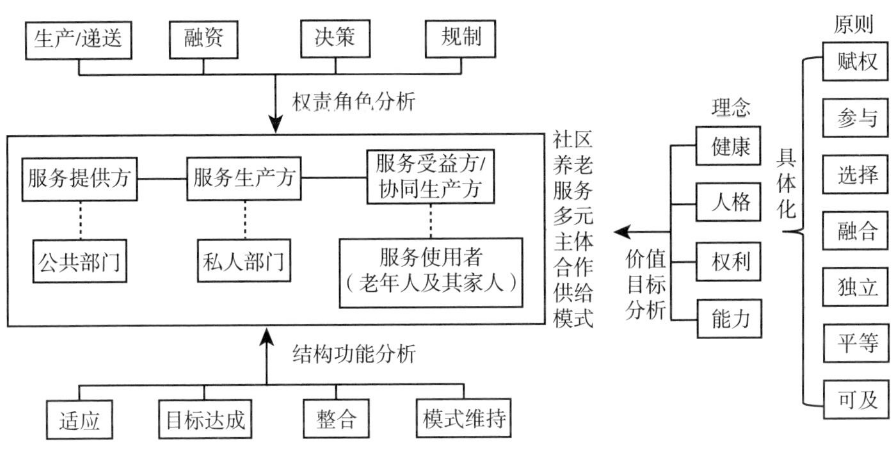

图 1—4　社区养老服务多元主体合作供给模式分析框架

（二）三种合作供给模式及其由来与差异

英国苏格兰社区养老服务多元主体合作供给体系是一个整体系统，其中包含不同的子系统，也就是不同的合作供给模式。社区养老服务由公私合作供给，公共部门是服务提供方，私人部门是服务生产方，服务使用者（老年人及其家人）是服务受益方 / 协同生产方。根据阿尔科克提出的区分福利供给类型的三组标准，即公共—私人、营利—非营利、正式—非正式，从公共—私人的标准来看，政府部门属于公共部门，非正式部门、第三部门、私营部门属于私人部门；在公私合作供给中作为服务生产方的各私人部门当中，通过营利—非营利、正式—非正式两个标准进行交叉，可以划分出四种部门类型，分别是营利正式部门、非营利正式部门、营利非正式部门、非营利非正式部门。私人部门的类型划分如表 1—9 所示，其中，“营利正式部门”即私营部门，“非营利正式部门”即第三部门，“非营利非正式部门”即非正式部门。

表 1—9 私人部门类型划分

部门正式性程度 部门营利性程度	正式	非正式
营利	营利正式部门	营利非正式部门
非营利	非营利正式部门	非营利非正式部门

本书研究的是多元主体合作供给社区养老服务，在合作供给模式的划分上，自然要关注合作供给模式在主体方面的本质特征。在公私合作供给中，作为服务提供方的公共部门都是政府，作为服务受益方 / 协同生产方的服务使用者都是老年人及其家人，没有什么区别，造成合作供给的区别的关键在于服务生产方的不同。根据“服务生产方是不是营利部门、是不是正式部门”进行交叉，就产生了四种不同类型的模式，如表 1—10 所示。

表 1—10 社区养老服务多元主体合作供给模式类型划分

服务生产方正式性程度 服务生产方营利性程度	正式	非正式
营利	政府与营利正式部门合作供给模式	政府与营利非正式部门合作供给模式
非营利	政府与非营利正式部门合作供给模式	政府与非营利非正式部门合作供给模式

表 1—10 中，“政府与营利正式部门合作供给模式”即政府与私营部门合作供给模式，“政府与非营利正式部门合作供给模式”即政府与第三

部门合作供给模式，“政府与非营利非正式部门合作供给模式”即政府与非正式部门合作供给模式。“政府与营利非正式部门合作供给模式”只是根据理论推导而来，在公私合作供给社区养老服务中实际上并未出现，这是因为营利非正式部门不适于通过公私合作供给公共服务：一方面，营利非正式部门的营利性特征要求其具备市场竞争力，而在激烈的市场竞争中，只有正式的营利部门才能通过较高的组织化程度和专业化水平提供高质量服务，在竞争中得以生存，也才能获得政府赋予的特许经营权；另一方面，营利非正式部门相比非营利非正式部门而言，由于其营利性导致的高收费而难以获得服务使用者的青睐，同时在公私合作中更容易出现收益裁量权偏移问题，所以无法赢得与政府合作的机会。这样，本书所探讨的社区养老服务多元主体合作供给模式，只限于政府与私营部门（营利正式部门）合作供给模式、政府与第三部门（非营利正式部门）合作供给模式、政府与非正式部门（非营利非正式部门）合作供给模式，上述三种模式分别如图 1—5至图 1—7 所示。

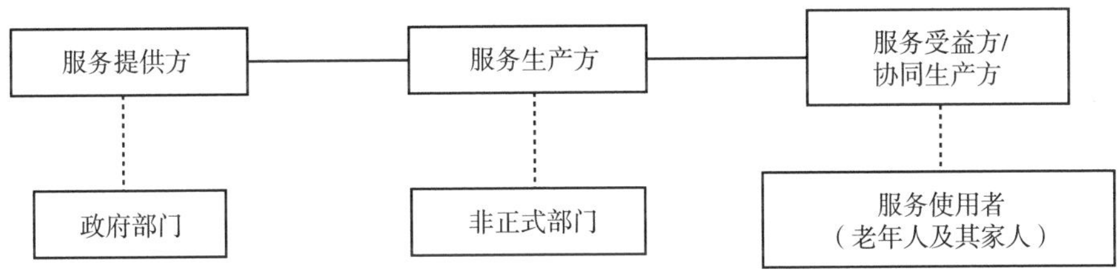

图 1—5　政府与非正式部门合作供给模式

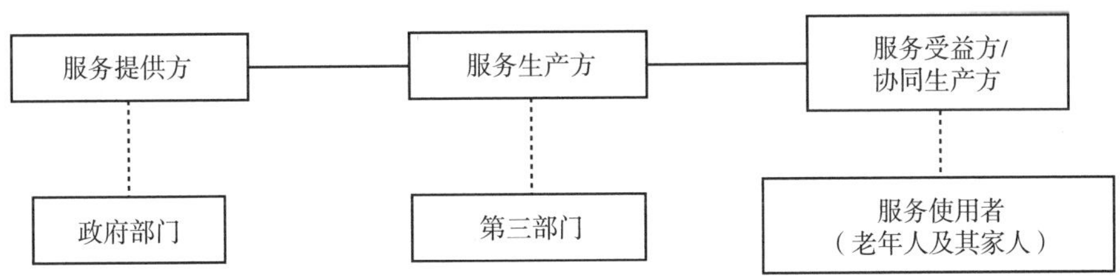

图 1—6　政府与第三部门合作供给模式

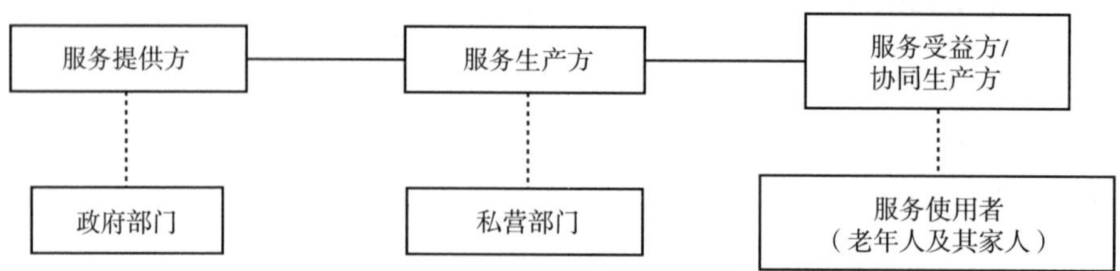

图 1—7　政府与私营部门合作供给模式

在上述三种模式中，服务生产方是不是营利部门、是不是正式部门，是关键因素，决定着各合作供给模式间在服务上的差异，具体体现在服务受众的面向范围、服务的对象、服务针对的生命历程阶段、服务的类别等一系列方面。这三种合作供给模式间的差异如表 1—11 所示。

表 1—11　社区养老服务多元主体合作供给各模式间的差异

模式类型 / 服务情况	政府与非正式部门合作供给模式	政府与第三部门合作供给模式	政府与私营部门合作供给模式
服务生产方	非正式部门	第三部门	私营部门
服务范围	单一社区	某一区域内的所有社区	社区中的老年人个体
服务对象	非失能、半失能老年人	与组织目标相关的老年人	失能、半失能老年人
服务适用生命阶段	低龄老年阶段	全部老年阶段	高龄老年阶段
服务类别	社会服务	社会服务	长期照护服务

首先，非正式部门与家庭、朋友、邻里、社区成员关系紧密，服务覆盖范围和影响力集中在单一社区。由于其自治性与互助性特征，该部门比其他部门更加贴近老年人的日常生活，适于改善老年人生活方式、预防与解决老年生活问题。在政府与非正式部门合作供给模式中，非正式部门是服务生产方，因而，该模式提供的服务主要面向单一社区，为具有身份认同和归属感的社区居民提供服务；服务对象是非失能、半失能的老年人，

为老年人生活社区化与正常化及其健康寿命的延长提供支持；服务主要针对老年人生命历程中的低龄老年阶段，实际上在老年人完全失能之前的绝大部分年龄阶段都可以适用；提供的服务类型属于社会服务。

其次，第三部门不追求营利，也不属于公共空间。这类组织往往由受托人（trustees）[①] 来塑造其使命和目标，主要将其资源瞄准某些特定的群体，由此形成其独立的公益性价值追求。然而，与政府部门和私营部门一样，第三部门依赖正式的组织结构，管理的组织化程度明显高于非正式部门，服务的辐射范围超越单一社区，扩大到更大的社会空间。从本质上讲，第三部门具有慈善属性，且相较于政府而言更容易接触到污名化群体，可为福利国家中的福利享有者或受到忽视者提供某种形式的支持，这是政府部门不能或不愿意做的。因此，第三部门能够获得老年人的信任，致力于维护老年人群体或其中的污名化特殊群体享有公民权、政治权和社会权的平等权益，并为满足老年人的特殊需求而发声。在政府与第三部门合作供给模式中，由于第三部门是服务生产方，该模式提供的服务面向某一区域（如国家、地区或城市）内的所有社区。其服务对象由组织的使命与目标来决定，往往与老年人的多样化需求相关，因此，不同组织的目标差异较大。有的涵盖了全部老年人群体，如苏格兰老年协会；有的则主要针对老年失智症患者等特殊老年人群体，如苏格兰阿尔兹海默协会。所以，该模式的服务对象横跨各个老年阶段。其提供的服务类型属于社会服务。

最后，私营部门是营利的正式部门。为了在市场竞争中立足，该部门更加关注服务的专业化，更加针对服务对象个体的个性化需求。私营部门提供的服务费用昂贵，只有那些有财力的人才能获得其服务。在公私合

① 受托人对慈善机构负有全面的法律责任。根据《英国慈善法（2011年）》第177条的规定，慈善受托人是“对慈善机构的管理具有全面控制权和管理权的人”。

作供给中，政府往往通过需求评估筛选出最需要照顾的失能、半失能老年人；即使通过公民自费购买，其高收费也将大部分低需求者筛除；私营部门的正式性特征又使其相对于非正式部门远离老年人生活，因而缺乏情感支持性，对非失能老年人吸引力不大。在政府与私营部门合作供给模式中，由于私营部门是服务生产方，该模式提供的服务范围面向老年人个体；服务对象是失能、半失能老年人；在老年人的生命历程中，针对其易患病、难以实现独立生活、照顾需求较高的高龄老年阶段；其提供的服务属于长期照护服务。

在上述三种模式中，服务生产方的功能可能涉及与其他服务生产方之间的关系，但本书主要关注公私合作中政府部门与某一类型服务生产方之间的两两关系，尽管合作供给模式的功能涉及其他生产主体，却仍属于原公私合作供给模式功能的一部分。举例来说，第三部门在整合社会资源的过程中涉及与非正式组织之间的互动关系，但这属于第三部门与政府合作供给服务中其职能的一部分，因而也属于政府与第三部门的合作供给的功能。

四、本章小结

本章考察了新公共治理理论、福利多元主义理论、帕森斯的 AGIL 理论、积极老龄化理论等相关理论，界定了社区养老服务、多元主体、合作供给等核心概念，引入了新公共治理的服务使用者卷入视角，建构了英国苏格兰社区养老服务“服务提供方—服务生产方—服务受益方 / 协同生产方”合作供给模式的“权责角色—结构功能—价值目标”三维分析框架，旨在分析各主体如何在合作中共享权力（利）、共担责任，各模式如何适应环境、实现目标、整合资源、维持模式运行、实现积极老龄化的价值目标。

社区养老服务多元主体合作供给实际上是公私合作供给，而公私合作供给的本质特征就是公私共享裁量权，亦即政府与非正式部门、第三部门、私营部门共享权力、共担责任，因而，上述分析框架中的权责角色分析实际上就是对合作供给模式进行结构分析。合作供给模式的运行机制是影响模式运行的各要素的结构、功能及其相互关系，因此，本书对多元主体合作供给社区养老服务的权责角色结构与功能的分析，为厘清合作供给模式的运行机制提供了基础和条件。

第二章　赋权与互助：政府与非正式部门合作

一、普雷斯顿菲尔德社区项目供给服务

普雷斯顿菲尔德（Prestonfield）是苏格兰首府爱丁堡[①]南部的一个主要住宅区。它位于A7路以北，距离市中心大约3英里，拥有著名的普雷斯顿菲尔德高尔夫俱乐部，是距市中心最近的高尔夫球场。普雷斯顿菲尔德社区项目（Prestonfield& District Neighbourhood Workers Project）旨在支持老年人在社区独立生活。该项目成立于1988年，最初是为爱丁堡中南部社区的老年人提供建议和信息。为了满足社区居民提出的新需求，即希望有场所供居民们见面并开展活跃的社交活动，从而减少老年人面临的社会孤立，这个项目发起募捐筹资，于1995年建立了普雷斯顿菲尔德邻里中心（Prestonfield Neighbourhood Center），继续为社区老年人提供服务。更多资金的加入使该项目能够引入新的服务，帮助人们更加健康、长寿。邻里中心每天提供一顿营养丰富的热餐，并按照老年人协商确定的计划开

① 爱丁堡是苏格兰的首府，是苏格兰地区32个地方议会地区之一，也是苏格兰政府、苏格兰议会和苏格兰最高法院的所在地，位于福斯湾南岸的洛锡安地区。爱丁堡是英国第二大金融中心（仅次于伦敦），是苏格兰人口第二多、英国人口第七多的城市，官方人口数为爱丁堡地区（爱丁堡在1975年以前的区域加上柯里和巴莱诺）488050人（2016年）、爱丁堡市518500人（2018年）、城市地区1339380人（2014年）。

展活动，支持老年人尽可能地享受具有创造性的、充实的老年生活。普雷斯顿菲尔德社区项目及邻里中心为爱丁堡中南部社区的老年人提供建议和信息，为老年人提供了聚会和社交活动的场所。

（一）渐进化发展：草根发起与政社推动

普雷斯顿菲尔德社区项目自1988年至2002年经历了初步创立、逐步发展、建成实体、影响社区、满足需求等五个阶段，管理体系和各项服务逐渐完善，实现了阶段性稳步发展。各个发展阶段的具体情况如表2—1所示。

表2—1　普雷斯顿菲尔德社区项目1988年至2002年发展历程①

阶段	发展情况
1988年初步创立	普雷斯顿菲尔德社区一些居民聚在一起，组成了策划团队，随后又成立了管理团队。唯一的目标是争取资金，建立起“建议与信息”（advice and information）服务，为当地大批老年人口提供支持。经过大量的努力工作和对急需服务的倡导运动，这一组织得到了当地议员的支持。苏格兰政府社会工作部（Social Work Department）给予该项目一笔拨款，用于雇佣两名兼职社区工作者和一些文书支持人员。
1990年至1992年逐步发展	自1990年12月起的4个月里，该组织以卡梅伦之家社区中心（Cameron House Community Centre）②为工作地点，随后搬至普雷斯顿菲尔德大道教会中心的一个房间里。自此开始，该组织发展了一些外展项目③，同时也为社区居民提供福利权益、住房建议等各种信息和建议。由于该地区的贫困程度很高，普雷斯顿菲尔德社区项目组织开展了一场促进福利利用的运动。福利机构（Benefits Agency）④和其他法定机构与该组织合作，帮助居民申请并获得应得的福利。

① 本表的资料主要来源于爱丁堡当地报纸《南爱丁堡回音》（South Edinbrugh Echo）2002年第49期的报道，笔者结合访谈资料整理而成。

② 卡梅伦之家社区中心是南爱丁堡的一个社区中心，位于普雷斯顿菲尔德大道34号。

③ 外展服务是指在服务机构以外的场所提供的社区服务等。

④ 福利机构是英国社会保障部（Department of Social Security），即后来的英国就业与养老金部（Department for Work and Pensions）的执行机构，成立于1991年，旨在帮助创建和递送活跃的现代社会保障服务，在正确的时间支付正确的钱，鼓励和支持公民独立生活。福利机构于2001年4月与就业服务局（Employment Service）合并为就业中心（Jobcentre Plus）。

续表

阶段	发展情况
1992 年建成实体	在该组织最初建立的几年里，人们很快意识到老年人社区的需求是巨大的，还需要其他服务来支持那些留在家中的老年人。于是，大家开始了寻找新的工作场所的历程。该项目需要方便残疾人使用的场所，但当地没有合适的房屋设施，因此，管理团队制定了开发新基地的计划，使其既能容纳现有的项目，又能提供额外的服务。在多家信托基金以及帮助老年人协会（Help the Aged）① 和社会工作委员会（Social Work Committee）② 的支持下，该组织计划购买一些活动房屋③，通过翻新和改造以适应老年人的需求。新的项目基地开始启动，其中包括一个日间休息室，可以举办午餐俱乐部和其他社交活动。同时，长期计划得以确定，即在 5 年后将活动房屋变为永久性建筑，并在 10 年内增加第二个日间休息室。
1995 年影响社区	该组织继续筹集资金，并与爱德华兹慈善基金会（W.G. Edwards Charitable Foundation）④ 取得了联系。该基金会希望扶持"改变社会"（make a difference）的事业，而这正是该项目的使命。由此，双方达成了良好的合作伙伴关系。在该基金会的资助下，社区项目的 5 年计划和 10 年计划被整合在一起，于 1995 年 5 月完成了普雷斯顿菲尔德邻里中心的建设工作，以全新面貌向社区开放。该邻里中心现在拥有宽敞的办公空间、私人谈话场所、两个休息室（其中一个自 1995 年 12 月正式启用以来一直用于举办午餐俱乐部）、一个供老年人活动的户外花园，都是在这一阶段建立起来的。

① 帮助老年人协会是位于英国的国际慈善机构，于 1961 年由塞西尔·杰克逊—科尔（Cecil Jackson-Cole）创立，旨在帮助贫困、孤独和被忽视的老年人。2009 年，该组织与关注老年人协会（Age Concern）合并成立英国老年协会（Age UK）。

② 《社会工作（苏格兰）法案（1968 年）》（Social Work (Scotland) Act 1968）规定，各地方主管机关应设立社会工作委员会，以履行该法规定的职能。See HM Government, *Social Work (Scotland) Act 1968*, 1968, https://www.legislation.gov.uk/ukpga/1968/49/contents/enacted。

③ 活动房屋是指设计和建造为可移动的而不是永久性的房屋，通常用于临时使用，可以移动。

④ 爱德华兹慈善基金会是一个独立的捐赠慈善机构，它帮助改善照顾服务供给，旨在提高英国老年人的福祉。该基金会除了为正在进行的照顾服务和推动实现积极充实生活的创新项目提供捐赠，还向基本建设项目、整修工程和设备完善工作提供资助。该基金会的宗旨是帮助 65 岁以上的老年人改善生活品质，为提倡以积极态度提升老年人身心健康的组织提供支持。受托人根据该基金会经过仔细考虑制定的标准，自主决定向英国的慈善组织捐款。申请机构需要证明其正在改善公民的生活，如果申请机构由混合年龄的受益人组成，则至少应有 80%是 65 岁以上人士。该基金会不支持 65 岁以下的个人、团体或海外项目。

续表

阶段	发展情况
1995年至2002年满足需求	该项目已发展成为南爱丁堡（South Edinburgh）①地区的一个主要服务提供方，供给一系列活动和服务，以满足日益增长的老年人口的需要。这些服务的经费来源多样，包括社会工作委员会、东南地区医疗照顾合作社（South East Local Health Care Co-operative）②、社区基金（Community Fund）③、帮助老年人协会和多种其他慈善信托。许多其他的个人或公司每年都通过普雷斯顿菲尔德项目之友（Friends of Prestonfield Project）捐款，为组织老年人户外和日常活动提供帮助。该项目仍由当地选出的管理团队管理，该团队受到对该项目工作感兴趣的法定和志愿机构代表的支持。

（二）支持性服务：独立生活与社会融入

普雷斯顿菲尔德社区项目为爱丁堡大范围区域的老年人提供广泛的服务，有些服务也供洛锡安人④使用。该项目为老年人提供建议和支持（Advice and Support）、日间照顾（Day Care）、老年失智症日间照顾（Dementia Day Care）、照顾者咖啡角（Carers Cafe）、艺术小组（Art Group）、男士

① 南爱丁堡是英国议会下议院的一个选区，位于苏格兰首府爱丁堡南部，创设于1885年。该选区自1987年以来一直由工党控制。2010年大选中，伊恩·默里（Ian Murray）以34.7%的选票当选，继承了尼格尔·格里菲斯（Nigel Griffiths）的议席。自此由默里担任代表，他是苏格兰唯一一位在2015年和2019年大选中保住席位的工党议员。此选区于2019年起是全苏格兰唯一属于工党的选区。在2005年大选之前，该选区与苏格兰议会的同名选区拥有相同的边界。

② 地区医疗照顾合作社是由初级医疗专业人员组成的团体。他们共同努力发展服务，为当地患者提供持续、公平的照顾服务。这一合作形式于1999年4月推出，是初级医疗信托（Primary Care Trusts）组织的一部分，没有设定统一的管理形式，具体运作模式根据当地情况发展、商定。

③ 社区基金成立于1994年，负责将国家彩票（National Lottery）的资金分配给慈善组织。2004年，它与新机遇基金（New Opportunities Fund）合并，创建了大彩票基金（Big Lottery Fund）。社区基金于2006年解散。

④ 洛锡安是苏格兰低地的一个地区，位于福斯湾南岸和拉莫缪尔山之间，其主要聚居地是苏格兰首府爱丁堡，其他重要的城镇包括利文斯顿、林里斯戈、巴斯盖特、昆斯费里、达尔基思、穆瑟堡、普雷斯顿潘、北伯威克、邓巴和哈丁顿。该地区又细分为米德洛锡安、东洛锡安和西洛锡安三个郡，也就有了“洛锡安人”（the Lothians）一词的流行。

小组（Men's Group）、女士小组（Women's Group）、午餐俱乐部（Lunch Club）、社交小组（Social Group）、"快乐大脚"个人足部护理服务（Happy Feet - a Personal Footcare Service），以及助听器修理与电池更换①服务等。2020年，这个项目还与爱丁堡休闲中心（Edinburgh Leisure）合作，举办"普雷斯顿菲尔德的稳健步伐"（Steady Steps at Prestonfield）活动。②通过一系列服务供给，该项目希望帮助社区老年人尽可能独立地在家中安老，享受充实的老年生活，融入社区与社会活动，消除老年人的孤独感和社会隔离；同时，给予照顾者援助与支持，使其以良好的身心状态为老年人提供居家照顾。主要服务项目的具体内容如表2—2所示。

表2—2　普雷斯顿菲尔德社区项目主要服务项目内容③

服务名称	内容
咨询服务（Advice Service）	普雷斯顿菲尔德社区项目多年来一直为老年人提供咨询服务，包括每周一至周五上午11:00至下午13:00的到访服务（Drop In Service），供老年人到访邻里中心，享受福利咨询、辅助填表、写信等服务。此外，所有老年人都能获得全面的福利和养老金核对（Benefit and Pensions Checks）④服务，帮助老年人确认可能有权获得的政府福利，如养老金补贴（Pension Credit）⑤、

① 此服务与英国国家医疗服务体系（NHS）合作，是爱丁堡市内独具特色的一项服务。

② 这是一项符合苏格兰政府"预防跌倒与骨折计划"（Falls and Fracture Prevention initiative）要求的活动。

③ 该表由笔者根据普雷斯顿菲尔德社区项目的业务宣传页和访谈资料整理而成。

④ 英国政府为公民提供养老金核对服务，确认能够拿到的国家养老金（State Pension）数额，即预测养老金数额，以及何时可以获取、如何提高养老金数额等。

⑤ 《英国养老金补贴法案（2002年）》（Pension Credit Act 2002）决定于2003年引入养老金补贴，为60岁及以上老人提供补贴，以降低老年贫困的发生率。这一补贴是在已有养老保险体系的基础上设立的，其目的是对养老金不足者提供补贴。养老金补贴是一种与收入相关的福利，由低保补贴（Guarantee Credit）和储蓄补贴（Savings Credit）两部分组成。低保补贴可为周收入低于167.25英镑（单身）或255.25英镑（夫妻）的老年人增加周收入至上述额度，拥有存款、养老金或房子的老年人仍然有资格申请。储蓄补贴是对那些为退休而储蓄的人的一种额外支付，例如养老金。如果在2016年4月6日或之后达到国家退休年龄，将没有资格获得储蓄补贴。

续表

服务名称	内容
咨询服务（Advice Service）	护理津贴（Attendance Allowance）① 等。此项服务旨在通过信息和咨询服务促进消除贫困；就综合健康及住房事宜提供意见及协助，提供有关失智症、体温过低、残疾等方面的建议和信息。
日间服务（Day Services）	每周一至周五上午 10:30 至下午 15:00，由经过适老化改装的老年巴士为有需要的老年人提供接送服务，邻里中心提供午餐和茶点。对于不需要接送或茶点，或者需要糖尿病患者、素食者专用及低脂等特殊膳食的老年人，费用保持不变。每周的活动包括艺术（Arts）、手工艺（Crafts）、音乐（Music）、轻度运动（Gentle Exercise）、记忆寻回（Reminiscence）等，以及每周一次的男士小组和女士小组系列活动，每月一次的读书俱乐部（Book Club）、歌唱（Singing Group）活动。夏季，邻里中心在花园中举行园艺活动、户外活动等。邻里中心还会举办春季午餐（Spring Lunch）/ 夏季出游（Summer Outing）、圣诞午餐（Christmas Lunch）等年度活动。
个人足部护理服务（Personal Footcare Service）	该服务为 50 岁以上无法自己完成足部护理（脚趾甲修剪、锉削等），但不需要足疗的老年人，提供个人足部护理和脚趾甲修剪服务。此服务由受过英国国家医疗服务体系足科医生（NHS Podiatrists）培训的社区项目工作人员执行。第一次服务收费 20 英镑，附赠一套指甲剪和锉削工具；之后，每次服务费用为 15 英镑。
购物服务（Shopping Services）	该服务为老年人提供每周生活用品（包括生鲜物品）购买服务，从阿斯达（Asda）、森宝利（Sainsbury’s）和乐购（Tesco）等三大超市送至老年人家中。这些超市收取少量的送货费，普雷斯顿菲尔德社区项目不收取服务费用。
照顾者咖啡角（Carer Cafes）和照顾者喘息时间（Carer Slots）	照顾者咖啡角为照顾者与邻里中心照顾服务人员相互支持提供了平台，组织照顾者希望参加的活动。如果照顾者希望将他们照顾的老年人带来参加活动，社区项目的工作人员将会在此期间代为照顾，让照顾者有机会全身心投入活动中。照顾者喘息时间服务为照顾者提供 2 至 3 小时的托管服务，让照顾者能够放心地做自己的事。照顾者需要将照顾对象送到邻里中心，并按时接走。此项服务在每周一至周五上午 10:00 至下午 15:00 之间提供。

① 英国政府为患有严重残疾、需要照顾的公民发放护理津贴，以帮助支付所需的额外费用。津贴额度有两种，可获得的额度取决于因残疾而需要的照顾水平。如果患有身体或精神残疾，且在国家养老金年龄或以上，则每周可获得 58.70 英镑或 87.65 英镑的津贴，帮助提供个人生活支持。此项津贴不涉及移动需求的满足。享有护理津贴后，其他福利也会随之增加。

（三）精细化管理：用户导向与团队回应

普雷斯顿菲尔德社区项目的服务由项目协调人管理，并由有偿员工团队（staff team）和项目志愿者小组（project volunteer group）成员组成一个团队，共同承担日间中心（Day Centre）的各项任务。项目协调人直接对每年选出的管理小组（management group）负责，并同客户代表（clients representatives）及与社区老年人合作的各志愿和法定机构的人员一起，监察项目服务的整体管理工作。社区项目于 2012 年设立了客户小组（client user group），小组中有 8 名客户代表，其中一名也在项目管理小组。他们每季度与项目协调人会面，回顾服务的各个方面，就服务供给的各方面提供意见，并对经过客户讨论的活动内容制定计划方案，以满足客户的需要和愿望。

出于任何原因，客户如果对社区项目或其工作的任何方面不满意，可以首先以口头或书面形式向项目协调人提出投诉；如果对项目协调人的答复不满意，可以通过项目主席（chairperson）直接向管理小组投诉。投诉表格和信封由办公室提供，投诉以密封形式送交项目主席。项目主席将在收到投诉后 48 小时内作出初步答复。对投诉进行调查后，客户将收到以书面形式作出的更全面的答复。客户如果对答复不满意，可以安排与项目主席面谈。除此之外，客户也可以直接向照顾督察局（Care Inspectorate）投诉日间照顾服务的相关问题；有关任何其他方面的投诉，可向爱丁堡市政府医疗与社会照顾部（Department of Health and Social Care）提出。普雷斯顿菲尔德邻里中心员工团队职责分工和社区项目管理团队分别如表 2—3 及表 2—4 所示。

表 2—3　普雷斯顿菲尔德邻里中心员工团队职责分工 ①

职责	人数
项目协调人（Project Co-ordinator）	1
项目助理（Project Administrator）	1
社区 / 社会照顾工作者（Neighbourhood/ Social Care Worker）	2
社会照顾工作者（Social Care Worker）	6
美术教师（Art Tutor）	1
轻度运动教师（Gentle Exercise Tutor）	1
门卫 / 杂工（Janitor/ Handyperson）	1

表 2—4　普雷斯顿菲尔德邻里中心管理小组 ②

职务 / 身份 / 单位	人数
主席（Chairperson）	1
副主席（Vice Chairperson）	1
秘书（Secretary）	1
会计（Treasurer）	1
管理小组成员（Management Group Members）	
普雷斯顿菲尔德地区居民	5
其他无投票权代表（Other non-voting representatives）	
爱丁堡市议会议员（Councilor, City of Edinburgh Council）	4
苏格兰议会议员（Member of Scottish Parliament）	1
英国国会议员（Member of Parliament）	1
洛锡安和苏格兰边境警察（Lothian & Borders Police）	1
金美伦堂社区中心（Cameron House Community Centre）	1
爱丁堡市议会社会工作部联络中心主任（Link Officer CEC Social Work Department）	1
项目文件将同时送至	
爱丁堡市议会采购与委托科（CEC Purchasing & Commissioning Section）	1

① 该表的资料来源于普雷斯顿菲尔德社区项目的工作人员信息登记册。

② 该表的资料来源于普雷斯顿菲尔德邻里中心管理小组档案材料。

（四）弹性化资金：基金资助与用户低费

多年来，普雷斯顿菲尔德社区项目申请多项基金资助，以保持足够的服务规模和良好的服务质量。社区项目申请基金资助的情况如表 2—5 所示。

表 2—5　普雷斯顿菲尔德社区项目基金申请情况表①

年份	基金申请情况
2005	多年来，普雷斯顿菲尔德社区项目一直通过同苏格兰政府医疗与社会照顾部（Department of Health and Social Care）签订服务协议的形式获得支持，但仍需要不断补充资金。因此，社区项目着手申请“支援人民”（Supporting People）② 基金，但面临在 2 至 3 年内该基金资助服务项目缩减的境况。③

① 该表由笔者根据普雷斯顿菲尔德社区项目 2005 年至 2018 年年度报告中资金申请相关信息整理而成。

② “支援人民”是为住房支持服务建立的综合政策和拨款框架，于 2003 年 4 月推出。其目标是提供优质的服务，关注服务使用者的需求，让弱势社群在社区内各种住宿和租住条件下实现独立生活。住房支持服务多年来不断发展，通常是因应个别业主或租客的需要而特别设立的。“支援人民”计划为此类服务提供稳固的法律基础保障，由系统性、战略性程序来评估当地的需求和支持服务的供应，并提供相应服务供给。此前，住房支持服务的资金来源有很多，包括过渡性住房福利计划（Transitional Housing Benefit Scheme）、特别需要津贴包（Special Needs Allowance Package）和安置补助金（Resettlement Grant）等住房补贴。由 2003 年 4 月 1 日起，这些资源移交地方政府，由地方政府负责作出新的安排。服务将不再由从每个接受服务的人的住房福利中单独支付的款项资助，相反，地方政府及其合作伙伴（包括医疗机构、服务提供者和服务使用者团体）将评估其所在地区的总体需求水平，并委托适当的服务机构来满足这些需求，以合同方式提供资金。“支援人民”的战略规划与地方住房战略（Local Housing Strategy）和其他社区照顾、健康促进、社会包容等地方规划联系起来。服务也首次接受质量监控，由苏格兰照顾法规委员会（Scottish Commission for the Regulation of Care）进行注册，并遵守合同程序。

③ 见普雷斯顿菲尔德社区项目 2005 年年度报告。

续表

年份	基金申请情况
2006	该年度，社区项目申请获得了罗伯逊信托基金（Robertson Trust）① 自2006年起为期3年的资金支持，用于老年失智症服务；此外，社区项目还获得劳埃德TSB银行基金会（Lloyds TSB Foundation）② 3年拨款用于成人教育。有了这两个信托基金的额外资助，社区项目在该年度得以维持应有的服务。与以往一样，随着服务运营成本的增加和法定部门暂停拨款，挑战又将开始。"支援人民"基金的减少没有预期的严重，但为了继续节省开支，一个空缺的职位仍未填补。③
2007	社区项目的资金支持保持稳定。同时，该项目提交了若干项补充经费的投标申请，以维持或改善服务并调整或发展其他服务。新资金于2008年4月到位。④
2009	这是艰难的一年，尽管资金有所减少，管理小组和员工团队仍然努力维持老年人得到的服务不变。随着储备资金的减少，邻里中心的维护费用被控制在最低限度；年初裁掉了1名员工，年底时又裁掉了4名员工。管理小组将力量集中于邻里中心内的日间服务，并在服务经费维持不变或完全停止的情况下，尽量保留这些服务。⑤
2010	该年度面临着严重的资金短缺，但多亏来自公平苏格兰基金（Fairer Scotland Fund）⑥ 向中南部社区伙伴关系（South Central Neighbourhood Partnership）的拨款，社区项目继续为老年人提供每周5天的服务，并招聘了一名财务主管。⑦

① 罗伯逊信托基金成立于1961年，由罗伯逊三姐妹——埃尔斯佩斯（Elspeth）、艾格尼丝（Agnes）和埃塞尔（Ethel）创建。她们将祖父和父亲创立并发展的企业股份捐赠给该基金，用于慈善目的。罗伯逊三姐妹是该基金的第一批受托人，总共服务了71年，并确保信托基金坚持家族的核心原则：诚实、正直和乐于帮助有需要的人。罗伯逊家族企业现在以跨国公司爱丁顿集团（Edrington）的形式运作，它是苏格兰最大的私人公司之一，拥有多个著名的威士忌品牌。罗伯逊三姐妹的慷慨使得信托基金能够利用其在爱丁顿集团控股股份的红利来造福苏格兰人民和社区。自1961年以来，该基金会已向苏格兰的慈善机构捐赠了超过1.52亿英镑。

② 劳埃德TSB银行基金会是英国主要的捐款机构之一，为帮助弱势社群或残疾人士的慈善组织和志愿团体提供资助，支持其在英国社区发挥更大的作用。

③ 见普雷斯顿菲尔德社区项目2006年年度报告。

④ 见普雷斯顿菲尔德社区项目2007年年度报告。

⑤ 见普雷斯顿菲尔德社区项目2009年年度报告。

⑥ 2008年，苏格兰政府宣布建立公平苏格兰基金，旨在解决苏格兰各地的贫困问题。该基金取代了许多项目和资金来源。此后3年，该基金在全苏格兰每年总计拥有1.45亿英镑，成为地方政府解决方案的一部分。该基金向每个地方政府区域分配资金，使社区规划伙伴关系能够共同努力解决地区和个人贫困问题，同时帮助更多的人获得就业机会。

⑦ 见普雷斯顿菲尔德社区项目2010年年度报告。

续表

年份	基金申请情况
2011	该年度，社区项目成功获得公平苏格兰基金的拨款 5.8 万英镑。然而，虽然照顾委员会（Care Commission）① 对照顾与支持服务审查高分通过，这笔资金却仍于 2011 年 3 月结束。社区项目申请健康不公平基金（Health Inequalities Fund）作为替代资金，但未获成功。②
2012	经过几个月的申请工作，社区项目成功获得大彩票基金（The Big Lottery Fund）③ 为期 5 年的资助，用于供给每周 3 天的预防性日间服务、提供建议和支持以促进老年人在社区独立生活、发展照顾者支持服务以帮助其继续发挥照顾作用。④
2013	社区项目在南城社区中心（Southside Community Centre）为 50 岁以上的老年人开设了外展咨询服务，并从人权办公室（Rights Office）获得最后一笔资金以提供这项服务。该咨询服务通过“住房支持”（Housing Support）这项由爱丁堡市政府管理的苏格兰政府资金提供资助。⑤
2014	社区项目与爱丁堡市政府签订了一份新的合同，在未来 3 年内提供更高级别的老年失智症日间照顾服务，并资助社区项目继续提供住房支持方面的咨询服务。住房支持服务被列为爱丁堡市政府老年人策略(Strategy for Older People）的一部分。此外，社区项目与社区企业（Community Enterprise）⑥ 一起研究开发个人和家庭护理（Personal and Domestic Care at Home）服务。根据先前的经验，此类服务单纯依靠变革基金（Change Fund）⑦ 的种子资金无法实现可持续发展。爱丁堡市政府希望通过与第三部门的实质性合同弥合服务差距，并认可第三部门的服务质量，期望有更多合作。⑧

① 照顾委员会在苏格兰设立照顾督察局（Care Inspectorate）这一审查机构，以帮助改进照顾服务。该机构关注苏格兰的医疗与照顾质量以确保符合标准，发现需要改进时支持作出积极改变。

② 见普雷斯顿菲尔德社区项目 2011 年年度报告。

③ 大彩票基金每年从英国国家彩票（UK’s National Lottery）中拿出数百万英镑用于慈善事业，资金用于社区团体、健康、教育和环境项目等，现更名为国家彩票社区基金(The National Lottery Community Fund)。

④ 见普雷斯顿菲尔德社区项目 2012 年年度报告。

⑤ 见普雷斯顿菲尔德社区项目 2013 年年度报告。

⑥ 社区企业成立于 1987 年，是苏格兰最具回应性、有效性、技术性的支持提供者，旨在帮助社区和社会企业将想法转化为现实，其开发团队提供战略思考、市场研究、商业规划、评估、组织审查、社区计划和筹款等一系列支持。社区企业是一家社会企业，其 100%的利润都用于再投资以支持整个苏格兰社区的进一步发展。

⑦ “变革基金：重塑老年人照顾”（The Change Fund, Reshaping Care for Older People）是一个创新性的公共、志愿和私营部门的伙伴关系，由苏格兰政府资助。它的目标是在社区而不是机构中给老年人的照顾方式带来持久性变化。它为各个服务部门共同努力找出有效方法提供机会，帮助真正改变苏格兰老年人的生活方式。

⑧ 见普雷斯顿菲尔德社区项目 2014 年年度报告。

续表

年份	基金申请情况
2015	年度资金停滞不前，管理团队继续应对服务需求不断增长的挑战，维持服务水平不变。2014 年以来，社区项目与爱丁堡市议会的合作项目有所进展，希望提供当地居家照顾服务，服务工作人员基于普雷斯顿菲尔德邻里中心。①
2016	用于预防和护理服务的大彩票基金拨款于 2017 年 10 月到期，社区项目再次面临资金问题。自 2014 年起，社区项目参与了提供当地家庭服务（homecare）的伙伴关系，希望能够获得额外资助，用于再投资到社区项目所做的一些预防性工作中。②
2017	为期 5 年的大彩票基金的最后一笔款项已经收到，社区项目再次面临服务资金的挑战，项目协调人将工作重点更多地投入到资金延续方面。许多老年人的照顾者和家人支持慈善步行活动（Sponsored Walk），该活动筹集了超过 2700 英镑的项目资金。③
2018	该年度，大彩票基金的资助终结，社区项目开始努力寻找新的可持续资金支持。在筹资困难的环境中，需要通过经验技术与伙伴关系向潜在资助者表明服务需求非常强烈，必须继续下去。④

普雷斯顿菲尔德邻里中心的年费为 20 英镑，老年人通过向普雷斯顿菲尔德社区项目捐款成为普雷斯顿菲尔德社区项目之友。自 2000 年 4 月 6 日起以及此后的所有捐款，都被视为礼物援助捐款（Gift Aid Donations）。⑤此外，社区项目还对主要服务收取低费。普雷斯顿菲尔德邻里中心主要服务的价目如表 2—6 所示。

① 见普雷斯顿菲尔德社区项目 2015 年年度报告。

② 见普雷斯顿菲尔德社区项目 2016 年年度报告。

③ 见普雷斯顿菲尔德社区项目 2017 年年度报告。

④ 见普雷斯顿菲尔德社区项目 2018 年年度报告。

⑤ 通过礼物援助（Gift Aid）进行捐赠意味着，慈善机构和社区业余体育俱乐部每收到 1 英镑捐赠，就可以获得额外的 25 便士，而捐赠者没有额外花费。慈善机构可以要求对大部分捐赠应用礼物援助政策，同时需满足其他政策条款的要求。

表 2—6　普雷斯顿菲尔德邻里中心主要服务价目表 ①

服务名称	价格
克利本俱乐部 ② / 老年失智症日间服务（Clearburn Club/ dementia day service）	7.5 英镑 / 次
日间服务（Day Service）	7.5 英镑 / 次
只参加午餐（Lunch Only）	5.0 英镑 / 次
只参加活动（Activity Only）	5.0 英镑 / 次
个人足部护理服务（Personal Footcare Service）	15.0—20.0 英镑 / 次

二、权责角色分析

（一）角色定位

1. 政府扮演“赋权者”角色

在政府与非正式部门合作供给模式中，政府扮演“赋权者”角色。首先，从规制上看，非正式部门是非正式、非营利部门，基于情感提供服务，不追求利润，较少出现共享收益裁量权导致的公共利益受损问题，所以，政府发布的政策对它的规制性相对较弱，主要通过赋权培育社区力量。政府颁布《地方主义法案（2011 年）》③ 和《社区赋权（苏格兰）法案（2015 年）》(Community Empowerment (Scotland) Act 2015) ④，促进非正式部门发展，使其成为社区建设的能动力量。其次，从决策上看，政府下放权力，使非正式部门和公民参与社区养老服务的决策。再次，从融资上

---

① 本表的资料来源于普雷斯顿菲尔德社区项目服务宣传页。

② 克利本俱乐部为中度至重度患有失智症的老年人提供日间照顾服务。该服务须通过转介获得。普雷斯顿菲尔德社区项目将评估老年人的需求，帮助其选择最合适的服务项目，同时，还需考虑服务项目是否有空额。

③ HM Government, *Localism Act 2011, 2011*, https://www.legislation.gov.uk/ukpga/2011/20/contents/enacted.

④ Scottish Parliament, *Community Empowerment (Scotland) Act 2015*, 2015, https://www.legislation.gov.uk/asp/2015/6/contents/enacted.

看，政府通过公共基金和项目拨款为社区服务提供资金支持，允许和鼓励非正式部门自行募资。最后，从生产与递送上看，政府不从事直接生产，但为服务生产提供条件，培育和激发非正式部门的能力。

具体来说，第一，在规制方面，政府对提供直接照顾服务（如日间照顾服务）的社区组织进行督察，由照顾督察局进行服务质量监督。但是，对于许多不提供直接照顾服务的社区组织（如社区兴趣小组），政府的规制性相对较弱，主要是通过赋权激发和培育社区力量。苏格兰政府通过下放对社区公共资产的拥有权和使用权，即所有权（ownership），激发与调动非正式部门的积极性，培育非正式部门的领导能力（leadership），希望将自下而上形成的社区领导力量纳入医疗与社会照顾服务一体化的合作团队中。

> “我们希望社区具有领导力，与国家医疗服务体系委员会和地方政府一起进行好的领导，有好的团队共同工作，就能为当地居民提供最好的服务。”（苏格兰政府医疗与社会照顾一体化理事会负责人，G—3—G—L—F—36—M）

第二，在决策方面，政府对服务缺口的瞄准和战略规划的制定需要更多地将非正式部门的意见纳入其中。基层服务供给组织根据自身的实际经验提出专业性、具体化意见，对于因地制宜地规划各社区养老服务发展具有关键性作用。

> “社区组织（即非正式部门，下同）扮演着重要的角色，我们需要倾听他们的声音，因为归根结底，在提供当地服务的时候，他们是所从事领域的专家。因此，我们不应该在合作伙伴关系的层面上安排规划者，命令社区养老服务组织在某个社区提供某一种服务，而不听

那些实际上在社区中提供大部分服务的人的意见，因为他们是专家，而规划者不是。这就是为什么从底层发出的声音必须被听到的原因。”（苏格兰政府医疗与社会照顾一体化理事会负责人，G—3—G—L—M—52—M）

第三，在融资方面，鼓励非正式部门发展，不仅通过资金激励的方式，更加重要的是给予非正式部门建立与发展的动力，然后帮助有需要的社区解决资金等相关问题，提供适当的支持。赋予非正式部门对社区资源的所有权，也是增进其发展动力、应对资金不足问题的手段。

“我们可以通过明码标价的方式鼓励社区养老服务组织，比如告诉他们，如果你们这样做，就能得到5000英镑。但这不是解决问题的正确方式，因为这样就变成了钱的问题。我认为应该由社区组织自发地建立起来，再提供所需的支持。当然，钱的问题也随之而来，但不仅仅是钱的问题。”（苏格兰政府医疗与社会照顾一体化理事会工作人员，G—4—G—L—F—33—M）

第四，在服务生产与递送方面，面对经济紧缩的宏观形势与传统家庭邻里照顾式微，社区养老服务供给需要更多地动员社会力量。政府希望积极推动社区参与，让社区进行自身建设，将社区自我照顾的社区养老方式推而广之。

“社区自我照顾是我们积极鼓励的方向，社区参与就是让社区组织参与到自己社区公共利益的管理中去。”（苏格兰政府医疗与社会照顾一体化理事会工作人员，G—1—G—L—M—51—H）

2. 非正式部门扮演“凝聚者”角色

在政府与非正式部门合作供给模式中，非正式部门扮演“凝聚者”角色。首先，从生产与递送上看，非正式部门被赋予管理和使用社区公共资产的权力，集聚社区内部人力、物力资源，联合社区外部资源，组织和管理服务生产与递送。其次，从融资上看，非正式部门是资金筹集的负责人和号召者，申请政府拨款与社会慈善基金，接受社区居民的捐款捐物，向服务使用者收取基本服务费用，保证机构的可持续运转。再次，从决策上看，非正式部门是议员了解社区老年人需求的重要平台，是老年人参与服务规划和递送决策的组织依托，是社区领袖代表社区老年人利益与政府及其地方合作伙伴协商的基层单位。最后，从规制上看，非正式部门受到政府政策的规制较弱，其提供的照顾服务受到督察机构的质量监督，并根据评估与建议不断提高服务质量。

具体来说，第一，在服务生产与递送方面，非正式部门填补了政府和私营部门无法填补的空白。社区的内生力量自发组织起来，在自己的社区内照顾亲朋和邻里。

随着社会经济发展和交通的日益发达，社区逐渐由熟人社会变成陌生人社会，社区邻里间的情感关系日趋淡漠，社区内部的网络关系逐渐被更大范围的社会网络的扩张蚕食。非正式部门依靠传统社区的认同感与情感关系来凝聚社区资源，保留社区中一些简单的活动给予老年人情感支持。这对于长期居家、活动能力受限的老年人来说，是增加社会融入、降低孤独感的重要内容。

“在一些小型社区，独立部门（即私营部门，下同）、地方议会和法定部门（即地方当局，下同）都不在经济上参与其中（当然，地方当局也会参与，因为它有责任为有需求的社区提供帮助）。但是，当地社区可以组织起来，很好地照顾自己。”（苏格兰政府医疗与社会照

顾一体化理事会负责人，G—3—G—L—M—52—M）

“爱丁堡附近在历史上有很多采矿社区，社区内的各个家庭可以照顾自己并相互帮助，不需要志愿部门和法定部门。而现在，爱丁堡与格拉斯哥之间开辟了高速公路和铁路，形成了现代的“通勤性”社区。社区居民每天忙着上班，甚至不认识隔壁邻居。对于老年人而言，简单的社区活动，如午餐俱乐部、社交小组等，能够帮助他们丰富生活、交流感情，重塑社区邻里照顾功能。”（普雷斯顿菲尔德社区项目协调人，I—1—O—M—F—65—M）

第二，在融资方面，由于非正式部门属于非正式、非营利部门，其运行与发展依靠多元化的资金来源。作为筹资者，非正式部门持续向政府、社会融资，申请政府公共基金、社会慈善基金，并通过组织公益活动募资，将所获资金投入社区养老服务生产与递送中。由于政府基金支持多为阶段性资助，缺乏连续性，加之在经济紧缩的环境下，非正式部门面临着公共资金的收缩及不确定性，因而在申请政府资助的同时，非正式部门也向社会寻求资金支持，包括申请慈善基金、向社会公开募捐等形式，以弥补资金不足。此外，非正式部门适当向服务使用者收取费用，以维持机构正常运行。

“申请资助是我的重要工作，我每年都要关注不同的慈善基金，撰写基金申请书，为机构筹资，尽量保持我们的服务项目不因资金不足而缩小。我们一直与政府保持比较密切的关系，向政府证明我们的服务对于社区老年人是有价值的，希望政府能够继续资助我们。”（普雷斯顿菲尔德社区项目协调人，I—1—O—M—F—65—M）

第三，在决策方面，非正式部门是政府与居民互动平台的搭建者，受到议员的长期关注，是其了解社区老年人生活情况、倾听选民诉求的场所，也是老年人及其利益相关者表达意见、提出诉求的重要渠道。非正式部门是政府地方治理的合作伙伴，代表社区老年人的利益与政府协商，是老年人参与服务规划与递送决策的集体代表。同时，非正式部门是社区居民参与社区服务决策的平台。

> “我很重视与政府部门交往的重要性，常常邀请议员来参加活动，如‘照顾者交流之夜’‘夏威夷主题聚会’等，让他们了解我们的会员（老年人）面临的困难以及我们提供服务时所需的帮助。他们很愿意过来，也想获得我们的选票支持。”“地方当局邀请我参加远景设想、社区规划方面的论坛。我作为社区代表表达居民的偏好，对当地老年服务的发展产生影响。”（普雷斯顿菲尔德社区项目协调人，I—1—O—M—F—65—M）
>
> “社区项目设立居民代表制度，在社区中选举居民代表，加入社区项目管理团队，参与服务递送决策，形塑所在社区的老年服务。”（普雷斯顿菲尔德社区项目协调人，I—1—O—M—F—65—M）

第四，在规制方面，非正式部门受到的政府规制较弱，主要体现在独立督察机构对老年人照顾服务的质量监督与业务指导。不是所有的非正式组织都受到督察机构的规制性管理，是否受到督察取决于其是否直接为弱势群体提供照顾服务。非正式部门的非正式性在不同组织间差异较大。组织越正式，提供的服务专业性就越强，受到规制的程度也越高。受到督察的非正式组织凝聚管理与服务力量，根据督察机构的规范性要求改进服务，根据其建设性意见优化服务。

> “对于老年失智症患者的日间照顾等直接面向弱势群体的照顾服务，照顾督察局进行年度抽检，测评报告对服务的规范和改进具有指

导作用。”（普雷斯顿菲尔德社区项目日间照顾服务负责人，I—1—O—L—F—46—M）

3. 服务使用者扮演“参与建设者”角色

在政府与非正式部门合作供给模式中，服务使用者扮演“参与建设者”角色。首先，从生产与递送上看，服务使用者作为志愿者参与非正式部门服务递送，发挥自己的专长为社区组织贡献力量，通过与社区组织成员互助互惠融入社区生活，实现自身价值。其次，从融资上看，服务使用者向非正式组织捐款捐物，并交纳一定服务费用，共同为组织的运行与发展助力。再次，从决策上看，服务使用者参与社区组织管理，共同决定服务递送与规划，对社区服务决策具有控制权。最后，从规制上看，服务使用者的意见被纳入服务结果测量体系，在评估者、服务管理者等专业人士观点的基础上加入服务使用者的意见，改进服务结果的测量方式，由服务使用者共同塑造服务。

具体来说，第一，在生产与递送方面，服务使用者作为志愿者参与非正式组织的服务递送，以志愿者的身份利用闲暇时间、发挥自己的特长爱好，丰富非正式组织的服务内容，增加服务递送中的人力支持，也提升了服务使用者的获得感、融入感与归属感。非正式组织保障志愿参与不受志愿者身体因素的限制，最大限度便利其参与志愿活动，融入社区生活。

“我是社区项目的会员（即服务使用者，下同），2 年前患上了抑郁症，后来因为治疗用药导致过度肥胖，行动不便。我现在每天都推着助步器过来，帮着工作人员布置现场，为其他会员服务。做志愿者对我帮助很大，增进了我与外界的交流，让我感受到自己的价值，逐渐走出抑郁。”（普雷斯顿菲尔德社区项目服务使用者 / 志愿者，I—1—V—F—66—M—G）

“我爱好美术，现在作为志愿者在艺术小组活动中与美术老师一起指导大家画画。能够将我的知识分享给大家，我觉得很有成就感。”（普雷斯顿菲尔德社区项目服务使用者/志愿者，I—1—V—M—77—M—P）

第二，在融资方面，服务使用者除了交纳基本的服务费用之外，还以捐款捐物的方式回馈非正式组织，将非正式组织作为大家共同的家园，共同维护与完善非正式组织的设施，营造更好的服务环境。

“活动大厅中的钢琴是一位会员捐赠的，他常常在这里弹琴，大家围坐在旁边唱歌，这是我们艺术小组的保留节目。一位多年的会员还将自己遗产的一部分捐给了社区项目，作为房屋修缮基金留给他在这里的伙伴们。”（普雷斯顿菲尔德社区项目协调人，I—1—O—M—F—65—M）

第三，在决策方面，服务使用者参与非正式组织的管理工作，以客户小组的形式加入管理团队，与组织负责人共同商讨服务递送中存在的问题，规划服务的改进方向，制定和优化服务方案，共同决定非正式组织服务递送与规划事宜，增强了服务使用者对服务的掌控性。

“客户小组定期举行季度会议，讨论服务使用者反映的问题，与项目负责人共同商议服务递送中需要改进的问题，如饮食标准、交通方式、活动组织等问题，提出服务使用者感兴趣的活动并进行方案设计，如夏季出游计划、读书俱乐部组建等。”（客户小组2018年8月季度会议纪要，普雷斯顿菲尔德社区项目客户小组成员，I—1—U—M—80—M—A）

第四，在规制方面，服务使用者及其照顾者的意见被纳入督察机构的服务质量评估体系中，且投诉渠道连接了服务使用者与督察机构及行政管理部门。服务使用者通过评价和投诉等方式参与服务规制，共同促进服务质量的提高。

“照顾督察局在年度检查中通过调查问卷的形式，收集日间照顾服务使用者及其照顾者（即老年人的配偶、子女等非正式照顾者，下同）对服务的意见，了解服务对他们生活质量、健康与幸福感的影响等。服务使用者的投诉渠道是否畅通、年度投诉累计情况与投诉内容也被纳入评估项目中。”（2016 年 3 月照顾督察局关于普雷斯顿菲尔德社区项目日间照顾服务的检查报告）

（二）权责结构

1. 政府具有社区领导权，承担培育社区组织的责任

在政府与非正式部门合作供给模式中，政府具有领导社区的权力，承担扶植和培育非正式组织发展的责任，通过赋权非正式部门，使其与政府共享权力、共担责任。政府遵循网络化社区治理的地方治理方式，地方政府被视为社区领导。在与利益相关者的伙伴关系中，地方政府具有决定地方事务优先次序的权力和表达社区关切的权力。同时，地方政府承担着促进社区目标实现的责任，负责引导辩论、塑造共享理念，帮助非正式部门寻找与协调所需公共和私人资源，以实现公共目标。①

第一，从权力角度看，地方政府具有社区领导权，有权引领地方治

① ［英］格里·斯托克：《转变中的地方治理》，常晶等译，吉林出版集团股份有限公司 2015 年版，第 151 页。

理，自由地与各类组织合作，与社区和公众充分互动，积极创新以满足居民需求。具体而言，权力下放给予地方政府更多自由性与灵活性，使地方政府真正响应当地选民的需要而不是中央政府的命令；允许议员积极参与地方讨论，以更好地代表选民，就选民关心的问题采取行动。《地方主义法案（2011 年）》鼓励议员积极参与地方讨论，丰富民主辩论，充分与选民交谈，了解公民的需求和关心的议题，以更好地代表选民，并赢得选民的支持。① 此外，政府工作人员也常常深入基层了解社区服务供给情况，通过直接沟通了解基层的真实需求。

> "议员每周都会组织选民见面活动（advice surgery），该选区的选民都可以参加，直接与议员面对面，谈论选民关心的事务，这已经成为惯例。议员们通过这种方式了解民意，同时也创造了与公众见面的机会，宣传自己。"（普雷斯顿菲尔德社区项目工作人员，I—1—O—L—F—46—M）
>
> "政府部门工作人员深入到基层，与各利益相关方交流，了解那个层面上的所有服务供应方的情况，并进行更有意义的对话，建立自下而上的关系，在合作伙伴层面上形成整体计划。"（苏格兰政府医疗与社会照顾一体化理事会负责人，G—3—G—L—M—52—M）

第二，从责任角度看，政府承担着培育非正式部门发展的责任，帮助个人、家庭和社区找到解决其自身问题的方案，提供资源和机会去帮助他们，促成其方案的实现。具体来讲，政府一方面培育非正式组织在社区的内生性发展，另一方面给予非正式组织工具性支持。政府部门认为，依靠

① HM Government, *Localism Act 2011*, 2011, https://www.legislation.gov.uk/ukpga/2011/20/contents/enacted.

社区身份认同由社区自我照顾的时代已经远去，非正式部门的服务生产与递送也需要政府介入。不同的社区具有各自的个性化特征，社区养老服务需求在各社区也有所不同，所以，不能由政府直接安排或指定服务，应该通过政策引导鼓励发展自下而上、内生而成的社区非正式组织，从社区本身开始建设，而不是以外力强加于社区。政府部门通过对非正式组织的支持制度化，给予其发展的工具。

> “我们通过立法来鼓励社区，给予社区工具，让人们能够在社区提供自己需要的服务。我不能说有一个既定的蓝图，因为社区位于不同的地区，有不同的人口特征，也有不同的需求。”（苏格兰政府医疗与社会照顾一体化理事会负责人，G—3—G—L—M—52—M）

第三，从政府与非正式部门的权责关系来看，政府通过下放权力、对社区赋权增能，使非正式部门与政府共享权力、共担责任。具体而言，政府通过鼓励社区提升领导力、积极使用权力与承担责任，为社区增能创造环境，使非正式组织成为社区养老服务供给的强大力量，保障服务供给目标的实现和效能的提高。

> “我们可以试着去影响社区中自下而上的组织行为，最终还是会归结为领导能力和所有权。如果可以通过提高社区的领导能力将责任和所有权向下委派，那么，各个地方社区就可以接手责任和权力，这是地方政府应该鼓励的。我们所能做的就是努力创造环境，让这种领导力得以建立。”（苏格兰政府医疗与社会照顾一体化理事会负责人，G—3—G—L—F—36—M）

2.非正式部门具有集聚社区资源的权力，并承担提供社区服务的责任

在政府与非正式部门合作供给模式中，非正式部门具有法律赋予的一系列对社区资源的控制权、所有权与发言权，相应地承担着动员社区资源为社区老年人提供服务的责任。

第一，从权力角度看，为了使社区非正式组织及居民更充分地参与社区服务规划，《地方主义法案(2011年)》赋予社区和个人“社区挑战的权利”和“社区投标的权利”。前者赋予社区组织挑战和接管地方政府服务的权利，允许其通过竞标的方式采购服务；后者赋予社区组织购买具有社区价值的资产，使社区公共用地得以保留，为社区生活提供空间。①在此基础上，苏格兰政府通过《社区赋权（苏格兰）法案（2015年)》赋予社区组织对社区土地和建筑物的所有权与控制权，加强社区组织在公共服务决策中的发言权，并在参与社区规划、协助公共服务递送、购买社区资产、决定公共利益资产使用、参与公共决策等方面赋予社区组织权力（利）。②

“我常被邀请参加政府组织的多部门论坛，代表社区组织，与社区医院、警署等部门的代表一起商讨社区设施改造和服务改进等问题，使社区更适合老年人生活，以政府合作伙伴的身份参与社区服务规划决策，共同商讨优化服务的方案。”（普雷斯顿菲尔德社区项目负责人，I—1—O—M—F—65—M）

第二，从责任角度看，非正式部门承担着提供社区公共服务的责任，

---

① HM Government, *Localism Act 2011*, 2011, https://www.legislation.gov.uk/ukpga/2011/20/contents/enacted.

② Scottish Parliament, *Community Empowerment (Scotland) Act 2015*, 2015, https://www.legislation.gov.uk/asp/2015/6/contents/enacted.

通过凝聚民众的力量、发动志愿者参与，提供具有创新性、有效性的社区公共服务，创造出适合老年人居住的社区。

> “普雷斯顿菲尔德社区项目已经陪伴了社区老年人 27 年，是社区老年人生活中重要的一部分。无论有多困难，我们都在努力提供最好的服务，尽全力维持服务的规模，因为我们的服务与社区老年人的生活息息相关，我们有责任为他们的社区生活带来亮色。”（普雷斯顿菲尔德社区项目日间照顾服务负责人，I—1—O—L—F—48—M）

3. 服务使用者具有参与权，并承担互助的责任

在政府与非正式部门合作供给模式中，服务使用者享有作为公民进行民主参与的政治权利，享有作为社区居民参与社区规划的权利，享有作为社区养老服务使用者参与服务规划及递送的决策和规制的权利；承担着社区互助的责任，通过志愿参与社区服务、为社区组织筹资捐资、为社区建设出谋划策等方式同政府和非正式部门共担责任。

第一，从权利角度看，首先，服务使用者享有作为公民进行民主参与的政治权利。权力下放使苏格兰地区的选区议员数量增多，有更多议员能够在社会照顾领域带来影响，推动政策的制定与更新。议员与公民的互动更加频繁，议员积极与社区老年人对话，老年人有更多机会向议员发表意见、提出诉求，老年人作为公民享有的政治权利得到了更好的维护。

在此类参与形式中，公民的意见影响着所属选区这一集体单位中的服务规划与递送，属于使用者卷入象限划分中的第三和第四象限。该参与形式处于公民参与阶梯的象征主义阶段，介于咨询式参与和安抚式参与之间，征求公民的意见被纳入法定程序中，公民具有发言权，而对于公民建议的合法性与可行性判断由政府进行。这一参与形式与其他更高梯级的参与形式共同发挥作用。

“我所在的选区有1位英国议会议员，还有1位苏格兰议会议员、7位苏格兰议会地区议员，共有9位议员来代表我们，还有许多不同的政党，有3到4位市议员。我可以向很多人求助，面见选民是议员的责任与义务。所以，在苏格兰是可以真正接触到议员的，我可以与他们交谈，并发表意见。”“现在在苏格兰，任何公民都可以去见他们的政治代表，只需要打电话到办公室，就可以安排访问，这已经不再是一个很大的障碍。在过去，我们只有1位议员，他大多数时间都在伦敦，因为他周一要去伦敦，周五晚上才回来，每周可能只有半天时间在自己的选区里，然后就又要返回伦敦。现在，苏格兰有12到13位议员都对社会照顾工作有一定影响力；而在英格兰，可能最多只有4位议员。所以，我认为苏格兰很好，有足够多的议员能够在养老服务事业方面带来影响。”（普雷斯顿菲尔德社区项目负责人，I—1—O—M—F—65—M）

其次，服务使用者享有作为社区居民参与社区规划的权利。《地方主义法案（2011年）》给予社区居民决定自己生活的影响力：一方面取消政府官僚层级对社区不负责任的影响，使政府的行政权力在社区层面退后，主张政府与其他公共机构合作，反映真正的公共利益；另一方面，赋予社区居民制定邻里规划的权利，制定社区规划愿景，包括住宅和企业的地区授权规划等，由政府提供相应的技术与资金支持，这使社区居民在社区规划与发展方面的决定权向前推进。① 在此类参与形式中，公民的意见影响着社区这一集体单位中的服务规划与递送，属于使用者卷入象限划分中的第三和第四象限。该参与形式处于公民参与阶梯的权利阶段，属于伙伴式

① HM Government, *Localism Act 2011*, 2011, https://www.legislation.gov.uk/ukpga/2011/20/contents/enacted.

参与，公民能够真正介入社区邻里规划决策。在法律的规范下，公民与地方当局之间重新确立权力界限，分担社区规划与决策的责任。

最后，服务使用者享有参与服务规划及递送的决策和规制的权利。一方面，老年人以个人为单位，参与决定自己的照顾服务规划和服务递送方式；另一方面，老年人作为老年群体的一员，在社区非正式组织中以集体的形式，参与决定当地养老服务的规划和服务递送方式。此外，督察部门还通过设置投诉渠道、在评估中吸纳服务使用者意见等方式，维护老年人参与规制的权利。在此类参与形式中，公民的意见影响着个人和社区服务的规划与递送，包括使用者卷入象限划分中的所有象限。该参与形式处于公民参与阶梯的权利阶段，介于委托式参与和公民控制式参与之间。在社区非正式组织的运行中，公民具有多数席位，享有决策权、控制权和对项目的问责权。由公民组织项目的规划与管理，资金管理扁平，中间环节较少。

> “我可以在社区项目提供的服务中任选适合自己的服务，可以提出自己的特殊需求，如接送方式、午餐口味等，他们会特别关照。”（普雷斯顿菲尔德社区项目服务使用者，I—1—U—F—76—H—P）“在客户小组中，我们共同规划每个季度的活动内容，根据会员提出的问题讨论如何改进服务，如社区幼儿园访问活动形式等。”（普雷斯顿菲尔德社区项目服务使用者 / 客户小组成员，I—1—U—F—76—H—P）
>
> “社区项目就是老年人汇聚意见，以社区老年人群体的名义向地方政府反馈意见的渠道。无论是通过组织负责人代表，还是在社区活动中由会员直接与议员沟通，我们的意见都能传递到地方服务规划中。”（普雷斯顿菲尔德社区项目负责人，I—1—O—M—F—65—M）

第二，从责任角度看，服务使用者承担着互助的责任。政府通过社区赋权，将权力（利）下放给社区和公民，社区和公民也承担起相应的责任。服务使用者一身二任，同时承担着协同生产方的责任，通过参与志愿服务，将专长与爱好投入到为社区邻里服务中；通过募资捐资，为社区组织筹集资金，为维持社区服务的资金支持贡献力量；通过积极为社区服务规划建言献策，共同守护社区家园。

三、结构功能分析

（一）多元化筹资与弹性化发展以适应环境挑战

在经济紧缩的环境下，资金的不确定性给社区养老服务组织的稳定发展带来挑战。这不单是社区组织面临的问题，也是苏格兰政府和各地方政府共同面临的问题。面对政府资金支持不足的压力，非正式部门使用了多元化的筹资方式，动员了更多的社会力量，力图保证相对稳定的服务供给水平。

具体来讲，苏格兰政府的大部分资金来自英国政府和议会，经济紧缩使英国政府的拨款具有不确定性，因而，苏格兰政府在资金层面上也存在不确定性。同样，地方政府主要是由苏格兰政府资助的，英国国家医疗服务体系委员会完全是由苏格兰政府资助的，所以，医疗与社会照顾服务的资金也面临不确定性。对资金的不安全感，在各层级政府和受到相应资助的各服务生产方之中都不同程度地存在。受到紧缩的财政政策影响，用于支持社会公共服务的资金缩减，政府在财政支持方面不得不收紧口袋。

> “在经济紧缩的时候，包括第三部门、企业在内的独立部门(independent sector)[①]都感到存在不确定性。当钱不紧张时，我们对财权的

① 独立部门指的是不属于英国地方或中央政府的非法定机构，根据法律负责提供医疗与社会照顾服务。独立部门包括私营（即商业）企业以及志愿、慈善或非营利组织。

控制就会更宽松，就会比现在提供更多的资金支持。”（苏格兰政府医疗与社会照顾一体化理事会负责人，G—3—G—L—M—52—M）

在政府削减公共支出的背景下，小型社区非正式组织相比大型慈善机构而言遇到更加严峻的经费危机。政府倾向于向大型的、在较大范围内具有知名度的慈善机构外包服务。大型慈善机构在获得政府资助方面占有优先地位，与政府部门保持长期合作。相对而言，小型社区非正式组织在申请政府资金过程中处于弱势地位，因而饱受资金不稳定、不持续的压力。为了赢得政府的关注与认可，争取政府资金的持续性支持，非正式部门积极与政府保持密切关系，宣传社区服务，向政府反馈社区诉求，谋求与政府的长期合作。

“对于我们这样的小型组织来说，资金问题令人担忧。作为项目负责人，我的大部分精力都投入到资金申请中。资金期限从 1 年、3 年到 5 年不等，我们每年或者每隔几年都需要申请资助，这是个非常困难、相当有压力的过程。”（普雷斯顿菲尔德社区项目负责人，I—1—O—M—F—65—M）

与此同时，为了弥补政府资助的不足，非正式部门向社会慈善基金筹资，选择与自身服务内容和宗旨相一致的慈善基金资助领域进行申请，依靠社会力量谋求组织发展。此外，非正式部门具有较强的适应力，在资金紧缺的情况下一定程度上减少员工数量、缩小服务规模，当资金充足时再恢复服务规模。为了应对经济紧缩的环境，非正式部门的适应手段体现出一定的商业管理色彩，通过控制成本、参与基金申请竞争等方式维持组织生存。

“是否能得到资助取决于信托基金的资助偏好，他们今年可能会关注某个领域，如提供失智症服务或照顾者服务等，但明年又会专注于其他事情。我们需要将自己的服务内容与对方的资助领域进行匹配。”（普雷斯顿菲尔德社区项目负责人，I 1 O M F—65—M）

（二）情感驱动与社区赋权以达成公共目标

非正式部门具有非营利性和非正式性，其部门属性决定了非正式组织的运行受到情感的支配。其动机不是出于经济理性或实质理性，而是出于情感。① 非正式组织得以建立的关键动力往往由社区积极分子对社区居民的情感来决定。其运行也依赖社区中亲朋好友的生活环境，而不是公民身份这一正式定义之下形成的陌生人世界。因此，非正式部门的服务能够给予社区老年人情感慰藉，并凝聚社区的支持性力量，帮助老年人融入正常化的社区生活中。

“我从 27 年前就开始在这里工作。那时候，我在社区里非常活跃，经常参与社区事务，是租户协会的秘书，还参与邻里中心的工作。普雷斯顿菲尔德是一个老年人社区，70%的居民都达到 60 岁以上。当时，我发现这个社区里都是老年人，很多房子都是政府公屋（council houses，即英国市、镇、郡等地方当局营造的简易住宅），几乎每家都有一个滴水的水龙头，虽然不是多么重要的事，但真的会让人发疯。每次，我都会打电话找工作人员帮忙修理，但房屋管理处总是不帮忙。所以，我去了当地的议员那里，议员打电话，他们就必须

① Robert A. Pinker, “The Experience of Citizenship: A Generational Perspective”, in *Social Policy and Welfare Pluralism: Selected Writings of Robert Pinker*, John Offer & Robert A. Pinker (eds.), Bristol: Policy Press, 2018, pp. 225—238.

解决问题。就这样，我成为倡导者（advocate），为了帮住户解决问题而发声。”（普雷斯顿菲尔德社区项目负责人 / 发起人，I—1—O—M—F—65—M）

“我们的组织得以建立，最初是源于这样一件事。有人找到我，问我能不能去看看一位女士，她的状况非常糟糕。后来，我去看她，发现她就住在蓟花基金会附近，我小时候也住在那里。其实，她原来与丈夫一起住在由军队资助为战争伤员建立的保障房里，男方是一名残疾军人。那里的住房条件很好，有滑动门和遥控设备，还有很大的卧室、起居室和花园，房子很漂亮。虽然社区环境比较封闭，但里面有残疾军人所需要的一切。社区中有一个游泳池，有职业治疗师（occupational therapist）和理疗师（physical therapist）提供治疗服务，还有各种各样的专家为残疾人工作。社区里有200多栋房子，每户人家都有一个残疾人，他们拥有众多的资源，而这一切都是由军团和部队赞助的。

然而后来，一切都不同了。女主人在50多岁的时候被诊断出患有恶性综合征（NMS, Neuroleptic Malignant Syndrome）。男主人发现妻子患病后，因为不想要一个残疾的妻子，就和她离婚了，所以，女方不得不搬家。她在受到支持的环境下与丈夫一起生活了那么多年，突然被扔到了另一个社区，人们给那条街取绰号为‘棺材巷’，因为住在那里的人不是残疾就是快要死了。这位女士搬到了一间平房，社区里没有任何资源，家里的所有事情都由她自己来做。每周有一次上门服务帮她购物，因为她自己无法出门。她拄着两根拐杖，或坐在轮椅上，向下要经过三段阶梯、向上要经过两段阶梯才能到达一条小路。她想出门看看周围的环境，但没有人能够帮她。

从那时我就在想，我们该做些什么？我们需要做些事情来改变社区老年人的生活，让他们了解到自己有权获得的一些福利。所以，我找到一名议员以及几位参与当地音乐节管理的社区工作者一起商议，决定我们需要组成在本地区有一定权威的社区工作者或社区项目。他们可以成为社区老年人的代言人，帮助老年人得到福利、填写表格，并在他们需要的时候为他们做一些事情。前面提到的那位女士本来应该住在庇护所（sheltered housing，即专为老弱人士设计、提供公用设施和一名护理员的保障性住宅）里，有一位楼长，有一套综合设施，还有公共休息室。她可以在那里与其他人交谈，这样就能减少社会孤立。后来，在议员的帮助下，我们成功地让她搬了家。

从那时起，我们成立了督导小组（steering group），在此基础上成立了管理委员会（management committee），并向社会工作部门争取资金。得到资金资助后，我们创建了这个社区项目。我们雇佣了两名员工提供医疗服务，有一个临时办公室设在以前的社区中心，为居民提供服务。这意味着居民有任何呼吸问题或行动不便的问题，都能见到我们，我们大部分的工作就是去拜访这些家庭。几个月后，我们搬进了教堂的一个房间，开始提供咨询服务。我还保存了社区项目刚成立时的一段录像，那是在圣诞节当天，我清楚地记得我们用摆渡车将社区老年人从家里接来参加圣诞派对。经过 27 年后，这段视频中只有 6 位老人还在世。”（普雷斯顿菲尔德社区项目负责人，I—1—O—M—F—65—M）

照顾服务是需要投入感情的服务，属于情绪劳动（emotional labor）。不是所有的情感投入都能获得报酬。有些情感交流发生在家庭或其他私人互动中，被视为无薪的“情绪工作”，往往带有自愿和关怀的内涵，是为公众利益服务。① 社区照顾以情感动机为基础，在社区积极分子对社区居

① Angus McCabe & Jenny Phillimore (eds.), *Community Groups in Context: Local Activities and Actions*, Bristol: Policy Press, 2018, pp.270—271.

民需求的充分理解与情感投入之下形成社区行动的动力和目标，因而，社区组织的目标往往与社区的公共利益相一致，贴近社区居民的实际需求。非正式组织擅长将原子化的孤立个体联结起来，克服社会孤立，起着社会黏合剂的作用。[①] 在老年人社区照顾方面，非正式组织对于加强对非失能、半失能老年人的社区支持，提高老年人独立生活的质量，帮助老年人融入社会，有着不可替代的作用。这与政府的预防性目标具有内在一致性。

然而，非正式部门发展与服务供给的可持续性仅仅依靠情感难以维持。在政府与非正式部门合作供给模式中，政府通过赋权社区给予非正式组织集聚社区资源提供服务的权力，调动社区自身力量提供服务，以实现组织目标。为了进一步促进非正式部门的服务供给实现公共目标，政府根据公共目标设置外包项目，资助非正式部门提供服务，确保公共目标的达成。

> “我们的克利本俱乐部（Clearburn Club）专门为中度到重度老年失智症患者提供日间照顾服务。这部分服务长期受到政府的资金支持，是政府增强老年人预防性服务（preventative service）举措的一部分。”（普雷斯顿菲尔德社区项目负责人，I—1—O—M—F—65—M）

（三）提升非正式部门影响力以整合社区力量

非正式组织的行动力常常被政府或其他正式性更强的部门所低估。实际上，非正式组织在单一社区中的影响力远远超过正式部门，有名气的正式组织在社区中的作用往往是“隐形”的，而在名气上“隐形”的非正式组织在社区中却可能是最活跃的。根据阿尔科克对福利混合经济中各部门

① Angus McCabe & Jenny Phillimore (eds.), *Community Groups in Context: Local Activities and Actions*, Bristol: Policy Press, 2018, p. 55.

空间关系的划分，非正式部门是最靠近社区和公民的部门。与政府部门和相对专业化、正规化的大型慈善机构不同，非正式组织关注社区的自身利益。组织领袖与核心成员长期在社区层面工作，与社区居民共享同一生活空间，其个人生活与作为社区积极分子的公民生活（civic lives）界限模糊，几乎融为一体，对社区居民的需求了解充分，能够充分共情。非正式组织拥有丰富的经验性知识，由社区领导，为社区服务，与社区居民形成利益共同体，因而能够赢得居民的信赖和尊重，解决社区中的敏感问题，避免对特殊群体污名化的风险。①

非正式组织的"超本地化"（hyper-local）"团体内部性"（intra-group）特点使其在单一社区中拥有强大的影响力，能够敏锐地了解到政府尚未发现的问题，但由于视野和认识的局限性，非正式组织难以将社区层面的问题置于更大的政策框架下，与面临类似挑战的其他组织建立联盟并获取网络资源。为了充分发挥非正式组织在社区事务中的优势以整合社区居民的力量、获取社区资源与信息，同时克服其缺乏远见与整体性政策视野的劣势，苏格兰政府提高非正式部门在地方合作伙伴关系层面的影响力，通过立法赋予其发言权和参与决策权，提升其在医疗与社会照顾服务供给中的地位，让社区非正式组织在决策坐席上拥有席位，保障非正式组织的声音可以被听到。

2011 年，苏格兰政府设立变革基金，通过医疗卫生委员会（Health Boards）拨款 8000 万英镑，用于社区层面的医疗与社会照顾服务，并将非正式部门和第三部门作为重要的参与方，为其设立正式的席位。苏格兰政府比较彻底地重新设计了各部门提供服务的方式，要求地方议会、医疗卫生委员会与社区非正式组织及第三部门等合作伙伴展开合作，共同制定

① Angus McCabe & Jenny Phillimore (eds.), *Community Groups in Context: Local Activities and Actions*, Bristol: Policy Press, 2018, p. 58.

资金使用计划，且计划必须由社区非正式组织和第三部门签署。这使社区非正式组织第一次在合作伙伴关系中拥有席位和发言权，可以影响政府公共资金的使用方式。

> “变革基金的设立对于提高社区组织的社会影响力起到了重要作用，其中大部分资金都用在了第三部门和社区组织的发展上。与过去相比，我们正在前进。在五六年间，社区组织从什么都没有到获得真正的影响力，现在通过立法确保了这一影响力，保证他们的声音被听到。”（苏格兰政府医疗与社会照顾一体化理事会负责人，G—3—G—L—F—36—M）

由此，政府通过提升非正式部门在政策制定与服务规划中的地位，使非正式部门能够更好地理解政府的宏观政策意图，同时使地方政府及时全面了解社区信息，以利于通过与非正式部门的合作有效整合社区力量。

（四）自治与互助以维持模式运行

非正式部门和第三部门同属于非营利部门。与私营部门不同，非营利部门不是由利益驱动，而是由价值驱动，以合作（cooperation）与团结（solidarity）的理念为导向，努力提高社区凝聚力，加固社会照顾的地方网络。非正式性、非营利性、独立性、志愿性是非正式部门的定义性特征。

第一，非正式部门相对独立地承担社区内部治理和资金筹集的责任，是实现社区自治的重要方式。一方面，非正式部门对于社区内部核心议题充满热情，对于社区服务的理念与方式具有信念感，往往不追求组织规模的扩大化和运行方式的正规化，而是认为小型的、基于所在社区的服务是组织成功的关键，而扩大组织规模会使其与所在社区疏远，失去组织“由本地居民为本地服务”的自治属性。因而，维持非正式部门的小型化、本地化，对于因地制宜地供给社区服务、发动社区力量灵活开展社区自治具有重要意义。另一方面，非正式部门在筹资中的相对独立性，有利于其独立价值的实现。2008 年全球金融危机以来，英国的经济紧缩与公共开支缩减导致非正式组织难以获得公共资金支持，而大型慈善机构仍然能够从政府部门指定的外包项目中获得资助。政府资助一定程度上意味着损失部分自治性、独立性、多元性以及对公众非常重要的“不受统治的空间”（ungoverned spaces），而非正式组织在融资方面的独立性使其价值独立更容易实现。

> “当我们资金独立时，我们可以专注于自己想要做的事情，不接受外界力量的指令，不用向出资方作出承诺，也不用考虑出资方的项目递送目标。”（Ecas 社区服务组织[①]负责人，T—4—O—M—M—37—M）

第二，互助文化的培育是非正式部门开发和利用社会资本、激发社区活力以实现社区重塑的精神动力。社区自组织注重培育自立（self-reliance）与互助（mutual support）文化，很大程度上依靠志愿者的力量，由于不需要向志愿者发放薪水，所以，成本效益较高。与大型慈善机构的志愿者不同，社区自组织的志愿者往往来自社区成员，其志愿形式具有非正式性、活跃性、灵活性与回应性。同时，社区自组织往往需要自给自足，它们更加专注于获取所在社区的资源，包括实物或捐款等，这使组织发展更具灵活性。非正式部门注重建立社交关系并利用社会资本，在人力与资源方面

① Ecas 是为成年残障人士提供治疗性、学习性、社交性服务的社区服务组织，其成员中较大比例为老年人。

存在“物物交换”（barter）的互助方式，来自朋友、家人、社区成员善意的“礼尚往来”也为社区自组织的运转注入了动力。

“在经济紧缩时期，我们更加注重社区内部的团结，利用我们已经有的资源去做想做的事，在满足居民需求方面更加高效。”（普雷斯顿菲尔德社区项目负责人，I—1—O—M—F—65—M）

“社区资源不拘形式。对于服务类与活动类的组织，它们常常利用社区的实物资产（physical asset），如活动大厅等空间资源，也包括社区募捐的资金。”（普雷斯顿菲尔德社区项目工作人员，I—1—O—L—F—46—M）

“我们双方建立了长期的互访关系，孩子们很喜欢与老人们一起玩游戏，跨年龄互访成了我们的传统项目。”（小猴子幼儿园互访活动负责人，I—1—O—S—F—41—M）

“我参加这里的活动快有10年了，这里的朋友们给我的生活带来了很多快乐。我把我的钢琴捐了出来，让大家在这里弹琴唱歌、分享乐趣。”（普雷斯顿菲尔德社区项目服务使用者，I—1—U—F—83—M—P）

四、价值目标分析

（一）通过社区互助推动老年人融入社会

在政府与非正式部门合作供给模式中，社区互助对于增进老年人社会融入具有积极作用。老年人作为社区居民参与非正式部门的服务递送，以志愿者和兼职工作者等身份贡献自身资源，包括专业技能、特长爱好、时间精力、情感投入、财物捐助等，参与的服务内容包括餐饮供应等日间照顾服务、绘画美工等趣味活动、时事交流等终身学习活动。非正式部门为老年人参与社区服务创造条件，特别关注面临困难和障碍的老年人，比如行动不便、身患疾病等面对较高社会隔离风险的老年人，通过鼓励其参加志愿服务增强其价值感、增加其社会交往机会，使其以参与服务生产的方式融入社会，降低社会隔离风险。

（二）通过社区自治为老年人赋权增能

在政府与非正式部门合作供给模式中，老年人作为服务使用者参与非正式部门的管理，社区非正式组织成为老年人行使民主权利的平台；同时，老年人承担起控制与管理需求、为社区建设贡献力量的责任。

从权力角度看，为了提高公民参与福利服务协同生产的水平和可持续性，政府通过推动自助小组、社会服务合作社等多种形式的小型的、高度自治的组织提供服务，以促进服务使用者以正式的、集体的、民主的方式开展互动。社区非正式组织就成为服务使用者的独立平台和权力基础，对于服务使用者调整权力划分、集体决定协同生产的运行方式起着关键性作用。

从能力角度看，通过参与社区自治，服务使用者不再被视为专业技能（expertise knowledge）导向下服务供需链条上的被动接受方，其生活经验（lived experience）在服务管理与政策制定中被赋予价值。对老年人来说，过去的政治环境下，常常将其视为在政策制定过程中缺乏参与意愿和能力的群体，因此，其代表人数往往不足；而在当下的新自由主义政治话语体系中，老年人作为公民的个人责任和积极的公民权利（active citizenship）受到关注，控制和管理自身需求、为社区作出贡献成为其责任，这对于认可老年人价值、增强老年人的控制与决策能力具有重要作用。①

由此，服务使用者拥有“使用者”（user）、“专业人士”（professional）等

① Peter Beresford & Sarah Carr, *Social Policy First Hand: An International Introduction to Participatory Social Welfare*, Bristol: Policy Press, 2018, pp. 214.

多重身份，被纳入服务供给管理中，不仅以其使用服务的经验影响一线服务供给实践的变革，还影响着组织文化与服务供给所处的文化环境。其卷入的领域和途径更为广泛，包括员工招募、研究、培训和基层治理等。其观点和经验同医疗与社会照顾领域专家的智慧，共同构成政策与实践的基础。①

（三）通过支持性服务促进老年人独立生活

在政府与非正式部门合作供给模式中存在一种独立的愿景，它挑战了将独立视为完全自给自足这种虚假且带有污名的新自由主义观点，认识到人们之间存在相互依赖、所有人在生命中的某些时候都需要服务这一事实。在这一理念下，独立生活意味着所有老年人在家中、工作场所和社区中都与其他公民享有同样的自由、选择、尊严及控制权。它不一定意味着独自生活或自我供养，而是意味着获得实际援助和支持以参与社会活动、过上正常生活的权利。非正式组织供给的咨询服务、日间照顾服务、护理服务、购物服务、喘息服务等支持性服务能够帮助老年人在社区居家生活中获得实际支持，最大限度地便利老年人生活，给予其独立生活所需的基本帮助。同时，老年人同社区组织之间的相互关联符合人的社会属性与需求，能够帮助老年人摆脱社会隔离与孤独感，促进老年人的身心健康。

（四）通过完整性递送实现养老服务可及性

在“政府与非正式部门合作供给”模式中，各类服务由社区非正式组织围绕老年人的整体需求协调配合，使老年人能够在同一地点完整、连续地获得更多服务。社区非正式部门在社区内部具有强大的资源聚合能力，能够将交通出行、趣味活动、社交休闲、代际互动、辅助复健、餐饮供应、

① Jon Glasby, *Understanding Health and Social Care (3rd Edition)*, Bristol: Policy Press, 2017, p.153.

紧急暂托、信息咨询等各类服务紧密衔接，并与社区内的医院、警署、学校等各类机构相互配合，便于一定地域范围内的老年人集中获取服务。

“我从出门到回家的整个过程都由社区项目的工作人员陪护，那里一整天都有丰富的活动，我不用担心一天之内要去好几个不同的地方。”（普雷斯顿菲尔德社区项目服务使用者，I—1—U—F—83—M—P）

五、本章小结

本章选取普雷斯顿菲尔德社区项目供给服务这一案例，考察政府与非正式部门合作供给模式，研究发现，该合作供给模式的运行机制为“政府赋权社区、社区自治互助”。具体来说，政府扮演“赋权者”角色，将部分服务供给权下放给社区和公民，并为社区及非正式组织的发展提供支持；非正式部门扮演“凝聚者”角色，集聚社区与社会资源投入组织建设，推动政民意见互通与共同决策；老年人以服务使用者、社区居民和公民三重身份扮演“参与建设者”角色，参与对服务递送与社区发展的规划、决策和建设。政府具有社区领导权，承担培育社区组织的责任；非正式部门具有集聚资源的权力，承担提供社区服务的责任；服务使用者具有参与权，并承担互助的责任。政府、非正式部门、服务使用者共享权力、共担责任，通过多元化筹资与弹性化发展获取资源、适应环境。非正式部门在情感驱动和社区赋权之下达成服务目标，非正式部门影响力的提高促进社区力量整合，社区自治与互助精神的培育维持合作供给模式的运行。上述运行机制通过社区互助推动老年人融入社会，通过社区自治为老年人赋权增能，通过支持性服务促进老年人独立生活，通过完整性递送实现养老服务的可及性，具有一定的积极老龄化意义。

第三章　引导与链接：政府与第三部门合作

一、苏格兰老年协会供给服务

苏格兰老年协会（Age Scotland）成立于2009年，是英国苏格兰地区老年人服务的协会组织，致力于改善每个50岁以上公民的生活，维护老年人的权利和利益。这一组织旨在激励老年人积极参与社会活动，为老年人赋能，并影响其他社会群体，使生活在苏格兰的老年人享受更好的晚年生活。该组织鼓励老年人应对老年生活的挑战，通过社区链接网络与老年人建立联系，使他们参与到团体活动和社区生活中来，解决老年人的孤独与社会隔离等问题；通过免费热线及出版物为老年人提供信息和建议，帮助他们了解自己的权利、作出明智的选择、获得适当的支持；通过帮助与支持苏格兰超过1100个社区团体，促进社区养老服务供给体系的构建和社会资本的培育；通过举办老年权益倡导活动，增进社会各群体对老年人权益的理解；通过影响政策制定者，推动改革实践与政策，促进法律体系的形成与完善。

（一）资金来源：多元复合构成

苏格兰老年协会的资金来源主要包括捐款与遗赠[①]、贸易活动、投资[②]、慈善募款等，按照资金使用方式分为非限制性资金[③]和限制性资金[④]。据统计，2018至2019年度（2018年4月至2019年3月），收入总额为4058940英镑。其中，捐款与遗赠收入2149786英镑，占比约为52.96%；贸易活动收入1070784英镑，占比约为26.38%；慈善募款819988英镑，占比约为20.20%；投资收入18382英镑，占比约为0.45%。非限制性收入共计3247738英镑，占比约为80.01%；限制性资金共计811202英镑，约占19.99%。

苏格兰老年协会的支出方向主要包括筹资成本、筹资交易与销货成本，以及实地调查与服务递送、政策倡导等慈善活动。2018至2019年度，该协会的支出总额为3241821英镑。其中，筹资成本支出151837英镑，约占4.68%；筹资交易与销货成本支出711954英镑，约占21.96%；实地调查与服务递送支出1995737英镑，约占60.33%；政策倡导支出422293英镑，约占13.03%。非限制性支出为2174040英镑，占比约为67.06%；限制性支出为1067781英镑，占比约为32.94%。苏格兰老年协会2018至2019年度的财务活动报告如表3—1所示。

---

① 捐款与遗赠在到账时才能计入账目，采用的认定标准为：(1) 授权性；(2) 可能性；(3) 测量可靠性。

② 在慈善机构接受的情况下，苏格兰老年协会的资产收入在机构账户中受到认可，资金援助来自其子公司，即苏格兰老年协会贸易有限公司和苏格兰老年协会企业有限公司。

③ 非限制性资金按照慈善机构受托人（trustee）的指示用于慈善目的。

④ 限制性资金只能在慈善机构宗旨范围内用作某种限制性目的，主要在捐助者指定资金用途、筹资时指明特定的限制性用途等情况下使用。

表 3—1 苏格兰老年协会 2018 至 2019 年度财务活动报告①

	非限制性资金（英镑）	限制性资金（英镑）	总资金（英镑）
资金来源			
捐款与遗赠	2062978	86808	2149786
贸易活动	1070784	—	1070784
投资	18382	—	18382
慈善募款	95594	724394	819988
总收入	3247738	811202	4058940
支出方向②			
筹资成本	142046	9791	151837
筹资交易与销货成本等	711954	—	711954
慈善活动			
实地调查与服务递送	996548	959189	1995737
政策倡导	323492	98801	422293
总支出	2174040	1067781	3241821
转账前净收入（支出）	1073698	(256579)	817119
资金间转账	(143952)	143952	
资金净流动	929746	112627	817119
资金对账（结转资金）	2810754	271505	3082259
余额	3740500	158878	3899378

具体来看，苏格兰老年协会的收入来源情况如表 3—2 所示。

表 3—2 苏格兰老年协会 2018 至 2019 年度收入明细③

	非限制性（英镑）	限制性（英镑）	总金额（英镑）
捐款与遗赠			
捐款与赠送	217001	17500	234501
遗赠财物	1100439	—	1100439

① 资料来源：苏格兰老年协会法定账目报告（2018—2019 年度），2019 年 4 月。本表由笔者根据苏格兰老年协会经审计部门签署的法定账目表中收支来源与数额相关信息整理而成。

② 直接支出计入慈善活动账目，补助费用则在各相应基础上加以分配。全年保障费用按照工作人员人数的百分比收取，用于资金筹集、慈善活动、政策倡导的财物及管理开支占比分别为 6%、81% 和 13%。

③ 资料来源：苏格兰老年协会法定账目报告（2018—2019 年度），2019 年 4 月。本表由笔者根据苏格兰老年协会经审计部门签署的法定账目表中收入明细信息整理而成。

续表

	非限制性（英镑）	限制性（英镑）	总金额（英镑）
信托（trusts）与企业（corporates）	98672	9308	107980
英国老年协会①拨款	348600	—	348600
照顾与修理服务②	298266	—	298266
核心拨款（core grant）③	—	60000	60000
共计	2062978	86808	2149786
其他贸易活动			
呼吁倡导	380	—	380
财产	25250	—	25250
退休准备与老年失智症训练	134627	—	134627
苏格兰老年协会彩票与补助	157945	—	157945

① 英国老年协会（Age UK）是英国领先的慈善机构，致力于帮助老年人充分享受晚年生活，在国家和地方层面提供服务与支持。苏格兰老年协会是英国老年协会在苏格兰的兄弟组织。

② 照顾与修理服务（Care and Repair）为苏格兰各地年龄超过 60 岁的老年人或身患残疾的自住业主、私人租客和自耕农提供支持，帮助他们修复或改造房屋、改善居住条件，使其能够在社区里舒适、安全地生活。20 世纪 80 年代初，老年住房问题受到关注。老年人居住在破旧的房屋里，又缺乏改善居住条件所需的资源与技能。一些老年人由于房屋年久失修，决定搬进养老院或老年公寓。因此，早期服务的目的是通过改善老年人的居住条件提高其生活质量。现在，英国已有 300 多家服务机构，对居住在已无法适应个人需求的房屋中的老年人提供技术、财务、人性化支持。该服务主要提供照顾与修护建议和信息，并在财务申请和修护协调方面提供实际帮助，是一种以老年人决策掌控为主导、以家庭为基础的个性化服务，具体包括提供整修建议、建筑工程支持、工程检查、小型维修、勤杂工作、改造安装等；在资金筹集方面，还提供有关地方政府资助、福利权益、房产释放、房屋贷款、慈善基金等方面的咨询、建议与协助申请服务。工作人员会到老年人家中探访，协助老年人完成决定修护内容、解决财务问题、组织建筑工程等整个过程，每个案例都涉及不同的工作方法。工作人员通常必须跨越学科和部门界限，与卫生、住房和社会工作等部门的人员密切合作。

③ 苏格兰政府的拨款资金计划（Grant Funding Scheme）用于帮助第三部门发展社会照顾服务和提高社会福利，同时强调第三部门不应过度依赖公共资金，应尽可能保持其独立性和行动自由，通过寻求其他资金来源，全部或部分地维持自身运转。核心拨款可用于为中央行政或国家机构从事下列活动提供经费补充：(1) 直接为客户提供社区照顾服务；(2) 通过其他机构发展或维持此类服务供给；(3) 代表与社区照顾事务相关的第三部门的关切；(4) 代表需要社会工作服务人士的利益；(5) 促进或维持公共福利目标的实现；(6) 推动志愿社会工作活动及义工服务的开展。核心拨款通常为期 1 年，获得资助的机构须表现良好并符合资助条件。如果该机构在上一个资助期内有效运作，继续为实现政府的优先目标作出贡献，且其财政状况仍然能够保证支付拨款，就有机会获得续期。

续表

	非限制性（英镑）	限制性（英镑）	总金额（英镑）
苏格兰老年协会贸易有限公司	179485	—	179485
苏格兰老年协会企业有限公司	573097	—	573097
共计	1070784	—	1070784
投资			
利息（interest）	18327	—	18327
股息（dividends）	55	—	55
共计	18382	—	18382
慈善活动			
实地调查与服务递送	95594	628269	723863
政策倡导	—	96125	96125
共计	95594	724394	819988
总计	3247738	811202	4058940

此外，苏格兰政府对苏格兰老年协会开展的重要项目给予专项拨款，共计 34.4 万英镑，资助额度如表 3—3 所示。

表 3—3　苏格兰政府 2019 年度专项经费①

资助方：苏格兰政府	经费额度（英镑）
热线电话②	14 万
住房③	9.4 万

① 资料来源：苏格兰老年协会法定账目报告（2018—2019 年度），2019 年 4 月。本表由笔者根据苏格兰老年协会经审计部门签署的法定账目表中专项经费信息整理而成。

② 苏格兰老年协会提供热线电话服务，为苏格兰地区老年人提供有关当地服务供给信息、福利补贴政策、照顾权利、住房与供暖选择、法律事务等方面的咨询和建议。此外，热线电话还提供转介服务、社区链接服务、聊天服务，为老年人转介专业机构或当地组织，以提供帮助或社区活动机会；根据居民自身及其周边社区情况，为其制定社区活动方案，使其有效利用社区资源，丰富老年生活；通过定期电话访问提供聊天与倾听服务，减少老年人的社会隔离与孤独感。

③ 住房项目通过网站、指南手册、热线电话等方式为老年人及其家属和照顾者提供老年住房咨询与建议，具体包括买房、卖房、租房、保障性住房、退休住房、养老院、房屋改造等，帮助老年人选择或改善居住条件，营造健康、独立、安全、有支持的老年居住环境，以满足老年人不断变化的住房需求和愿望。

续表

资助方：苏格兰政府	经费额度（英镑）
核心拨款	6万
男士工棚①	5万

（二）群体代表：政策倡导建议

苏格兰老年协会具有社会影响功能②，设有政治与政府、政策与研究、宣传与倡导等三类工作组。

1. 政治与政府工作组

政治与政府（politics and government）工作组积极向苏格兰政府和政界人士宣传老年人的利益，与议会密切沟通，影响苏格兰政治家和地方议会。该工作组为重要的立法和辩论制作简报，概述苏格兰老年协会作为一个组织的立场，以及老年人生活中的主要优先事项；同时，这个工作组还对多种磋商作出反应，以确保所有拟议的立法或行动都充分考虑到老年人的需要。

2. 政策与研究工作组

政策与研究（policy and research）工作组通过直接同老年人接触，研究制定以证据为基础的政策建议，从而影响决策者，以确保老年人的需求和优先事项在广泛的政策领域议程中占据重要位置。苏格兰老年协会在一系列公共政策问题上的政策立场保持一致，涉及资金问题、健康与福祉、照顾与支持、家庭安全性、社区活跃性等；此外，还涉及跨领域议题，如

① 男士工棚（Men's Shed）是非营利性的社区组织，为社区居民制作手工艺品和社交互动提供了空间，旨在改善老年男性的健康状况。由于男性一般不愿过多谈论自身感受，也较少寻求帮助，而是更喜欢在类似棚屋的空间（主要是与其他男性一起）进行非正式学习和交流，因此，该组织设立棚屋这种相对面积较大的区域，内有车间和座位区，组织成员一起参加活动、聊天、喝咖啡、交友等，了解当地服务信息，共同解决问题，帮助社区发展。

② 苏格兰老年协会认为，每个老年人都应该有机会充分利用晚年生活，无论他们的情况如何、想要什么、需要什么。该协会的政策与社会运动工作对实现这一目标至关重要，积极向苏格兰政府和来自各个政治派别的政界人士宣传老年人的利益。

年龄平等与人权、老年人友好型政府、资讯和建议等。同时，苏格兰老年协会还撰写政策报告，旨在为政治家提供有关影响老年人生活的问题，并针对如何改善老年人生活提出具体建议。苏格兰老年协会研究的政策议题包括社会照顾服务递送等待问题、老年人交通服务问题、老年失智症社区包容性问题等，议题的具体内容如表 3—4 所示。

表 3—4 苏格兰老年协会政策与研究工作组议题内容①

议题名称	工作内容
社会照顾服务递送等待问题	2018 年，苏格兰老年协会询问苏格兰所辖各地区地方政府老年人等待接受社会照顾评估的时间有多长、有紧迫或重大照顾需求的老年人需要多长时间才能得到照顾服务等问题，以全面了解苏格兰弱势老年人及其家庭的情况，找出地方政府面临的挑战，并寻求解决办法。这项研究指出，苏格兰有许多老年人获得社会照顾服务所需等待时间太长。2018 年被评估为有紧迫或实质性需求的老年人中，有 43%没有在《国家资格标准》（National Eligibility Criteria）规定的 6 周内获得所需服务。苏格兰的老龄人口增长速度高于英国其他地区，苏格兰履行其社会照顾承诺至关重要。该研究预计，在未来 20 年间，老年失智症患者人数将增加 50%，超过 12 万人。
老年人交通服务问题	苏格兰老年协会认为，交通是应对孤独和隔离问题的重要工具，苏格兰的交通系统必须为老年人服务。2018 年，该协会与苏格兰老年人就交通需求进行了一次重要的协商，与苏格兰交通部（Transport Scotland）合作，在苏格兰各地为老年人举办了 21 个讲习班，让老年人分享自己对交通的看法，并通过问卷收集意见。这次磋商的主要目的是确保苏格兰政府在制定新的《国家交通战略》（National Transport Strategy，一份将决定苏格兰未来 20 年交通决策的政府战略文件，以下简称《战略》）的过程中，听取老年人的意见。苏格兰老年协会对苏格兰各地的数百名老年人进行了调查，并对调查结果进行了总结。《战略》草案于 2019 年 7 月 31 日由苏格兰交通部公布，为期 12 周的协商（consultation）期于 2019 年 10 月 23 日结束。苏格兰老年协会在《战略》审查过程中向老年人收集的信息也在更为广泛的层面上影响着该协会的交通政策立场，该协会在苏格兰议会通过的《交通（苏格兰）法案》（Transport (Scotland) Bill）中发挥的作用就是例子。

① 本表的资料来源于苏格兰老年协会年度报告和政策与研究工作组项目文件，由笔者结合访谈资料整理而成。

续表

议题名称	工作内容
老年人失智症社区包容性问题	在“改变生活信托”（Life Changes Trust）的资助下，苏格兰老年协会的早期失智症项目（Early Stage Dementia Project）一直在研究如何让社区具有老年人 / 失智症包容性。作为这项研究的一部分，苏格兰老年协会希望调查年龄与失智症友好型社区之间的联系和潜在的差异，对地方政府的政策进行评估，并对苏格兰各地的老年人团体做了访谈，其中包括苏格兰老年协会的成员组织和“改变生活信托”资助的失智症友好型社区的样本。

3. 宣传与倡导工作组

宣传与倡导（campaigns）工作组针对老年人最关心的议题开展活动，促使决策者认识到问题并采取措施，议题包括照顾与支持服务体系资金不足、老年人家庭保暖、老年人孤独等问题，号召社会大众通过签署请愿书等方式要求政府将提案作为优先事项。宣传倡导活动的具体内容如表 3—5 所示。

表 3—5　苏格兰老年协会宣传与倡导工作组活动内容①

活动名称	工作内容
消除老年人孤独问题（Together We Can Beat Loneliness）	在苏格兰，有 10 多万老年人多数时间都感到孤独。为了解决这个问题，苏格兰老年协会呼吁每个人都向老年人承诺付出大家都拥有的资源——时间。虽然时间非常宝贵，但积少成多，与独居的老年人相处一小段时间，就能给他们走出家门、结识新朋友、感受自己成为社会一分子的机会。苏格兰老年协会希望向苏格兰的老年人表明社会对他们的关心，鼓励各个年龄段的人群与年长的邻居、亲戚，甚至是在日常通勤途中交谈的人，分享交流自己喜欢做的事情。

① 本表的资料来源于苏格兰老年协会年度报告和宣传与倡导工作组项目文件，由笔者结合访谈资料整理而成。

续表

活动名称	工作内容
反对取消 75 岁以上老年人免费享有电视牌照的权利（Don't Switch Us Off）	英国广播公司计划取消向 75 岁以上的老年人免费发放电视牌照的优惠，并对 75 岁以上电视观众实行收入审查，这意味着他们将只对领取养老金的人免费发放电视牌照。苏格兰老年协会认为，这一变化将伤害数以百万计依赖电视的老年人，而最弱势的老年人群体将被迫削减生活必需品，以维持生计，或完全失去看电视的机会。 当前，许多老年人已经面临着巨大的挑战，剥夺老年人看电视的机会将是一个难以想象的残酷打击。苏格兰老年协会研究了这一变化给老年人带来的影响，发现 75 岁以上的老年人中有一半是残疾人，许多人以电视作为陪伴和娱乐；对于那些没有互联网的老年人来说，电视让他们及时了解社会上正在发生的事情；近三分之一的 75 岁以上老年人生活在贫困线以下，只能勉强度日，支付高额的额外费用对他们来说是不可能的；如果取消老年人的免费电视牌照，超过 200 万的 75 岁以上老年人将不得不停止看电视，或者减少取暖和食物开支以购买电视牌照。因此，苏格兰老年协会呼吁大家共同要求政府重新承担起为所有 75 岁以上的老年人提供免费电视牌照的责任。
社会照顾危机问题（Help Us Fix Social Care）	目前，苏格兰社会照顾体系面临危机，有 150 万老年人没有受到帮助和支持。这让他们的家人在照顾亲人时完全孤立，让人们支付巨额且往往不公平的账单，有时甚至需要卖掉房子。苏格兰老年协会研究发现，当前的社会照顾体系有若干问题需要解决：第一，资金不足。在过去的 5 年里，人口老龄化对社会照顾的需求不断增加，但在老年人社会福利方面的公共支出总额削减了 1.6 亿英镑。第二，邮编幸运医疗（postcode lottery）①。虽然 2014 年颁布的《照顾法案（2014 年）》引入了一个全国性的资格体系（system of eligibility）②，但地方差异仍然导致许多老年人得不到任何帮助。第三，需求未得到满足。150 万 65 岁以上的老年人没有得到所需基本生活照顾和支持。第四，照顾服务的可及性降低。地方政府削减照顾服务给无薪照顾者（unpaid carer）带来了越来越大的压力。苏格兰老年协会呼吁政府向社会照顾体系及时拨付资金并进行长期性改革，建立一个新的苏格兰社会照顾体系：增加对无薪照顾者的支持；设立一个独立的、苏格兰地区一致同意的资格认定和评估程序，使有需要的老年人能够获得社会照顾服务；通过税收获得资助；为处于工作年龄的、生病的、残疾的成年人以及老年人提供支持；培训和引入护理人员，以确保高质量的护理。

① 邮编幸运医疗，在英国指能得到的医保的程度或方式取决于居住的地区，体现出医疗服务的地区差异性。

② HM Government, *Care Act 2014, 2014*, https://www.legislation.gov.uk/ukpga/2014/23/contents/enacted.

（三）基层支持：扶植社区组织

苏格兰老年协会的社区发展团队（community development team）与成员组织（member groups）、地区大使（regional ambassadors）、全国各地的志愿和法定组织合作，使苏格兰的社区成为更好的老年人居住地。社区发展团队通过以下方式支持苏格兰形成强大而富有活力的老年人团体和组织：(1) 提供信息、建议、资源和支持，以帮助成员组织递送与发展服务。(2) 组织区域性联络（network）会议、政策参与会议和全国性会议。这些活动将苏格兰老年协会的成员组织聚集在一起，相互建立联系，分享经验，交流学习心得，参与并影响地方和国家的决策及公共服务，以更好地满足基层养老服务组织的需求。(3) 通过电子新闻简报、《优势》杂志（Advantage Magazine）①、苏格兰老年协会奖（Age Scotland Awards）②及联络会议，推广苏格兰老年协会社区团体会员③的重要工作，庆祝取得的成功，分享实践经验。(4) 发现机遇并支持社区发展新项目，如男士工棚、步行足球（walking Football）、代际活动（intergenerational projects）等，促进老年人的健康和福祉，解决孤独和隔离问题。

具体来讲，苏格兰老年协会主要通过会员制度（membership）、会员联络活动与全国会议、地区大使等三个工作组来实现对于基层社区组织的支持。

---

① 《优势》杂志是苏格兰老年协会主办的杂志，通过提供信息与想法，鼓舞和启发读者，为苏格兰的老年人及其家庭和照顾者赋能。该杂志展示了苏格兰各地老年人团体所做的出色工作，并分享来自苏格兰老年协会和部分合作伙伴的最新消息，每年发行春季版、秋季版和冬季版 3 个版本。

② 苏格兰老年协会奖表彰社区中许多有奉献精神的个人和团体。他们通过努力工作，为苏格兰老年人的生活带来了积极的改变。

③ 社区团体会员（Community Group Membership）指的是苏格兰老年协会成员中当地的、非法定的、非营利的社区团体，以及为老年人提供活动、服务及支援的机构。

1. 会员制度

苏格兰老年协会是一个会员组织，会员申请向支持该协会愿景与目标的小型团体①、大型组织②及个人免费开放。该协会邀请所有与老年人合作、为老年人提供服务、组织活动、给予支持，或与老年人共同倡议并代表老年人开展倡导宣传活动的团体、组织和个人加入协会。自苏格兰老年协会成立以来，会员数量迅速增长，每个成员团体或组织都提供一系列有价值的服务和活动，以改善苏格兰老年人的生活。

成为苏格兰老年协会的会员后，就可以加入由苏格兰老年服务团体和个人组成的联系网络，并享有以下权利：受邀参加联络会议、全国会议及苏格兰老年协会年度大会，了解参与咨询（consultations）和宣传活动（campaigns）的信息，获得每年 3 期的《优势》杂志一套，获得筹资机会。会员中的社区团体亦可享有以下权益：获得苏格兰老年协会社区资助计划的机会，获得社区发展支持，获得苏格兰老年协会年度大会的投票权。

2. 会员联络活动与全国会议

会员联络活动为苏格兰老年协会在苏格兰不同地区的成员团体提供了一个见面和分享各自工作见闻的机会，让会员了解更多关于苏格兰老年协会以及其他地方和全国性服务机构的信息，这对会员的深度参与是至关重要的。协会为会员组织论坛，提出并讨论各团体认为重要的问题，为地方和国家的协商作出贡献，从而形成有关老年人的政策与服务。

苏格兰老年协会全国会议将会员、特邀演讲嘉宾和受邀嘉宾聚集在一起，进行交流、学习和启发。会议主题包括“放眼未来——探索过去 75 年苏格兰老年人生活的变化和进步”“终身学习”和“老年生活质量”等。会议还颁发苏格兰老年协会奖，以表彰那些努力改变苏格兰老年人生活

① 小型团体，即社区团体会员。

② 大型慈善机构会员（Associate Membership）指的是苏格兰老年协会成员中致力于造福苏格兰老年人生活的公共部门、社会企业等较为大型的机构。

的人。

3. 地区大使

地区大使是苏格兰老年协会成员组织的成员，他们自愿为苏格兰慈善事业作出贡献。地区大使向苏格兰各地成员组织宣传苏格兰老年协会工作与服务的相关信息，就会员关注的问题向协会提供建议，有时代表协会出席会议和联络活动。地区大使通过会员服务委员会（Member Services Committee）为会员团体提供实际支援。该委员会负责就苏格兰老年协会社区资助计划作出决定，并策划年度大会。地区大使也是苏格兰老年协会董事会的当然成员（ex officio，但无投票权）。

地区大使为苏格兰老年协会带来全新的视角和丰富的知识、技能与才智，他们补充了协会工作人员的工作，使协会能够接触到更多的老年人，为帮助每个老年人过好老年生活做得更多。

（四）信息服务：支援老年生活

苏格兰老年协会为老年人提供信息与建议（information and advice）。当人们步入老年之后，生活中可能会有一些变化和机遇，老年人需要了解以前不熟悉的权利、组织和服务。鉴于此，苏格兰老年协会为老年人免费提供信息与建议，在申请福利津贴（claiming benefits）、委托授权（Power of Attorney）、居家照顾（care at home）、养老院（care homes）入住等各方面提供支持。此外，苏格兰老年协会还为老年人提供直接服务，包括帮助老年人实现独立生活、促进年龄包容性工作场所形成以及法律援助服务等。

1. 信息与建议服务

苏格兰老年协会为苏格兰老年人提供信息与建议，涉及照顾与支持、健康与福祉、住房与能源、法律及家庭问题、财务问题等方面。具体来讲，照顾与支持信息包括申请居家照顾和养老院照顾的指南，以及适用于照顾者的福利建议[①]；健康与福祉信息包括生理和心理健康指导、老年失智症应对指导、健康饮食指南等；住房与能源服务为老年人提供房屋选择、维护修理和消防安全，以及提高住宅能源效率、保持室内温暖等方面的建议；法律及家庭问题服务包括确定委托权[②]、订立遗嘱、歧视与虐待[③]、就业问题[④]等；财务问题服务包括福利政策、理财方案、医疗与照顾开销等方面的建议。

2. 联络与维权服务

苏格兰老年协会提供独立生活服务、年龄包容性工作场所、法律援助服务等。独立生活服务旨在帮助老年人尽可能长时间地生活在自己的家中，使生活更安全、生活质量更高。该协会向老年人交叉推荐服务（cross referral），为满足老年人的多种需求提供无缝支持。同时，随着老龄人口

---

① “照顾者”是指为配偶、伴侣、父母或其他亲属提供照顾的人。在苏格兰，《照顾者法案（苏格兰）（2016）》（Carers (Scotland) Act 2016）将照顾者定义为“为他人提供或打算提供照顾”的人。如果照顾者每周至少花35个小时照顾一个有健康问题或残疾的人，并且这个人有资格领取残疾补贴，比如护理津贴（Attendance Allowance），那么照顾者就有权获得照顾者津贴（Carer’s Allowance）。

② 委托权（Power of Attorney）可以让老年人指定一个人来管理其财产和财务，或以直接提供帮助的方式，或只有在其没有能力的情况下提供帮助。福利委托权（Welfare Power of Attorney）使老年人能够指定某人为其健康和福利作出决定，前提是老年人自己没有决定能力。

③ 歧视指的是因为某人的年龄（或其他受保护的特征）而对其有先入之见，并加以区别对待。《平等法案（2010年）》（The Equality Act 2010）保护人们不因年龄或残疾而受到雇主、银行和企业、医疗与照顾服务提供者、房东、教育工作者及地方政府的歧视。《人权法案（1998年）》（The Human Rights Act 1998）规定公民的权利应该得到公共机构的尊重，如国家和地方政府、法院、英国国家医疗服务体系等。权利包括生命权、免于酷刑和不人道或有辱人格的待遇权、私人和家庭生活权、通信权等。这些权利对需要别人帮助和服务的老年人来说变得更为重要。

④ 大多数针对老年人的就业问题与所有年龄段公民的问题都是一样的，比如有关支持休假、最低工资、弹性工作制与带薪休假等权利的在合同中的书面和隐含条款及相关立法。老员工经常面对平衡家庭中多代人需求的压力，并应对自身的长期健康或残疾问题，以及计划退休时间，确定是否要减少工作时间或转为个体经营以实现弹性工作，同时还需评估经济承受能力。

的增长，苏格兰三分之一的劳动力年龄达到 50 岁以上，65 岁及以上的就业人口是 10 年前的两倍。退休和国家养老金政策的变化使得 65 岁以上老年人继续工作变得更加普遍，这一数字还将上升。在此背景下，苏格兰老年协会提供独立、实用、全面、准确的信息，帮助各组织创建开放的、包容的、积极的、年龄多样化的工作文化。该协会通过讲习班的形式，以互动交流和信息分享的方式帮助经理人及员工创建年龄友好型组织，从最具前瞻性的组织中获取最佳实践经验，研讨主题包括年龄包容性招聘、员工中年规划等。此外，该协会与苏格兰老年人律师事务所（Solicitors for Older People Scotland）合作，为老年人提供具有关怀性、敏感性的法律服务；设置事故索赔热线，为老年人提供更加公平的人身伤害索赔服务。具体服务类型和业务内容如表 3—6 所示。

表 3—6　苏格兰老年协会联络与维权服务供给业务内容 ①

类型	业务名称	内容
独立生活服务	每日问候电话（Good Day Calls）	许多老年人独自居住，没有固定访客，时常感到孤独，担心如果自己生病，没有人会及时发现，但又不希望家人担心自己。每日问候电话是一年 365 天的每日通话服务，为老年人及其家人提供安全保障和情感支持，通过电话与老年人聊天，了解他们的生活状况，希望能在电话中成为好朋友，在需要的时候提供帮助。
	照顾与修理服务（Care and Repair）	照顾与修理服务通过开设热线电话为爱丁堡的老年人提供帮助，包括日常生活中的小修小补、出院回家后对住所的改造等，以保证住所的安全。
	社区链接服务（Community Connecting）	社区链接服务帮助老年人联系提供交友、社交、疗养、健身等活动的社区服务。苏格兰老年协会的志愿者会与老年人联系，了解其兴趣，为其提供相关服务信息和联系方式，并提供所在地区的社区交通选择。此外，志愿者将随时与老年人保持联系，提供支持与鼓励，增进彼此友谊。在需要时，志愿者会代表老年人与社区服务者联系。此服务旨在解决苏格兰老年人的社会隔离和孤独感问题，确保老年人可以方便地获取当地资源的可用信息。

① 本表的资料来源于苏格兰老年协会年度报告和联络与维权服务项目文件，由笔者结合访谈资料整理而成。

续表

类型	业务名称	内容
独立生活服务	热线电话（Helpline）	热线电话为苏格兰的老年人及其照顾者和家人提供免费、保密的电话服务，包括信息、建议和友谊支持等。
	消防救援服务（Working with the Scottish Fire and Rescue Service）	苏格兰老年协会与苏格兰消防救援部门（Scottish Fire and Rescue Service）合作，由消防和救援服务人员为苏格兰包括老年人在内的每位公民提供免费家庭消防安全检测，需要时可以免费安装烟雾报警器，以保障消防安全。
年龄包容性工作场所	工作场所的年龄包容性（Early Stage Dementia in the Workplace）	苏格兰老年协会致力于创造适合老年人的工作环境，帮助机构建立积极的工作文化，让各年龄层的员工都能得到支持、发挥潜能。该协会组织年龄包容性研讨会，关注工作场所的年龄偏见问题，帮助跨代团队及其管理者提高协作、沟通能力和效率水平。
	工作场所应对早期老年失智症（Early Stage Dementia in the Workplace）	苏格兰大约有 9 万人患有老年失智症，预计这个数字会在未来 25 年内翻一番。随着退休和国家养老金制度的改变，65 岁以上的工作年龄将成为普遍现象，越来越多的人在工作期间会出现早期老年失智症症状。许多员工同时还为患有老年失智症的人提供无薪照顾，而越来越多的客户也将受到老年失智症的直接或间接影响。苏格兰老年协会组织的研讨会旨在帮助经理、人力资源团队和面对客户的员工更好地了解并做好应对准备，包括学习有效应对老年失智症进入日常工作的方式，将与工作场所失智症有关的风险（包括遵守法律和保障安全）降至最低，培养积极的工作文化，让老年失智症患者或照顾者员工感受到雇主和同事的支持，使员工与老年失智症患者（无论是客户还是同事）进行有效的和富有同理心的沟通，鼓励其在思维、记忆力与沟通能力遇到障碍时积极寻求医疗建议，采取健康的工作、生活方式，降低患老年失智症的风险。
	未来老年生活规划（Planning For Your Future）	苏格兰老年协会通过讲习班的形式帮助超过 50 岁的雇员为老年生活做好准备，并与雇主就退休事宜进行开诚布公的讨论，这也给组织在资源分配和继任计划方面带来切实的好处。讲习班在财务及税务、法律事务、健康与福祉、退休后的时间和活动安排等 4 个领域，提供独立和公正的咨询意见。苏格兰老年协会定期在爱丁堡、格拉斯哥、阿伯丁和邓迪举办公开讲习班，也可以为组织举办内部讲习班。
	年龄包容性矩阵（Age Inclusive Matrix）	年龄包容性矩阵是由苏格兰老年协会经验丰富的人力资源专家团队共同创建的，它是一个辅助性的自我评估矩阵，帮助组织分析与其业务相关的所有领域，以确保他们的年龄包容性达到最适合其需求的水平。苏格兰老年协会的人力资源专业人士通常在 6 个月的时间内为组织提供指导和支持，确保项目的持续效益，充分利用老龄化劳动力带来的机遇。

续表

类型	业务名称	内容
年龄包容性工作场所	功能性健康测试（Functional Fitness）	功能性健康测试是一种个人健康与福祉评估，帮助 50 岁以上的人在工作和生活中保持健康。据估计，到 2025 年，英国 50 岁以上的工人将增加 100 万。工作时的健康和幸福将至关重要，它能确保人们更加健康，并能在想要或需要的时候继续工作。通过与老年生活培训（Later Life Training）的合作，苏格兰老年协会将给各机构提供机会，为 50 岁以上的员工在健康福利计划中加入功能性健康测试服务。功能性健康测试是一个多达 8 项的身体功能测试，着眼于平衡、力量和灵活性等指标，显示出人的健康状况，让员工有机会了解自身健康问题，并讨论对其现在和以后生活有益的优化方案。这项服务有助于帮助员工意识到自己的健康状况，并在需要的地方作出改进；使人们在工作场所保持更加长期的健康水平，有助于减少疾病和病假；帮助员工作出改变，使其能够享受更长寿、更健康的生活。
法律援助服务	法律事务服务（Legal Services）	苏格兰老年人律师事务与苏格兰老年协会合作，致力于为老年人提供法律服务，旨在消除老年人与律师沟通的压力。其所有成员都受苏格兰律师协会的监管，并已签署了一份旨在让老年人更容易与律师打交道的执业守则。其主要工作领域包括：遗嘱、委托、高级指令①（Advanced Directives）、设立全权信托（Discretionary Trusts）和其他信托、信托管理、遗嘱执行人、规划家庭遗产和税务、保存资产和降低照顾成本、监护和干预令、心理健康、剥夺自由、弱势老年群体的特别保护等。
	事故索赔服务（Accident Claim Service）	苏格兰老年协会热线服务与苏格兰老年人律师事务所合作，推出免费事故索赔服务热线，旨在为苏格兰的老年人在人身伤害索赔方面提供更公平的服务。这项新服务对老年人最重要的好处包括：其索赔将由专业的人身伤害律师处理，老年人将获得属于他们的 100%赔偿款。②

二、权责角色分析

（一）角色定位

1. 政府扮演“引导者”角色

在政府与第三部门合作供给模式中，政府扮演“引导者”角色，在维

① 高级指令通常被当作生前预嘱（living wills）。

② 许多事故索赔热线和其他人身伤害从业者会获取多达 30% 的成功索赔款作为自己个人薪酬的一部分，因此，有必要为老年人提供这一事故索赔的专门渠道。

护第三部门独立性的前提下，引导其与政府达成一致目标。首先，从规制上看，第三部门是正式、非营利部门，基于价值理性开展工作，不追求利润。因而，政府对第三部门的规制主要集中在防范共享偏好裁量权引致的风险，政府对该部门的规制性强度介于非正式部门和私营部门之间。其次，从决策上看，政府主动搭建平台，将第三部门作为重要合作伙伴纳入政策决策过程中。再次，从融资上看，苏格兰政府对重要服务和项目给予专项拨款，委托第三部门供给服务，同时允许和鼓励第三部门自行筹资。最后，从生产与递送上看，政府不直接生产服务，而是分权给第三部门，引导第三部门将专业能力投入公共服务中。

具体来说，第一，在规制方面，政府对委托第三部门提供的服务进行契约型规制，在组织的资金运行和服务递送方面进行审计型规制，并在契约中引入激励性规制，使第三部门在政府引导下递送服务，实现公共目标。从第三部门的正式性和非营利性特征看来，一方面，该部门基于价值理性运行，因其独立的价值理念和热切的主张而容易在共享偏好裁量权中产生风险；另一方面，虽然该部门不追求利润，相对营利部门而言较少出现因共享收益裁量权导致的风险，但是“即便没有贪求利润的所有者所施加的压力，非营利机构同样需要支付其费用，普遍喜欢更多而非更少的资金储备，且该部门可能会行使收益裁量权为机构内的个人获得更大利益，而非创造尽可能多的公共价值”。① 因此，政府通过契约型规制对委托第三部门供给的服务进行合同约束，通过审计型规制对第三部门进行财务审计与绩效测量，确保资金的规范使用和公共目标的达成。与此同时，英国政府在《开放公共服务白皮书》（Open Public Services White Paper）中引入了“服务结果导向性”和“特定群体服务引导性”的激励机制纳入合同

① ［美］约翰·多纳休等：《合作：激变时代的合作治理》，徐维译，中国政法大学出版社2015 年版，第 103—104 页。

的付费规则中①，引导服务生产方关注老年人群体，使服务效能得到提高。

第二，在决策方面，政府是合作平台的搭建者，引导第三部门发挥其在公共空间与私人空间之间的桥梁作用，使第三部门在保持其独立性的同时不形成针对政府的反对力量。政府通过与第三部门合作获得信息，委托第三部门进行老年人信息收集与问题分析，并建立政策协商机制，利用其对基层问题的深入了解和专业分析能力，使其在政策倡导、政策提案、优先次序认定、政策文本拟定、政策宣介等一系列对政策决策具有决定性影响的事务中发挥关键作用。一方面，政府将老年人信息咨询服务外包给第三部门，以此为据点大量收集苏格兰各地老年人的诉求和养老服务政策中存在的问题；另一方面，政府建立工作小组，将第三部门作为重要的利益相关者列为各工作小组核心成员，讨论养老服务中的现存问题，共同商议政策提案的制定。

> “苏格兰政府建立工作小组（working groups），组织工作由政府公务员承担。高级公务员不仅负责执行政府政策以保证政策落实，还参与组织各种工作小组活动，与包括第三部门在内的不同利益相关者共同讨论当前问题、面临的挑战以及将要制定与出台的政策，共同商议解决问题的方案。工作小组成员有公务员、顾问等，部长与内阁大臣们也会参加，并邀请相关组织参加。一般都是大规模的定期活动，一个季度举办一次，一年三次或四次，这取决于小组的安排。”（苏格兰老年协会政策与传播主管，T—2—O—L—M—38—M）

第三，在融资方面，第三部门的非营利性使它尤其需要政府资金支

① HM Government, *Open Public Services White Paper*, 1 July 2011, https://www.gov.uk/government/publications/open-public-services-white-paper；参见曹鸣玉：《英国苏格兰第三部门社区养老服务多组织联动体系探析》，《中国行政管理》2020 年第 1 期。

持。政府对于第三部门的资金支持方式相对多样，有针对特定服务的直接资助和用途更为宽泛的赠款资助，也通过采购与合同的方式向第三部门拨付资金，实现资助方与服务提供方的分离。多数资金支持都基于具体的服务项目，对资金用途有明确的规定，以引导第三部门聚焦政府认定的优先公共事项。同时，政府鼓励第三部门自主筹资，尽可能实现融资的独立性与可持续性，降低对政府资金的依赖性。

> “苏格兰政府有各种各样的资金类型用于支持志愿部门①，有些是由地方当局或医疗与社会照顾融合当局（integration authority）为所提供的服务发放的直接资金(direct funding)，还有的是赠款资助(grant funding)，资金用途都明确指向政府确立的优先目标。”（老龄事务战略计划与质量经理，G—2—G—M—F—49—M）

第四，在服务生产与递送方面，政府不直接生产服务，而是将服务生产与递送委托外包给第三部门。英国政府发布《开放公共服务白皮书》，引入“开放委托”（open commissioning）制度。②一方面，政府赋予服务生产方提出新的服务供给方式的权利，通过与各类服务生产方进行磋商听取其对未来服务模式的意见，引导生产方探索服务供给优化路径；另一方面，在委托服务中引入竞争机制和质量认证体系，建立可靠的公共服务认证机构和公共服务领域的独立专家机构，评估服务方案及成效，并将支付比例与服务结果挂钩，引导服务提供者在自由创新的同时减少浪费，充分

① 志愿部门指的是旨在创造社会影响而非利润的组织，常被称为第三部门、公民社会和非营利部门。

② HM Government, *Open Public Services White Paper*, 1 July 2011, https://www.gov.uk/government/publications/open-public-services-white-paper.

提高服务供给效能，保障服务质量。①

2. 第三部门扮演“诤友”和“桥梁”角色

在政府与第三部门合作供给模式中，第三部门扮演“诤友”和“桥梁”的角色，介于公共空间与私人空间之间，在公民、非正式组织和政府之间架起链接互通的桥梁，在保持自身相对独立的价值追求的同时，为政府服务规划、政策决策及法律制定建言献策。首先，从生产与递送上看，第三部门在政府的委托下根据组织目标与合同要求向老年人提供服务，由组织规模决定服务覆盖区域，为该区域内的所有老年人递送服务，也为其中的社区非正式组织提供支持。其次，从融资上看，第三部门是政府拨款与合同资金的稳定获得者，也是社会资本的筹集者，在维持与政府稳定合作关系的同时保证自身的独立价值与长远发展。再次，从决策上看，第三部门是政府的重要智囊，将老年人和非正式部门的意见分析反馈，融入政府的战略规划与政策决策中。最后，从规制上看，第三部门作为政府的合作伙伴对政府的契约型规制具有一定影响力，通过提出创新性方案影响服务外包的宏观规划与合同拟定。

具体来说，第一，在服务生产与递送方面，第三部门不仅面向老年人提供服务，包括社区链接、电话陪伴、信息咨询、维权倡导等，同时还向非正式部门提供服务，建立会员制度和地区大使制度，支持社区组织之间的联络交流，提供资金和技能指导，帮扶社区组织发展，在老年人与社区、老年人与政府以及非正式组织之间发挥桥梁作用。

首先，第三部门在老年人与社区之间、老年人与政府之间发挥桥梁作用，是老年人走向社区和社会的通道。第三部门为老年人提供社区活动信息，鼓励老年人走出家门、融入社区生活；提供电话陪伴服务，减少老年

① 曹鸣玉：《英国苏格兰第三部门社区养老服务多组织联动体系探析》，《中国行政管理》2020 年第 1 期。

人的孤独感与社会隔离；提供信息咨询服务，使老年人了解适用于自己的福利政策，最大限度地获得应有福利；提供维权倡导服务，帮助老年人以平等地位面对政府等权威机构，维护自身权益。

其次，第三部门在非正式组织之间发挥桥梁作用，并与非正式组织充分联络，为非正式部门发展提供支持性服务。一方面，第三部门中的协会组织为各社区组织提供横向和纵向的对话平台，使各社区组织交流经验、互相学习、开拓服务视野，并向社区组织传播协会的理念。苏格兰老年协会在与社区组织之间的互动中引入了地区大使制度。地区大使既是苏格兰各地社区的代表人，又是苏格兰老年协会面向社区的代表人，成为该协会与社区组织之间的桥梁。地区大使通过定期会面的方式密切联络，推动不同社区养老服务组织的信息互通。苏格兰各地的具体情况具有差异性，苏格兰老年协会通过各地活跃的养老服务组织和组织内的能人来了解各地区社区养老服务发展面临的具体问题，提高协会工作的可行性，扩大实际服务范围。另一方面，第三部门为非正式组织提供专业技术与资金支持，推动和扶持各地社区组织发展。苏格兰老年协会共拥有超过1100个会员组织，包括住房协会、编织俱乐部等各种不同的团体。该协会设有社区发展团队（community development team），专门为苏格兰各地的社区组织提供支持。同时，这个协会还为社区组织提供一定资金支持，资助其开展活动。

“苏格兰老年协会拥有超过1100个会员组织。地区大使是活跃在成员组织中的社区积极分子，在所属组织和社区里做事，同时也为苏格兰老年协会贡献力量。地区大使与该协会的社区发展团队合作，帮助协会在各地社区工作。苏格兰老年协会的员工很少，而苏格兰又是很大的地区，不同的社区存在很多不同的问题。地区大使是苏格兰各地的本地人，他们擅长与苏格兰老年协会保持联系，让协会了解当地老年人的问题，为协会提供帮助和建议。”“会员服务委员会组织地区大使一年相聚四次，开展交流。一些地区大使很愿意去访问其他老年服务组织，我们提供便利的交流渠道，帮助不同的团体与组织展开交谈，听听彼此在做什么，及时反馈好的做法和尚存的问题。同时，地区大使也能向社区组织传播更多苏格兰老年协会的工作情况，比如社区链接、政策指南等热线服务，使苏格兰各地居民了解并广泛使用该协会提供的服务。”（苏格兰老年协会社区发展与资源管理负责人，T—2—O—L—F—43—M）

“一些社区组织在筹集资金、推广宣传方面缺乏技能或专业知识，我们会给予帮助。苏格兰老年协会还设有赠款计划，成员组织可以申请获得一些小额资金，以帮助组织社区老年人相关活动。”（苏格兰老年协会社区发展与资源管理负责人，T—2—O—L—F—43—M）

第二，在融资方面，第三部门在获得政府资金支持的同时积极开拓融资渠道，以保证资金的充足稳定以及组织发展的独立性与可持续性。政府的项目资助一般侧重于面向老年人提供的直接服务，而第三部门为了发挥其在老年群体中的权益倡导和在社区组织中的代表联盟作用，以实现其“诤友”与“桥梁”等独立于政府资助项目之外的目标，就需要努力保持资金来源的多样性和资金筹集的独立性。首先，第三部门保持与政府的合作关系，根据自身的专业经验和政府制定的战略规划提出服务方案与资金申请。其次，第三部门开拓筹资渠道，一是申请信托和基金会资助，获得基于项目的限制性资金或者更具长远意义的非限制性资金；二是培养高净值个人，建立定期捐赠计划和遗产捐赠渠道，使个人可以通过定向借记卡捐款、长期委托书①、遗产捐赠等方式支持慈善事业；三是建立“企业支持

①　长期委托书，指客户委托银行在其存款户头内按期向某人或机构支付一定款项的委托书。

者”收入来源，获得企业资助；四是开展社区筹款活动，提升机构的社会知名度，打通与个人和企业接触的第一级渠道。苏格兰老年协会设有专门的筹资团队，其运行资金部分来源于政府，通过政府的委托项目拨款提供老年人援助热线的社区链接与政策咨询服务；而其余的资金全部来源于该协会内设的筹资团队的自主募款，收入来源包括捐款与遗赠、贸易活动、投资、慈善活动收入等。

“苏格兰政府为实现年龄平等提供资金，苏格兰老年协会将该资金用于支持成员组织、帮助热线、制作信息手册等。”（苏格兰老年协会信息与咨询顾问，T—2—O—L—F—41—M）

“自2017年以来，苏格兰老年协会的筹资工作进入转型变革的时期，目前的工作重点是回报率最高的领域。”（苏格兰老年协会筹资团队负责人，T—2—O—L—F—45—M）

第三，在决策方面，第三部门收集、整理、研究老年人的需求，通过与政府部门间建立的反馈渠道将问题传递给政府，使政府的政策制定工作紧紧围绕老年人的需求开展。首先，第三部门代表受到政策影响的老年人群体及社区组织的利益，参与政策议案的商讨与制定，通过影响媒体、游说政策制定者而引起政府与社会关注，力图使政策制定充分考虑到老年群体的需求，成为政府与老年人以及政府与非正式部门之间的桥梁。

“我们的大部分工作是在有关老年人的事务方面影响政府、地方议会和媒体。我们所做的是游说政策制定者把工作做得更好，让他们关注到我们发现的问题。”（苏格兰老年协会政策参与和倡导工作主管，T—2—O—L—M—35—M）

“工作小组会议通常会邀请很多协会组织和压力团体（pressure

groups）参加，除了代表老年人的协会组织外，还有代表照顾服务机构的组织，如苏格兰照顾协会（Scottish Care）、苏格兰照顾与支持提供者联盟等。这些组织代表利益相关群体和组织，在政府的战略规划制定和政策决策中发表意见。”（苏格兰老年协会政策与传播工作主管，T—2—O—L—M—38—M）

其次，在向政府反馈信息的过程中，第三部门充分发挥其贴近老年人群体与社区自组织的特点，通过带有情感色彩的表述将社区养老中面临的问题回放给政府部门，同时又致力于提出具有建设性的理性意见，而不是局限于空泛的喊话，实现了理性与情感的高度结合。

“我们让政府看到养老问题当中人性的一面，不光是统计数字与事实描述，而是告诉政府这里有需要帮助的人，他们就住在你所代表的社区。实际上，越多声音向政府喊话，政府就越会作出回应。”（苏格兰老年协会政策与传播工作主管，T—2—O—L—M—38—M）

“我们希望做的是找到解决方案，而不是为了发声而发声。如果我们找到了合理可行的解决方案，一定会非常渴望告诉所有人，不会保密，因为知道解决方案的人越多越好。我们致力于提出建设性的解决方案，而不只是吵闹，否则，我们永远不会被邀请回‘房间’（即政府组织的工作小组，下同）。”（苏格兰老年协会政策参与和倡导工作主管，T—2—O—L—M—35—M）

最后，作为合作平台的搭建者和政策制定者，政府对第三部门意见的开放性和包容性是保证第三部门积极性与活跃性的重要条件。第三部门只有畅所欲言，才能成为政府在谋求提升老年人福利水平过程中的“诤友”。

> “第三部门是‘批判的诤友’(critical friends)，我们不害怕告诉政府需要改变什么，或者问政府能做什么。我们不是永远都有解决办法，但我们可以告诉他们现存的问题是什么，当我们找到解决办法时就会提供给政府。”(苏格兰老年协会政策与传播工作主管,T—2—O—L—M—38—M)

第四，在规制方面，《开放公共服务白皮书》引入开放委托制度。① 第三部门作为利益相关方和政府的合作伙伴，参与战略服务规划制定，提出创新性的服务方案与意见，影响服务采购的合同制定，与政府共同塑造契约型规制，在规制中发挥“诤友”作用。

3. 服务使用者扮演“利益表达者”角色

在政府与第三部门合作供给模式中，服务使用者扮演“利益表达者”角色，主要体现在融资、决策和规制三个方面。首先，从融资上看，老年人积极向第三部门捐献遗赠，回馈第三部门在其老年生活中给予的帮助，支持第三部门为老年人服务、代表老年人发声。其次，从决策上看，服务使用者通过咨询或求助向第三部门表达利益诉求，第三部门通过与政府之间建立的利益表达渠道将服务使用者的诉求反馈给政府，从而影响政策制定。最后，从规制上看，服务使用者的意见被纳入第三部门的自评系统和政府采购服务的质量评估中，通过意见表达的方式参与契约型规制，与政府和第三部门的专业人士共同塑造服务。

具体来说，第一，在融资方面，服务使用者通过遗产捐赠的方式支持第三部门为老年人服务、维护老年人权益、代表老年人发声。2019 年，苏格兰老年协会收到遗产捐赠 1100439 英镑，占年度收入中捐款与赠款总额

---

① HM Government, *Open Public Services White Paper*, 1 July 2011, https://www.gov.uk/government/publications/open-public-services-white-paper；参见曹鸣玉：《英国苏格兰第三部门社区养老服务多组织联动体系探析》，《中国行政管理》2020 年第 1 期。

的51%，占年度收入总额的27%，且均为非限制性资金，可由协会自主决定资金支配方式。遗产捐赠人往往是当地居民，赞同、支持和信任该协会的工作理念与方式，以实际行动支持协会代表老年人群体利益谋求福利。

> “遗赠是苏格兰老年协会的筹资收入中最大的一部分。协会从政府获得的资金往往是限制性的，必须直接用于特定的服务；而从遗赠中获得的通常是非限制性资金，可以用于协会需要的任何地方。遗产捐赠者一般是没有继承人或者支持慈善事业的人士，他们会在遗嘱中写明去世后有多少遗产捐给苏格兰老年协会。协会将在审计机构的监督下遵照遗嘱使用资金。”（苏格兰老年协会活动和社区筹资工作负责人，T—2—O—S—F—29—M）

第二，在决策方面，服务使用者通过第三部门的咨询服务反馈意见，表达利益诉求，由第三部门整理研究后代表老年人群体游说政府，影响政策决策。由此，服务使用者以第三部门为群体代表，以集体形式参与社区服务规划和服务递送的决策，属于使用者卷入象限划分中的第三、第四象限。

> “信息咨询服务团队与政策团队密切合作，前者研究整理咨询热线中的大量服务使用者案例，后者结合对当前政策的分析解读和老年人在政策应用中遇到的实际问题提出改革方案，并游说政府进行政策更新。”（苏格兰老年协会热线服务工作负责人，T—2—O—L—M—37—M）

第三，在规制方面，服务使用者的观点与经验得到承认，其意见被纳入服务效果评估与质量监测体系，作为服务生产方自评与改进、服务委托方监督与评价的重要依据。由此，供方专业人士与需方服务使用者的意见都被纳入规制中，服务使用者成为服务效果评价和质量优化的重要参与者。

“热线服务中的个案工作结束后，督导在两周后对服务使用者进行电话回访，完成客户评价，包括对工作人员服务质量、态度、效果以及对其生活产生的影响等方面的评价与建议。客户评价将用于热线团队改进服务，并作为资助方委托合同要求的一部分，用于证明服务效果和带来的社会影响。”（苏格兰老年协会热线服务工作负责人，T—2—O—L—M—37—M）

（二）权责结构

1. 政府具有管理社会的权力，承担统筹的责任

在政府与第三部门合作供给模式中，政府具有管理社会的权力，承担统筹的责任，通过扶持第三部门帮助其实现独立发展，通过引导第三部门防范共享裁量权带来的风险。在网络化社区治理框架中，政府架构的复杂性不仅体现在“邻里、地方、地区、国家以及超国家层级的政府代理机构间存在”的集中且多样的纵向联系，还进一步体现在“其他政府代理机构、私有化公共事业、私营企业、志愿组织及利益集团在每个层级上的多种多样的横向联系”。在政府与第三部门的权力关系中，呈现出各层级政府向第三部门横向的权力分享，政府的调控机制包括“适度的规则、市场外包、回应利益表达、发展忠诚或信任纽带”。①

第一，从权力角度看，政府具有对第三部门的管理权。一方面，在政

① ［英］格里・斯托克：《转变中的地方治理》，常晶等译，吉林出版集团股份有限公司2015年版，第15—18页。

府与第三部门的委托代理关系中，政府在委托循环模式的计划、咨询、采购、监控四个环节中具有主导权。虽然政府向服务生产方和其他利益相关方横向分权，各利益相关方有权参与委托循环中的任意环节，但政府仍然具有组织和引领包括第三部门在内的利益相关方参与的权力。

另一方面，政府具有对第三部门进行外部管理的权力，外部管理机制“具体指国家对第三部门的立法管理、资格认证、注册管理、税收管理、财务审计、统计管理、募捐管理、评估与监督等”。①

“政府主动建立与第三部门之间的共商平台，邀请具备影响力的第三部门组织作为重要的参与者在平台上发声，将老年人反馈的问题充分传达给政策制定者，商议结果直通政府各部门的相关部长。苏格兰老年协会定期参加老年人战略行动论坛（The Older Persons’ Strategic Action Forum, OPSAF），该论坛由苏格兰政府负责老年人与平等事务的部长（Minister for Older People and Equalities）发起并担任论坛主席。我们在这一平台发声，直接向他们传递老年人的声音。”（苏格兰老年协会活动和社区筹资工作负责人，T—2—O—S—F—29—M）

第二，从责任角度看，政府承担统筹的责任，在委托第三部门递送服务过程中统筹规划，平衡资源分配，回应公民诉求，优化服务质量，帮助最需要服务的地区和群体获得公民所需高质量服务，维护社会公平正义。政府与地方合作伙伴协商拟定战略规划（strategic planing），确定服务供给的优先事项，判断社区及群体需求分布，制定相应的拨款与采购计划，以供来自第三部门的服务生产方投标竞争，由政府审议确定合同签订资格。政府通过确立战略规划对地方服务供给设定长远目标，通过购买服务中的

① 陈振明等：《公共管理学（第二版）》，中国人民大学出版社 2017 年版，第 294 页。

“质量导向”（quality-driven）促进服务优化，通过公共资金支出在不同地区和社区按需分配保证服务递送的公平性。

> “爱丁堡市政府有一个赠款计划（grants program），专门用于预防性工作，资助价值大约为420万英镑的服务。我们不是零打碎敲地提供服务，而是有一个长远的考虑，目的是让人们保持健康的时间更久，这是预防性议程的一部分。我们目前正在进行项目审查，针对这个420万英镑的计划，收到了1000万英镑的投标申请书，小组委员会将会决定钱应该花在什么服务上。”“在采购过程中，我们会发布广告寻找服务提供方，并公布具体要求，请申请者提交提案。我们审核合同的方式是60%关注质量、40%关注成本。我们特别关注服务是否达到质量要求，这是审核中占比最高的部分，然后再考虑经济上的可行性。我们永远不会以成本为驱动。如果有人想获得合同，我们首先会问服务质量如何，如果质量不好，不管多便宜都不行；如果质量很好，但价格稍微贵一些，那么相比更便宜的服务，我们会支持质量更好的。”“公共资金的分配是以人口需求为基础的，爱丁堡有西北、东北、东南和西南四个地区，在制定战略计划时，我们会进行战略需求分析。由于有些地区的老年人更多、贫困程度更高，假如我们有100英镑，那么不一定每个地区都得到25英镑。如果某个地区的需求更多，他们就可能得到40英镑的服务价值，其他地区按照需求降低服务价值递减。”（爱丁堡市政府老龄事务战略规划部主任，G—2—G—M—F—49—M）

2. 第三部门具有整合社会资源的权力，承担建设老年友好型社会的责任

在政府与第三部门合作供给模式中，第三部门具有整合信息资源、网

络资源、资金资源以及老年人群体利益的权力，承担维护老年人权益、建设老年友好型社会的责任。

第一，从权力角度看，首先，第三部门具有整合信息资源的权力。该部门是政府与公民之间的信息枢纽，有权通过信息与建议等咨询服务将政府颁布的政策传播给公民，并从中获取和分析老年人的意见及需求以传达给政府。其次，第三部门具有整合网络资源的权力，有权在不同组织之间形成网络关系并通过合作共享资源。再次，第三部门具有整合资金资源的权力，有权申请政府资助、竞争政府采购项目、申请信托与基金会资助、向社会募集捐款、获取社会企业资助等，用于服务生产和组织的可持续发展。最后，第三部门具有整合老年人群体利益的权力，有权代表老年人向政府反馈利益诉求并为其争取政策支持。

第三部门代表老年人及社区组织参与政策协商和决策，一方面是基于该部门具有整合社会资源的权力与能力，另一方面是由于政府给予第三部门发言权和参与决策权。苏格兰政府认为，对第三部门的鼓励不应该只是金钱上的激励，而应该赋予其发言权，积极听取和吸纳第三部门的意见。与过去政府象征性征求意见不同，现在苏格兰政府真正重视和倾听基层意见，由过去单向的命令式管理转变为政府与第三部门和社区组织之间的双向交流，第三部门的参与方式由“被告知”转向“被倾听”。

> “在过去，权力掮客不会真正去听第三部门的话，都是非常象征性的表面沟通，那时的模式是‘你们按照我说的去做’。而现在，情况发生了改变，政府真正给予第三部门发言权，而且确实会听他们的意见。”“现在如果第三部门提出想法，我们会认真倾听；如果是好的想法，我们会鼓励并努力帮助它成功实现。有时，第三部门提出的问题确实与资金有关，这也是合理的，因为如果他们提供服务就应该以某种方式得到回报，所以，政府的激励也可能是经济上的。但更加重要的是，现在

第三部门是被倾听而不是被告知，这更像是一种双向交流。”（苏格兰政府医疗与社会照顾一体化理事会负责人，G—3—G—L—M—52—M）

第二，从责任角度看，第三部门承担着建设老年友好型社会的责任。一方面，第三部门承担宣传与倡导的责任，针对老年人关心的问题进行社会宣传，通过开展倡导活动引起社会大众的关注，督促政府将维护老年人权益、建设老年友好型社会纳入政策制定的优先事项中。苏格兰老年协会推动树立在社区、在家中养老的理念，推崇去机构化的养老模式，倡导老年人尽可能维持独立生活的能力，这也是提升老年生活融入性的重要保证。社区养老的实现是以居家和社区环境的适老化建设与改造为前提的。苏格兰老年协会与多家科研机构合作研究老年住房问题，倡导推出新的住房政策以催生出适合老年人的住房项目，改善老年人居家与社区生活环境。同时，该协会倡导为有特殊需求的老年人提供个性化的护理计划，以更加灵活的形式配给服务，以此扩大社区养老服务的适用人群。

“苏格兰老年协会希望更多的老年人能够在自己家里得到最好的照顾，而不是住在养老院里。实际上，养老院中的老年人平均寿命是3年。一是因为当老年人入住养老院时，其身体状态可能已经不是很好；二是因为当老年人的生活变得机构化之后，就不用再自己动手做任何事，其身体和思想不会像住在家里时那样运作，身体与心理健康水平也会随之下降。”（苏格兰老年协会政策支持工作主管，T—2—O—S—F—31—M）

“老年人在家中养老面临着一系列的问题，比如没有足够的社会工作者来提供服务，或者老年人的家庭环境与住宅本身不能适应老年人的生活需求，因此需要进行改造。老年人住房项目是苏格兰老年协会工作的一部分。协会希望影响苏格兰政府、各地方政府及政策制定者，为老年人建造更多更好的家园，使更多老年人能够在自己家中尽可能生活得更好、生活更长时间。这会给养老院减轻很多压力，而且也便宜得多。”（苏格兰老年协会政策研究工作组负责人、前苏格兰议会议员，T—2—O—L—M—42—M）

“有些老年人的需求比较极端，存在身体与精神健康问题，所以，关键是要尽早为老年人制定正确有效的综合护理计划，这可能需要更多的资金、人力和更大的灵活性。”（苏格兰老年协会政策与传播工作主管，T—2—O—L—M—38—M）

另一方面，第三部门承担影响和参与政策制定的责任，利用其专业能力与社会影响力为政府提供政策建议。第三部门具备的社会联络能力、信息收集与分析能力和媒体影响力是政府非常看重的，也是政府寻求与第三部门合作的重要动力。第三部门组织与政府合作的前提是其能够进入政府的视野，在业务水平、社会影响力等方面获得政府的认可。社区养老是涉及多学科、跨领域的问题，需要具备分析复杂问题和进行专业化研究的能力，要求与各领域专家加强合作。然而，第三部门中不同组织的发展水平参差不齐，往往只有影响力较强的组织才能进入政府的议事平台发表意见，仍然有不少第三部门组织难以企及。因此，提高专业化水平、提升参与决策能力是第三部门应该承担的责任。

“政府愿意与苏格兰老年协会合作、征求协会的意见，是因为政府知道我们能够协助组织联络会议与问卷调查等，而且协会还有相当大的媒体影响力，能够在报纸上刊登文章，让机构负责人进行电视宣传。”“如果我们进入了‘房间’（即政府组织的工作小组），我们就可以大声呼喊，而在‘房间’外面就不行，所以，我们需要具备走进‘房间’的能力，成为其中的一员。”（苏格兰老年协会政策参与和倡导工

作主管，T—2—O—L—M—35—M）

“我们是一个很新的团队，实际上对老年人社会照顾问题了解不多，但它是我们最关心的问题。从个人的角度来说，这不是我的专长，我还有很多要学。我不知道自己是否是专家，不确定我们的观点是否真的正确。老年人社会照顾是如此复杂的工作，需要持续提升专业能力。”（苏格兰老年协会政策与传播工作主管，T—2—O—L—M—38—M）

3. 服务使用者具有利益表达的权利，承担真实合法表达诉求的责任

在政府与第三部门合作供给模式中，服务使用者享有作为公民进行个体与群体利益诉求表达的权利，享有作为养老服务使用者对其使用的服务表达意见的权利；承担真实合法表达诉求的责任，通过合法的渠道与方式提出真实的利益诉求。

第一，从权利角度看，首先，服务使用者具有作为公民表达利益诉求的权利，在第三部门的支持下进行公民倡导、自我倡导、同辈倡导、专业倡导、集体倡导。[①] 一方面，服务使用者具有表达个体利益诉求的权利，有权在此过程中获得第三部门与政府的帮助，通过合法渠道和有效机制维护自身的知情权、参与权、表达权及监督权，并获得公共部门的有效回应。[②]

在此类参与形式中，服务使用者的意见影响他们使用服务的递送方

① 公民倡导是指弱势群体与无偿志愿倡导者之间的长期一对一关系；自我倡导是指公民在朋友、家庭或工作人员的支持下为自己倡导；同辈倡导是指倡导者与其倡导“伙伴”分享同为老年人或残疾人的共同经历；专业倡导是指由有偿的律师提供的倡导，这些律师有大量的案主需要提供支持；集体倡导是指一群人聚在一起对共同关心的问题采取行动。See Angela Kydd & Tim Duffy & F. J. Raymond Duffy (eds.), *The Care and Wellbeing of Older People: A Textbook for Health Care Students*, Exeter: Reflect Press Ltd, 2009。

② 王文祥、刘栋明：《建立弱势群体利益表达机制的理论基石》，《社会科学战线》2015年第8期。

式，属于使用者卷入象限划分中的第二象限。该参与形式处于公民参与阶梯的象征主义阶段，属于咨询式参与。公民可以通过法定途径咨询与维权，但还需同更高梯级的参与形式相结合才能保证其关切得到实现。

“当老年人，尤其是患有智能障碍疾病的老年人遇到住房、付费、投诉、福利待遇等问题时，他们有权寻求第三部门提供倡导服务，帮助其获取和理解信息，鼓励其作出独立决定，陪伴和支持其向公共部门表达诉求。”（倡导伙伴组织负责人，T—4—O—L—M—38—M）

另一方面，服务使用者具有表达群体利益诉求的权利，有权通过代表机构（representative bodies）表达诉求。代表机构通过宣传、游说、运动等方式将群体诉求传达给政府，以获得政府的关注与回应，影响政策与法律的制定。在此类参与形式中，公民的意见影响其代表机构工作范围内的服务规划与递送，属于使用者卷入象限划分中的第三和第四象限。该参与形式处于公民参与阶梯的公民权利阶段，属于伙伴式参与。公民通过其代表机构表达群体利益诉求，代表机构和政府之间通过协商进行权力的重新分配，通过议会的委员会工作制和政府的合作伙伴关系工作小组等制度化机制分享服务规划及递送决策的权力与责任。

“苏格兰老年协会属于代表机构，代表苏格兰全境的老年人向议会和政府表达诉求，推动有益于老年人福祉的政策颁布。”（苏格兰老年协会政策与传播工作主管，T—2—O—L—M—38—M）

“倡导伙伴组织（Partners in Advocacy）代表老年人群体举行倡议运动，争取政府对老年人群体诉求的关注，导向政府政策议题的拟定。”（倡导伙伴组织负责人，T—4—O—L—M—38—M）

其次，服务使用者享有对其使用的服务表达意见的权利。老年人有权就其使用服务的内容、方式和效果提出意见，这是第三部门优化服务质量、服务委托方评估服务效果的关键环节，是服务使用者通过参与规制塑造其使用服务的重要路径。在此类参与形式中，服务使用者的意见影响着他们使用服务的递送方式，属于使用者卷入象限划分中的第二象限。该参与形式处于公民参与阶梯的象征主义阶段，介于咨询式参与和安抚式参与之间，将公民意见表达作为法定步骤，允许公民提出意见，但保留服务生产方与提供方判断公民建议可行性的权利。

第二，从责任角度看，服务使用者承担真实合法表达诉求的责任。政府通过资助第三部门提供倡导服务、搭建代表机构的议事平台，帮助服务使用者提高参与能力，打造利益表达的渠道与环境。服务使用者相应承担着利用合法途径表达真实诉求的责任。在表达利益诉求时，服务使用者有责任提供真实可靠的信息，在利益受到损害时，通过法律允许的渠道寻求帮助，维护自身平等权益。

三、结构功能分析

（一）开拓筹资渠道与增强独立性以适应竞争环境

传统的第三部门更多地依赖于政府资金，然而，在政府大力推广竞争性委托外包的背景下，政府与第三部门之间的合作伙伴关系面临竞争的挑战，只有在同行竞争中胜出才能获得政府的资助。同时，经济紧缩使政府资金收紧，单纯依赖政府资助，会导致第三部门难以应对政府资金削减给其发展带来的不确定性。因此，第三部门变得更具企业家精神，努力争取其他收入，通过混合型资金来源确保其可持续发展。

“第三部门依靠地方政府提供资金，与地方政府达成服务协议。地方政府有提供资助的权力，但也可以选择不提供资助。申请者需要等待地方政府每年2月中旬的预算计划，到4月才知道是否获得资助，这对于组织制定规划和提供服务来说非常困难。”（苏格兰老年协会信息与咨询顾问，T—2—O—L—F—41—M）

开拓筹资渠道旨在分散风险，避免过分依赖任何大的收入流，以保证自给自足、独立自主。首先，第三部门保持与政府紧密合作，通过提高组织的专业水平争取在政府委托服务的竞争中胜出。其次，第三部门申请私人信托和基金会提供资助，包括针对具体服务项目的限制性资金和更适应长远目标的非限制性资金，后者是支撑第三部门独立价值追求的重要保证。最后，第三部门具有慈善属性，可以向社会公开募捐，通过培养高净值人群建立定期捐赠渠道，通过发展企业支持者获得企业捐款。慈善募捐在不同的第三部门组织之间效果各异，主要受到公众认可度和品牌效应的影响，因而，第三部门致力于通过媒体、大型赛事、社区活动等方式推广宣传，提升组织的社会影响力。

资金的多元化与稳定性对于第三部门持续发展意义重大，只有拥有稳定的资金支持，才能保证服务供给能力的持续稳定，才能不断在筹资中展示自我能力，获得新的资金支持，形成良性循环。

“筹资的过程是不断证明组织供给服务能力的过程，很多时候不是第三部门制定项目方案后进行募资，而是基金会带着项目和资金寻找有能力的服务供给方，所以，保证充足的资金及过硬的服务质量是证明组织生存能力和业务水平的重要方面，是进一步赢得项目机会和资金支持的关键证明。”（苏格兰老年协会筹资团队组长，T—2—O—L—F—45—M）

（二）愿景驱动与分权引导以达成公共目标

第三部门具有非营利性和正式性，其部门属性决定了第三部门的运行受到价值理性的支配。其动机不是出于经济理性，而是在自觉使命感与组织愿景的驱动下运行。其使命感的形成一方面是出于理性思考，另一方面是源于家庭外利他主义精神，由此产生第三部门的目标。平克认为，第三部门既有正式部门的特点，也兼具非正式部门的特征。其运行既遵循正式部门的管理规范，也在很大程度上受到利他主义慈善情感的驱动。需要平衡两者间的关系，在保证志愿部门专业服务与稳定发展的同时，维护其原初的利他主义精神带来的情感价值。①

第三部门具有非营利属性，它要求物质回报的动机更弱，因缺少有权受益的所有人而不会主动努力集聚财政盈余；第三部门具有正式性特征，它有能力分担政府的部分日常工作；第三部门由利他主义使命和愿景驱动，它致力于发自内在的愿望来推动工作进展。因此，第三部门“不仅缺乏能够挤占其他目标的强烈经济欲望，并且它们也倾向于围绕与政府任务类似或重叠的任务来创建和组织”。② 然而，政府在与第三部门合作获得生产增益的同时，还有两大问题需要权衡：一是第三部门相比私营部门而言生产力较低，因为后者出于对净收益的渴望和对损失的规避重视提高生产力与减少成本；二是与第三部门合作虽然能够减少共享收益裁量权对公共利益产生的损害，但容易产生关于核心事项的冲突，即共享偏好裁量权的风险。基于此，政府在与第三部门开展合作时，一方面看重并希望利

① Robert A. Pinker, “The Experience of Citizenship: A Generational Perspective”, in *Social Policy and Welfare Pluralism: Selected Writings of Robert Pinker*, John Offer & Robert A. Pinker (eds.), Bristol: Policy Press, 2018, pp. 225-238.

② ［美］约翰·多纳休等：《合作：激变时代的合作治理》，徐维译，中国政法大学出版社2015年版，第64页。

用第三部门的比较性优势，如专业知识与经验、在服务递送与设计中卷入使用者的能力、独立于既有结构而具有的服务创新空间、相比政府当局对公众而言更多的信任感、提供指令性低而灵活性与回应性高的服务的能力等；① 另一方面，注重通过引导和调控手段防范第三部门生产力低以及利益偏好与公共目标分歧等问题，以共同达成为老年人提供高质量服务、维护老年人平等权益的公共目标。

第一，政府分权第三部门以参与公共服务供给，通过引导提高服务生产效率，实现地区与群体服务的平等和公平。政府通过与第三部门建立正式的契约关系将第三部门引入服务供给，延续 1990 年《英国国家医疗服务体系与社区照顾法案》中资助方与服务提供方分离的理念，并进一步增强政府的监管职能。② 政府在《开放公共服务白皮书》中引入服务结果导向性和特定群体服务引导性机制③，加强对服务效果与资金使用的契约型、审计型规制，提高第三部门的生产效率，同时平衡对不同地区和群体的资源分配，以实现社会公平正义。

> “政府对资金使用的审查每半年进行一次，现在比过去要严格得多。过去只需基本做到资金申请中的承诺即可，而现在服务生产方需要通过报告证明使用资金做了什么、服务了多少人，服务使用者的评价如何，服务质量如何，服务可及性如何，服务带来了哪些社会影响等。如果没有达标，政府就会取消资金支持。”（苏格兰老年协会筹资

① James Rees & David Mullins, *The Third Sector Delivering Public Services: Developments, Innovations and Challenges*, Bristol: Policy Press, 2016, p. 107.

② HM Government, *National Health Service and Community Care Act 1990*, 1990, https://www.legislation.gov.uk/ukpga/1990/19/contents/enacted.

③ HM Government, *Open Public Services White Paper*, 1 July 2011, https://www.gov.uk/government/publications/open-public-services-white-paper；参见曹鸣玉：《英国苏格兰第三部门社区养老服务多组织联动体系探析》，《中国行政管理》2020 年第 1 期。

团队组长，T—2—O—L—F—45—M）

“政府在对不同地区、不同群体的资源分配方面具有自由裁量权，注重实现地区与群体之间的平等，为原本弱势或受到歧视的群体提供比例更高的支持。群体类型划分标准包括年龄、性别、种族、信仰、健康水平等，地区划分方式包括贫困程度、城乡类型等。地方政府在倾听当地社区居民需求的基础上制定社区规划，第三部门组织根据规划进行项目设计与申请，政府在战略规划中的明确引导引领着第三部门服务递送的方向。”（苏格兰老年协会信息与咨询顾问，T—2—O—L—F—41—M）

第二，政府分权第三部门以参与政策决策，通过第三部门游说和各党派博弈与协商实现公共目标的达成，防止共享偏好裁量权导致的目标偏移。在 1997 年苏格兰选民投票赞成权力下放后，《苏格兰法案（1998 年）》明确规定了“保留”给英国议会的权力，划定了苏格兰议会的立法权限，即苏格兰议会可以制定法律的领域。苏格兰议会有权对所有未明确保留给英国议会的领域进行立法。① 从 1999 年到 2016 年，苏格兰议会的权力逐步扩大，特别是在税收和福利方面。② 苏格兰老年协会在各党派之间进行游说，在少数党政府执政的情况下，充分利用在野党的政治力量以及执政党和在野党之间的博弈，推动与老年人利益相关的政策制定。苏格兰老年协会在各党派、各政客之间的多方运作具有一定的技巧性，充分利用后座议员（back bencher）和在野党的力量，使针对老年人权益的议案得以大

① UK Parliament, *Scotland Act 1998*, 1998, https://www.legislation.gov.uk/ukpga/1998/46/contents/enacted.

② 苏格兰议会的第一次会议于 1999 年 5 月 12 日举行。从那时起，苏格兰议会的权限已经被修改了很多次，最著名的是《苏格兰法案（2012 年）》（Scotland Act 2012）和《苏格兰法案（2016 年）》（Scotland Act 2016）。其中最重要的变化是扩大了苏格兰议会的权力，特别是在税收和福利方面。

胆提出。除了通过政府搭建的议事平台发声以外，第三部门也可以直接找到政府负责人反馈情况，如果得不到政府的回应，可以转向议会中其他党派，游说更多的政界人士，通过在野党的力量将老年人的诉求注入政策制定的议程中。

“过去我们所有的时间都花在了政府上，而没有足够的时间花在在野党那里。事实上，不只政府是重要的，议会也很强大。现任政府是一个少数党政府，在议会中没有多数席位，多数席位中有 3 个或 4 个席位短缺，所以议会很强大。有 6 个绿党议员（Green Party MSP），他们一直以来都是苏格兰民族党政府（Scottish National Party Government）的支持者，这意味着他们在人数上略占多数。在野党有相当多的权力，特别是在预算问题上，每年的制定预算时间都是在 1 月和 2 月，政府不能保证通过自己的预算案，必须由各党派达成协议，因此，这是我们争取需要的、想要的利益的机会。”（苏格兰老年协会政策与传播工作主管，T—2—O—L—M—38—M）

“最重要的是政府的后座议员，他们是苏格兰民族党中那些不是部长的人。政府的后座议员知道自己永远不会成为部长，他们才是有帮助的人，因为他们不在乎自己，但会做一个好的代表(representor)，希望做一些好事。他们很乐意提出一些尖锐的问题，做一些难做的事情。从党派来看，保守党是最有发言权的，是苏格兰议会中第二大党，也是作为保守派的在野党。他们经常发声，想要狠狠地踢政府一脚。这对我们来说是件好事，他们愿意并能够做到我们希望的事。”（苏格兰老年协会政策参与和倡导工作主管，T—2—O—L—M—35—M）

“我们的渠道是直接找到政府部门的负责人，问他们问题，给他们提出问题和议题，而且他们会听的。在这方面，我们是幸运的。通过公务员或其他方式向上找到部长办公室，这是影响政府的最有效方式。”“如果我们需要发声，而公务员不让政府听到我们的声音，我们就会找到其他政治家，与在野党的政客以及政府的后座议员谈谈。政府给他们发声的机会，他们会说出问题。”（苏格兰老年协会政策支持工作主管，T—2—O—S—F—31—M）

苏格兰议会的委员会（committees）制度非常重要。委员会是由苏格兰议员组成的小组，每周定期开会，审查苏格兰政府的工作，对其职权范围内的问题进行调查，并审查立法。由于保守党在各委员会中的席位较多，苏格兰老年协会与保守党保持密切联系，以其为渠道传播该协会的主张与建议。苏格兰老年协会通过保持与各委员会的联系，向其传递重要的政策建议，争取委员会中议员的支持，获得赞同后将会组织撰写并提供法律修正案。

“保守党（The Conservative Party）是苏格兰最大的在野党，目前是苏格兰议会中第二大政党，在议会中很有势力。我们一有机会就去找保守党，因为它在议会中的各个委员会里有相当多的席位。有些委员会很有影响力，比如健康与运动委员会（Health and Sports Committee）和地方政府委员会（Local Government Committee），它们会影响社会照顾领域的相关事务，而保守党在委员会中是一个重要的声音。委员会的工作很重要，负责审查政府的立法和法律，进行议会调查，向议会提出建议，说出它们认为好的和不好的方面以及是否会尝试修改立法，然后由议会来决定。”（苏格兰老年协会政策支持工作负责人、苏格兰议会前议员，T—2—O—L—M—42—M）

“我们会雇人起草法律草案，这是非常有技术性的工作。政客们在议会上提交草案，在委员会上讨论、辩论，最后如果能够通过，如果政府都能接受，这些内容就会被写入新的法律。这是一项大型工作，非常昂贵且耗时。但对我们来说，这是影响政治家、政府及法律变化的重要方式，能够使老年人的生活变得更好。”（苏格兰老年协会政策与传播工作主管，T—2—O—L—M—38—M）

（三）推动第三部门基础与能力建设以整合社会力量

在伊瓦思的福利三角框架中，第三部门位于由市场、国家、非正式福利部门构成的福利供给三角结构的“张力场”之中，与其他部门之间存在着“活动的边界”。边界的模糊性与疏松性导致第三部门组织具有混杂性和异质性，且越靠近边界的组织就越具有边界外部门的特征。[①] 同时，第三部门内部存在着信任的价值观、社会使命感与社会创新性，由此产生的积极性和包容性使第三部门在社会范围内具有较大的影响力，能够吸纳并整合多样化的社会力量，对于营造老年友好型社会环境具有重要作用。

为了进一步提高第三部门的影响力，充分发挥第三部门的作用以整合社会力量，政府对第三部门开展基础建设与能力建设，主要涉及两个相互关联的层面：首先，在政策层面上，政府引导第三部门领导和形塑公共服务递送议程，拓宽第三部门服务递送空间，就第三部门可能作出的独特贡献及相关投入进行辩论，发挥第三部门在政策与法律制定中的“诤友”作用；其次，在实践层面上，政府不仅为第三部门的服务递送提供支持，还帮助促进第三部门发挥协调作用，推动小型地方组织在服务递送中形成网络、伙伴或联盟关系，发挥第三部门的“桥梁”作用。

具体来讲，基础建设侧重于设施和资源，包括用于支持、发展、协

---

① Adalbert Evers, “Shifts in the Welfare Mix: Introducing A New Approach for the Study of Transformations in Welfare and Social Policy”, in *Shifts in the Welfare Mix: Their Impact on Work, Social Services and Welfare Policies*, Adalbert Evers & Helmut Wintersberger, Bloomington: Campus Verlag, 1990, pp. 7-30.

调、代表和促进“一线组织”的物质设施、结构、系统、关系、人力、知识、技能等，从而使组织能够更有效地递送服务；能力建设侧重于活动，主要指赋权活动，通过增强志愿组织和社区组织的能力来构建其结构、系统、人力、技能，以便更好地确定和实现目标。第三部门中主要工作是为其他组织提供建议、支持并帮助其发展的组织，被称为“基础机构”或“二线组织”。① 政府加强第三部门的基础建设和能力建设的措施包括以下三个方面：第一，加强基础机构在政策和实践中的影响性作用，形塑第三部门服务递送领域。具体方式包括发起和参与协商程序，鼓励政策及决策结构中的参与和代表，通过游说和宣传运动争取第三部门的利益等，由此直接介入新政策议程和立法辩论，围绕第三部门服务递送的价值主张、贡献和潜能形成话语体系。举例来说，第三部门中的伞状组织或会员组织（umbrella/ membership bodies）作为中间力量发挥着代表作用，以其在行业内的影响力保证政府与数量繁多的小型社区组织的信息互通，保证政策推广的有效性。

“政府给予第三部门真正的参与权和发言权，确保各利益相关者进行实质性参与而不仅仅是形式上的参与（box-ticking engagement），这种参与包括政策制定之前的意见收集以及政策颁布之后有关政策推行与落实的共商议程。医疗与社会照顾整合政策已经在议会一致通过，进入政策推行阶段，现在政府的目标是使每个人都真正相信并支持政府工作。第三部门组织数量繁多、规模各异，在实践中参与非常困难，需要伞状组织发挥作用，代表第三部门中各类组织的利益。政府以伞状组织为据点，通过沟通使其理解和认同政策原则并参与政

① James Rees & David Mullins, *The Third Sector Delivering Public Services: Developments, Innovations and Challenges*, Bristol: Policy Press, 2016, pp. 108-111.

策推广。苏格兰的伞状组织包括苏格兰医疗与社会照顾联盟（Health and Social Care Alliance Scotland）、苏格兰照顾与支持提供者联盟（Coalition of Care and Support Providers in Scotland, CCPS）、爱丁堡志愿组织理事会（Edinburgh Voluntary Organisations' Council, EVOC）等。"（国家医疗服务体系社区生活组织知识与信息技能专家，G—4—G—L—F—33—M）

第二，在开发第三部门投标申请与递送公共服务的潜力和能力方面进行基础建设。具体方式包括在获取资源方面提供信息、建议与指导，为能力建设和组织发展提供实际支持、服务与便利的学习机会等。

"政府建立专业指导服务中心以提供筹资、管理和业务支持，建立社会投资支持项目提供混合补助金及贷款资金，并辅以实际的商业支持。"（爱丁堡市政府老龄事务战略规划部主任，G—2—G—M—F—49—M）

第三，在志愿组织和社区组织之间相互联系及其与公共和私人部门组织的联系方面进行基础建设。具体方式包括为联络提供机会与结构，为第三部门斡旋关系并共享资源，促进协作与联合工作等。

"政府鼓励第三部门组织集会或网上论坛，促进联络、合作、联盟等相关信息传播，提供廉价采购渠道和供应链信息。"（爱丁堡市政府老龄事务战略计划规划部主任，G—2—G—M—F—49—M）

由此，政府通过对第三部门的能力建设提升其影响力，使第三部门在服务递送与政策决策中更好地整合各类第三部门组织的力量，实现第三部门内部组织间的横向联络通达、第三部门与政府间的纵向互动顺畅，通过政府与第三部门合作有效整合社会力量。

（四）志愿精神与政社开放以维持模式运行

第三部门是非营利的正式部门，汇集了多种类型与规模的组织，由第三部门独特的价值观和动机团结起来。第三部门组织具有正式性、非营利的分配方式、本质上独立于国家、自治性、受益于志愿主义等特征。①

第一，第三部门以志愿精神为文化内核，其内在动机是家庭外利他主义（extra-familial altruism）。相对而言，家庭利他主义（familial altruism）是一种有限的利他主义形式，属于“有条件的利他主义”范畴。虽然仅限于家人，但它是人们对他人福利道德关切的主要源泉。当人们逐渐成熟并成为更广泛社区的公民时，人们对权利和义务的概念也变得更加广泛，并开始具有社会权利和义务的正式特征。②在一个具有不确定性的社会里，单靠家庭利他主义不能保证福利。集体形式的社会供给，无论是法定的还是志愿的，都是分担风险和在需要时互相帮助的合理方式。人们对不如自己幸运的人的同情也是一个重要因素，社会福利制度就是“同情与冷漠、利他主义与利己主义之间不稳定的妥协”。③平克对家庭外利他主义的范围进行了探讨。他认为，由于界定亲友的标准具有非正式性和主观性，要界定家庭利他主义的边界十分困难，在公民身份和社区的广泛背景下，更难回答“谁是我的邻居”这一问题。在更广阔的家庭外利他主义的世界里，合法权利和义务的范围可以扩展到所有已经缴纳了税款和福利款额的人、所有同属一个社会的成员，甚至是蒂特

① Lester M. Salamon & Helmut K. Anheier, *Defining the Nonprofit Sector: A Cross-national Analysis*, Manchester: MUP, 1997.

② Robert A. Pinker, *The Idea of Welfare*, London: Heinemann, 1979, p. 39.

③ Robert A. Pinker, *Social Theory and Social Policy*, London: Heinemann, 1971, p. 211.

马斯理想中的“普遍陌生人”。①家庭外利他主义与正式志愿部门和非正式志愿服务的利他主义相互重叠，相互影响。虽然正式的志愿机构越来越多地依靠理性的管理原则运作，越来越依赖法定资金，但它们的大部分收入仍然来自慈善情感的源泉。②

首先，从筹资方面看，第三部门虽然在一定程度上依赖于政府拨款，但大部分收入来自慈善捐款。第三部门通过对公益精神的培育形成公民慈善捐款的社会氛围。其次，从志愿者参与服务递送来看，与非正式部门的志愿服务不同，第三部门的志愿服务更加正式化和专业化，志愿者基于自我实现和更有工具性的动机参与服务。一方面，在福利多元主义和新公共管理变革的影响下，第三部门趋向于官僚化和等级化，关注问责、绩效监测、风险评估、影响测量、成本效益等，由此形成志愿者管理的正式化和向工作模式转变的趋势。另一方面，在世俗化、市场化、个人主义、人口结构变化以及女性工作模式改变的社会背景下，志愿者服务由基于组织成员身份和明确利他主义动机的传统的、集体的、稳定的参与形式，转向基于自我实现和工具性动机的后现代的、自反性的、不稳定的参与形式。第三部门组织和志愿者共同抵制这种转变，寻求扩大志愿者参与空间，通过拓宽和加深志愿者参与，

---

① 蒂特马斯提出“无名陌生人”（unnamed stranger）和“普遍陌生人”（universal stranger）的概念，并赋予其重要的道德意义。他认为，对陌生人，尤其是“普遍陌生人”的给予，是利他主义和良善社会的终极试金石。也就是说，随着接受者变得更加匿名、更加分散，与施予者的距离越来越远，施予行为固有的美德会成倍增长。然而，在他的调查中，没有一个捐献者的行为是“完全利他的”，因为捐献者清楚，他们在某时可能也需要他人的捐献，因此，他们会从“未来未知陌生人”的利他主义中受益。See Richard Morris Titmuss, *The Gift Relationship: From Human Blood to Social Policy*, London: Allen & Unwin, 1970, pp. 238-239. See Robert A. Pinker, “The Experience of Citizenship: A Generational Perspective”, in *Social Policy and Welfare Pluralism: Selected Writings of Robert Pinker*, John Offer & Robert A. Pinker (eds.), Bristol: Policy Press, 2018, pp. 225-238。

② Robert A. Pinker, “The Experience of Citizenship: A Generational Perspective”, in *Social Policy and Welfare Pluralism: Selected Writings of Robert Pinker*, John Offer & Robert A. Pinker (eds.), Bristol: Policy Press, 2018, pp. 225-238.

实现服务使用者卷入、社会团结和积极公民身份的价值。①

> “苏格兰老年协会通过组织社区筹资活动宣传慈善事业。社区活动能够让公众了解协会的工作和筹资的目的，引起公众的关注和讨论，吸引更年轻的捐赠者。目前的每月固定捐款和遗赠多数来自于老年人。苏格兰老年协会希望通过在社区层面上建立友好关系来设立年轻捐赠者的渠道，影响和吸纳年轻的固定捐赠者，以期将其培养为潜在的遗产捐献者。”（苏格兰老年协会活动和社区筹资工作负责人,T—2—O—S—F—29—M）

第二，政府与第三部门合作供给模式以政府与社会相互开放为文化基础，基于双方互利互惠的原则，以制度化规范保障该模式的持续运行。首先，政府与第三部门在制度上相互开放。一方面，从第三部门角度看，该部门设有专门的政策与联络团队，与政府、议会中的政界人士联络，提出与老年人福利相关的建议，与政界人士商议相关问题，以影响政策制定。这种联络以双方代表的机构为背景，交往可通过个人途径，相对比较灵活。另一方面，从政府部门角度看，苏格兰议会具有开放性，设有专门的游说登记（lobbying register）② 制度，允许不同的压力团体与议会沟通。这种沟通方式已经制度化，是推动政府部门与第三部门联系规范化的新机

① James Rees & David Mullins, *The Third Sector Delivering Public Services: Developments, Innovations and Challenges*, Bristol: Policy Press, 2016, pp. 130-141.

② 《游说（苏格兰）法案（2016 年）》[The Lobbying (Scotland) Act 2016] 于 2016 年 4 月生效。该法案旨在提高游说活动的公众透明度。它将特定类型的沟通定义为“受监管的游说”（regulated lobbying）。自 2018 年 3 月 12 日起，任何从事受监管游说活动的人都必须使用游说登记网站记录其活动细节，任何对已经发生的受监管游说活动感兴趣的人也可以搜索该登记册。受监管的游说只涉及与以下人员面对面进行的游说：苏格兰议会成员、苏格兰政府成员（包括苏格兰法律官员）、初级苏格兰部长、苏格兰政府的常任秘书、苏格兰政府特别顾问。

制，保证了公开透明与公众监督。

> “苏格兰老年协会的政策团队可以给政客发邮件、打电话、发推特沟通和约访，这种联络可以通过我们已经建立的任何关系。我来协会工作之前在政界待了12年，认识很多政治家和记者，所以，这种联系就是在人际交往层面的来往。”（苏格兰老年协会政策与传播工作主管，T—2—O—L—M—38—M）
>
> “苏格兰议会的好处是它非常开放，最新建立了游说登记制度，在日志上注册登记就能与政治家会面，可以非常直接地向政治家提出任何要求。我通过查看议会的工作安排就知道他们什么时候有空，然后建议一个见面时间，在会面中阐明观点，指出问题所在，说明受到影响的人群，提出改进措施，展示佐证材料，并呼吁采取行动。他们会考虑在议会中提出问题或采取措施。”（苏格兰老年协会政策参与和倡导工作主管，T—2—O—L—M—35—M）

其次，苏格兰议会、政府与第三部门之间形成的合作关系实际上是基于双方的互惠互利。政府部门需要来自第三部门的可靠信息，帮助其发现老年人社区照顾中的新问题并提出解决办法，以便于议会提出议案或制定与修订政策法案；第三部门则发挥其长期积累的政策敏感性与专业能力，以及与老年人群体贴近、了解老年人诉求的优势，向政府部门指出问题所在，提出解决方案，从而践行其代表老年人利益的宗旨并提升其社会影响力。

> “通常情况下，政府与像苏格兰老年协会这样大型的、有影响力的组织会面，就可能对其有利的问题举行会议，是符合其利益的。议员与协会的双向联络是考虑到彼此自身利益的，议员可以从协会获得

新的信息来帮助其工作，协会通过与议员建立联系来争取其对协会主张的了解和支持。双方的支持与帮助是相互的，需要通过互利共赢来维持关系。”（苏格兰老年协会政策与研究工作组负责人 / 前苏格兰议会议员，T—2—O—L—M—42—M）

由此可见，志愿精神的培育与传承是第三部门得以持续发展并保持相对独立性的文化系统，政府同社会之间的相互开放和互利共赢是政府与第三部门合作关系得以平衡及稳定发展的文化氛围，志愿精神与政社开放文化上升为社会价值规范并得以传承。

四、价值目标分析

（一）通过斗争性参与维护老年人平等权益

在政府与第三部门合作供给模式中，老年人通过斗争性参与争取平等权益。首先，从公民参与的角度看，组织联盟（alliance）是以集体斗争维护弱势群体权益的有效方式。根据过去 20 多年的经验，无论是依靠保守党政府还是工党政府都难以带来真正的变革和参与，只有强大的自下而上的集体组织才能实现真正的参与。自 20 世纪 90 年代后期以来，政府与大型慈善组织结合，成功地实现了残疾人权利运动①的理念，维护残疾人完整的人权和平等权益，反对在经济紧缩政策下牺牲弱势群体的利益。这种

① 残疾人权利运动（Disability Rights Movement）是全球性的社会运动，旨在确保所有残疾人享有平等的机会和权利。它由全球范围内的残疾人活动家（也称为残疾人倡导者）组织组成，为共同的目标和需求而努力，如建筑、交通与自然环境中的可及性和安全性，在独立生活、就业、教育和住房方面的机会均等，以及免受歧视、虐待、忽视和其他权利侵害等。残疾人活动家正在努力打破使残疾人无法像其他公民一样生活的体制、身体和社会障碍。

通过组织联盟进行倡议运动的方式形成了鼓舞人心的信号，因为虽然没有人怀疑组织成员的勇气和决心，但参与运动的人数往往很少，只有与更强大的社会力量联合起来才有更大获得成功的可能性。① 其次，从服务使用者卷入的角度看，通过“斗争”赋权②，将享有共同利益、拥有共同经历的群体集中在一起为变革而努力。虽然个体行动能够发挥一定作用，但集体行动在建立信心、分享经验、使个体赋权转变为社会和政治赋权等方面更有帮助。③

第一，从第三部门角度看，第三部门的工作在推动实现社区养老服务的平等性方面作用突出，通过集体行动和斗争性参与维护老年人权益。一方面，第三部门作为老年人群体代表进行政策倡导，维护老年人在公共服务和社会生活中的平等权益。借由与老年人群体信息互动和与社区养老自组织的网络关系了解老年人以及社区养老服务组织的诉求，呼吁社会重视老年人福利，游说政策制定者关注老年人福祉，代表老年人争取与其他年龄群体之间的平等权益。例如，在苏格兰地区制定最新的住房战略时，第三部门呼吁根据苏格兰人口老龄化进程，优先发展老年人住房以适应老年人的特殊需求。同时，第三部门在营造年龄包容性工作场所与社会环境方面发挥了重要作用。它们组织研讨会与培训活动，倡导构建跨年龄群体的工作团队与老年失智症友好型工作文化，维护老年人在工作环境中的平等权益。

“我们需要建造更多的房屋，建设得比现在更快。我们要建造更

① Peter Beresford & Sarah Carr, *Social Policy First Hand: An International Introduction to Participatory Social Welfare*, Bristol: Policy Press, 2018, pp. 248-249.

② 通过“斗争”赋权是指由使用者主导服务替代专业人士主导服务的社会和政治变革运动，这种斗争方式被称为“新社会运动”。

③ Jon Glasby, *Understanding Health and Social Care (3rd Edition)*, Bristol: Policy Press, 2017, p.149.

小的房屋，因为人口老龄化意味着有更多独居老人，一人就是一户，他们不希望住在目前正在大量建造的三居室房子里。”（苏格兰老年协会政策参与和倡导工作主管，T—2—O—L—M—35—M）

另一方面，第三部门通过个体倡导帮助老年人平等发声、维护自身权益。第三部门积极与法律事务部门合作，为老年人提供倡导（advocacy）支持，帮助老年人消除或缩小与法律事务机构、政府部门等专业优势和权力优势部门的地位劣势，实现老年人拥有与权威机构及其他社会群体之间相对平等的地位。

“老年人常常遇到住房、投诉、遗产、申请获得福利待遇等问题。倡导服务独立于任何专业倾向，注重老年人本人的主张。当老年人与某些机构之间产生纠纷，由于不理解政策条款而不知道如何选择时，我们会为老年人提供相关的政策文件，并解释具体的操作方法，然后鼓励老年人采取行动。如果老年人希望尝试其他方式，我们会进行研究，然后为他们提供新的路径以供选择。我们希望通过支持与陪伴，让老年人平等、自信地面对所谓的权威机构和其他社会群体。”（倡导伙伴组织负责人，T—4—O—L—M—38—M）

第二，从政府部门角度看，苏格兰议会的比例代表制（proportional representation）使少数群体的利益能够得到充分代表，为通过斗争性参与维护老年人权益提供了制度保障。1999 年苏格兰议会成立后，在议会选举中引入比例代表制。这一制度能够恰切地反映苏格兰公民的选举意见，在公民的投票结果和各政党获得的议会议员数量之间实现更公平的匹配，使苏格兰议会的各党派力量更加平衡，议员能够更加广泛地代表当地民众的权益，不管是多数群体还是少数群体的利益都能得到充分代表。①

"苏格兰议会在1999年成立时建立了全新的工作系统。此前，苏格兰的议员数量较少，仅有59个；而现在苏格兰议会就有129位议员，所代表的选区较小。苏格兰有不同的地区。以爱丁堡所在地区洛锡安区为例，该地区的苏格兰议会地区议员（regional members of Scottish Parliament）有两人，一人来自选区，另一人来自政党。如果在某一地区，有相当多的选票投给一个政党，但选票数量不足以获选一个选区的苏格兰议会议员，议会的工作系统会帮助其在议会中按比例获得一些代表名额，由此达到政党观点的平衡，形成更加强大的议会。由于投票制度不同，苏格兰议会比英国议会的投票制度更成比例，公民拥有更多的选票，可以把选票分散开来，选举结果比以前更加公平。"（苏格兰老年协会政策与研究工作组负责人、前苏格兰议会议员，T—2—O—L—M—42—M）

由此，第三部门以组织联盟的形式代表老年人进行集体斗争与倡导支持，政府部门通过更加平衡的议会选举制度公平地代表老年人群体利益并回应其诉求，为斗争性参与实现维权目标提供保障。

（二）通过链接互通实现养老服务可及性

在政府与第三部门合作供给模式中，第三部门发挥链接互通作用实现社区养老服务的可及性。第一，第三部门发挥其在机构沟通与转介方面的优势，帮助老年人获得连续的福利资源，实现服务递送的连续性；通过机

① Scottish Parliament, *The Electoral System for the Scottish Parliament*, http://www.parlamaid-alba.org/gd/visitandlearn/Education/16285.aspx.

构间的相互配合使老年人尽量在同一地点获得各类服务，实现服务递送的完整性。

> “苏格兰老年协会注重老年人的‘全人’需求，谋求为老年人提供整体性服务。老年人不只是被照顾者，常常也是照顾者。老年人的照顾很大程度上来自配偶、亲属和朋友等非正式照顾者，使其能够在家庭和社区环境下生活更长时间，而这些非正式照顾者本身也可能属于老年人群体。苏格兰老年协会努力帮助老年人获得最适合其需求的支持，一方面为非正式照顾者提供援助，另一方面帮助老年人获得适当数额的政府资金补助以支付额外服务费用，实现正式部门与非正式部门的共同支持和恰当配比。”（苏格兰老年协会政策参与和倡导工作主管，T—2—O—L—M—35—M）

第二，第三部门利用其专业优势和与政府之间的密切关系扮演老年人同政府之间的沟通桥梁角色，使服务使用者的需求能够影响服务决策者并获得其回应，使老年人享有有责信的服务。

> “苏格兰老年协会工作中最重要的部分就是不断跟进、不断推动、不断让政府负责，回应老年人需求，确保所有的老年人得到他们有权得到的最好的福利。苏格兰老年协会的关注范围涵盖了所有关于老年人的事务，特别是老年人照顾、服务递送等方面。苏格兰老年协会特别重视缺乏关注的群体，督促政府关注受到忽视的弱势老年群体，确保进行及时的介入。”（苏格兰老年协会政策与传播工作主管，T—2—O—L—M—38—M）

（三）通过信息支持为老年人赋权增能

在政府与第三部门合作供给模式中，第三部门和政府为老年人提供信息支持，帮助老年人提高独立生活和融入社会的能力。第一，第三部门为老年人提供个性化的信息咨询和电话陪伴服务，为老年人融入社区生活提供支持。首先，在信息获取方面，第三部门为老年人提供社区资源链接服务，根据老年人不同的个人需求、家庭及所处社区情况，为老年人提供个性化的信息支持与联络对接服务。

> “我太太去年去世了，我常常自己待在家里，很少出门。我的女儿在伦敦工作，每隔一两个月会回家看我，但她也有自己的生活。我对历史和文学感兴趣，想参加老年大学（University of the Third Age）或者午餐俱乐部的活动，跟兴趣相投的朋友聊聊天。苏格兰老年协会帮我找到了我家附近的许多老年活动，还帮我联系了组织负责人。”（苏格兰老年协会社区链接热线服务使用者，T—2—U—M—72—M—A）

其次，在陪伴与鼓励方面，第三部门通过定期向老年人致电问候，关心询问近况，鼓励老年人走出家门参加社区老年活动，帮助老年人协调解决交通问题、接送问题、社区组织的接洽等问题，使老年人融入社区生活，消除孤独感与社会隔离。

> “热线服务的志愿者每隔两周就会打来电话，问我最近感觉怎么样、有没有参加之前推荐给我的社区活动、参加之后的体验怎么样。这种支持让我更有信心走出家门，丰富自己的生活。因为我腿脚不便，需要使用轮椅，他们会安排志愿者来接我，这让我有更多机会走出家门。通过参加社区活动，我交到了一些朋友，感到不那么孤

独了。”（苏格兰老年协会社区链接热线服务使用者，T—2—U—M—80—M—A）

第二，政府部门注重政策的传播性，用通俗易懂的表达方式实现政策在老年人群体中的广泛传播。政府制作易读的政策使用手册，避免技术性语言，使老年人有公平的机会理解政府政策，提高社会参与和获取福利的能力。

由此，第三部门通过社区服务信息服务为老年人提供支持，使老年人具备参与社区活动、融入社会生活的能力和信心；政府通过普及政策信息便利老年人了解社会政策，提高老年人参与社会生活、获得应得福利的能力。

五、本章小结

本章选取苏格兰老年协会供给服务这一案例，考察政府与第三部门合作供给模式。研究发现，该合作供给模式的运行机制为“政府分权引导、第三部门链接互通”。具体来说，政府扮演“引导者”角色，在维护第三部门独立性的前提下，引导其与政府达成一致目标；第三部门扮演“诤友”和“桥梁”角色，在公民、非正式组织和政府之间架起链接互通的桥梁，在保持自身相对独立的价值追求的同时，为政府服务规划、政策决策及法律制定建言献策；服务使用者扮演“利益表达者”角色，在融资、决策和规制三个方面发挥积极作用。政府具有管理的权力，承担统筹的责任；第三部门具有整合社会资源的权力，承担建设老年友好型社会的责任；服务使用者具有利益表达的权利，承担真实合法表达诉求的责任。政府向第三部门横向分权。第三部门在政府的培养下与其共担责任，并通过开拓筹资渠道与增强独立性以适应竞争环境，在愿景驱动与政府分权引导下达成公共目标。政府推动第三部门的基础与能力建设以整合社会力量，通过志愿精神和政社开放维持政府与第三部门合作供给模式运行。上述运行机制通过斗争性参与维护老年人的平等权益，通过链接互通实现养老服务的可及性，通过信息支持为老年人赋权增能，具有一定的积极老龄化意义。

第四章　规范与共塑：政府与私营部门合作

一、老年照顾家园公司供给服务

老年照顾家园（Home Instead Senior Care）是屡获殊荣的居家照顾服务供应商，其服务递送灵活，可以根据客户的具体需求进行调整，让客户在熟悉的环境中享受高品质的生活，也给客户的家人带来内心的平静。老年照顾家园提供居家服务、专业失智症护理、陪同客户外出等服务，所有服务都秉持"陪伴为先"的理念。为此，老年照顾家园会安排同一位训练有素的照顾人员上门服务，保证每次服务时间充足、照顾恰当。① 该机构通过公众教育计划（Public Education Programme）免费与公众和所有志愿服务组织分享专业知识和技术，主题包括阿尔茨海默氏症和其他形式的失智症、帕金森氏症以及社会照顾服务的经验等。

（一）发展脉络：个体性经历与连锁化经营

老年照顾家园于 1994 年在美国创立，逐渐发展为全球连锁企业，将其居家养老照顾实践在世界范围内推广。2005 年，老年照顾家园在英国

① 照顾督察局为老年照顾家园的护理与支持服务质量评分为"6 分优秀"（即最高分数），对整个服务团队的努力给予充分认可。

成立，迅速在英国各地发展了多家分公司，成长为英国领先的居家照顾服务企业。老年照顾家园的发展脉络如表 4—1 所示。

表 4—1　老年照顾家园的发展脉络 ①

阶段	发展情况
公司创立：基于个人经验的私营居家养老照顾服务	老年照顾家园是一家世界领先的私营居家照顾公司，由保罗·霍根（Paul Hogan）和洛丽·霍根（Lori Hogan）夫妇 ② 于 1994 年创立。这对夫妇努力寻找适合保罗祖母需求的个性化照顾，老年照顾家园的概念由此诞生。随着该公司的创立，保罗的祖母曼哈特得以住在家里，并且比预期多活了许多年。这段经历激发了霍根夫妇通过为老年人提供私人居家服务帮助其他家庭的愿望。
特许经营：具有地方特色的全球化框架	基于这一积极的经验，霍根夫妇决定创建老年照顾家园特许经营企业（franchise），目前分布在全球 14 个国家。全球特许经营模式使老年照顾家园收集了来自世界各地的最佳实践，并传递到每个地方的分公司，帮助提供高质量、个性化的照顾服务。因此，每个老年照顾家园服务供应商都能受益于高质量的培训和有效的工作程序，充分关注每个客户及其家庭。在英国，老年照顾家园的分公司在不同城市范围内提供照顾服务，这使其与客户的关系更加密切，能够在客户需要时随时提供帮助。作为小型的本地企业，老年照顾家园在英国的各分公司密切关注客户需求，确保能够为每位客户提供个性化的出色体验。
英国分部：在英国推出个性化、高品质的私营居家服务	基于同霍根夫妇创立企业的相似缘由，即当时英国的居家照顾服务缺乏真正的个性化方法，老年照顾家园于 2005 年在英国成立。本着为居家老年人提供优质照顾服务的使命，老年照顾家园迅速成长为英国领先的优质居家照顾服务公司。
英国发展：家庭私营养老照顾专家	如今，老年照顾家园在英国各地共有 200 多家由当地所有和经营的分公司，2019 年雇佣了超过 1.3 万名员工，为超过 2.1 万名客户提供了超过 600 万小时的优质服务。

① 本表由笔者根据老年照顾家园企业主访谈资料整理而成。

② 保罗·霍根在 1985 年毕业于美国内布拉斯加大学林肯分校，是居家老年照顾基金会（Home Instead Senior Care Foundation）和全国私人责任协会（National Private DutyAssociation）的创始董事、青年企业家组织（Young Entrepreneur Organization）内布拉斯加州分会的创始成员，也是内布拉斯加州家庭优先协会（Family First Nebraska）的董事会成员。由于对特许经营的贡献，他被国际特许经营协会（International FranchiseAssociation）评为 2006 年度企业家。洛丽·霍根毕业于内布拉斯加大学奥马哈分校，是奥马哈商会、内布拉斯加州家庭优先协会、居家老年照顾基金会董事。她鼓励与启发各地连锁经营商和护理人员，在老年照顾家园中扮演着关键角色。

（二）服务内容：个性化定制与人性化关怀

老年照顾家园为客户提供居家照顾服务。在老年人家中提供服务是一种非常私人的照顾模式，因此，老年照顾家园设置了严格的照顾标准，提供的每项服务的各个细节都是根据客户需求量身定制的，由客户自主决定所需照顾与支持的等级。老年照顾家园的居家服务类型如表 4—2 所示。

表 4—2　老年照顾家园居家服务类型①

服务类型	服务内容
陪伴照顾（companionship care）	陪伴照顾可以防止孤独对老年人健康产生的负面影响。许多客户只是需要有人陪伴和交流，其中有不能经常见到家人和朋友的独居老人，也有新近丧亲、难以适应生活的老年人。老年照顾家园根据客户需求提供陪伴每周采购、就诊、参加社交团体或活动、在家或外出就餐等服务，还可以帮助客户培养新的兴趣或重温旧时的爱好，如学习舞蹈、演奏乐器、编织手工、烹饪特色菜等。无论客户喜欢做什么，老年照顾家园都会找到合适的照顾者来支持客户实现目标，并发展新的可能性，增进生活中的友谊，让老年生活充实而富有乐趣。
家政服务（home help and housekeeping）	生活质量的提高往往始于家庭照顾，干净整洁的居所可以对老年人的健康和幸福产生积极影响。老年照顾家园为居家客户提供家政服务，包括帮助搬运垃圾桶、打扫卫生、吸尘除尘、整理房间、喂养宠物以及洗衣、熨衣等，涵盖了家务的各个方面，帮助客户在家庭环境中生活得更好，保持干净、整洁和安全。老年照顾家园会为客户匹配合适的照顾者，安排照顾者花时间了解客户的家务喜好，将房屋变成令人快乐的地方。家政服务为客户释放出宝贵的时间和精力，让客户能够专注于想做的事情。
个人护理服务（Personal care services）	个人护理是一项私人服务，无论是帮助保持个人卫生，还是保养身体、维持活跃状态，都对客户的健康与福祉非常重要，是老年人充实生活的重要因素。个人护理服务包括穿衣、洗澡、协助饮食、药物治疗等，会给生活质量带来很大影响。个人护理对客户来讲相对敏感，因而，老年照顾家园的专业护理人员工作谨慎，花时间与客户建立密切的关系，以确保服务更具独特性与个性化。照顾者会根据客户的不同需求提供个性化的照顾服务，并尊重老年人的人格尊严。老年照顾家园的照顾和支持服务还考虑到其他因素，如健康状况、老年体弱等，为正在经历生活变化或长期疾病（如失智症、帕金森氏症等）的客户提供家庭护理服务。

① 本表由笔者根据老年照顾家园工作报告和企业主访谈资料整理而成。

续表

服务类型	服务内容
失智症居家照顾（Alzheimer's disease and dementia home care）	英国有超过 85 万人患有失智症，而且，这个数字还在以前所未有的速度增长。到 2051 年，将有超过 200 万人被诊断出患有某种类型的失智症。这不仅是统计数据，还代表着数百万需要得到特殊照顾和支持才能过上充实生活的失智症患者及其家庭。老年照顾家园在应对失智症引起的行为和症状、以有尊严的方式照顾失智症患者方面经验丰富。无论是否确诊，老年人常常需要支持和帮助来尽可能多地实现生活的独立性与充实感。在早期阶段重视和认可相关支持，可以帮助患者家庭将照顾作为日常生活的一部分，以帮助失忆的患者保持独立。老年照顾家园专门针对家庭环境为照顾人员制定独特的培训计划。该计划获得伦敦城市行业协会（City & Guilds）① 的认证，由来自世界各地的老龄化和失智症领域的权威专家开发，帮助照顾人员使用不同的策略支持失智症患者，提供高质量的照顾服务。老年照顾家园"以关系为中心"的服务模式（relationship-centred approach）要求照顾者提供个性化的照顾服务，实现以下目标：帮助客户在家中保持安全；建立信心，鼓励参与；提供营养的膳食，安排用餐时间的活动，以鼓励健康饮食；为社交互动创造机会；安排刺激性活动；建立自尊，增强体力；帮助理解不同的行为和需求；支持家庭，帮助家人从照顾责任中解脱出来；匹配合适的团队来照顾客户。
临终关怀服务（Palliative care services）	当面对生命限制性疾病时，大多数人宁愿待在家里，这使人们感到舒适和可控。临终阶段是充满情感的时刻，老年照顾家园可以通过定制的临终关怀居家服务来支持老年人及其家人。老年照顾家园临终关怀的关键是确保老年人在生命的最后几个月或几天里，过着舒适的、由自己选择的生活。照顾人员经过专业培训来支持客户及其家人，通过定制的、经过认证的临终关怀培训计划确保老年人能够以自己的方式度过生命的尾声。临终关怀居家支持服务（除居家照顾服务外）包括：症状管理 ②、口腔护理、正念和放松、丧亲抚慰等。老年照顾家园的照顾人员还与包括医生、护士和社会工作者在内的其他各方密切合作，提供临终关怀。
24 小时住家照顾服务（24 hour live in care at home）	老年照顾家园的住家护理员可以日夜居住在客户家中，帮助客户独立生活。住家照顾是根据客户的需要灵活安排的，平均每日工时协议如下：由客户决定在 24 小时内需要多少小时的实际帮助。老年照顾家园将为客户精心挑选一名 24 小时住家护理员提供居家支持，由他成为客户的陪伴者，日夜居住在客户家中，帮助客户完成所需工作，更重要的是成为一个家中熟悉的面孔和陪伴的来源。在协议工时以外的时间里，住家护理员可以休息、睡觉，并照常进行正常活动。在某些情况下，客户的照顾需求水平较高，需要一组护理员以 24 小时轮班住家照顾的方式才能满足，这意味着始终有护理员尽职尽责地关注并满足客户的需求。

① 伦敦城市行业协会是英国最负盛名的职业资格颁证机构，也是世界上规模最大的国际评审及资格颁授机构之一。

② 症状管理是为提高患有严重疾病或危及生命疾病患者的生命质量提供的照顾服务。

续表

服务类型	服务内容
暂托紧急居家照顾（Respite emergency home care）	生命短暂，与家人在一起度过的应该是“优质时间”，客户不必独自承担所有的照顾责任，老年照顾家园的高品质定制居家暂托照顾可以给予客户帮助和支持。在护理家人的同时，照顾自己的健康和幸福也非常重要。老年照顾家园的护理员可以到客户家中，为老年人及家庭照顾者提供暂托与支援服务，让客户从每天对家人的照顾中解脱出来，并给予急需的支持。客户有时只需要一些支持就能重新振作起来，老年照顾家园可以为刚出院的老年人提供每天一小时或临时一段时间的照顾支持。量身打造的暂托服务可以帮助客户妥善处理重要事项，让客户安心，重获独立生活。
照顾科技应用（Caring technology）	尽管技术永远不会取代人情味，但它可以改善人们的生活，可以帮助客户及家人同外界保持联系和参与，并确保在家里的一天 24 小时都是安全的。老年照顾家园将创新视为工作的核心，一直努力加强以人为中心的照顾服务。无论是计划和管理上门访问的方式，还是使客户在家中保持安全和与外界联系的技术，老年照顾家园都使用最新的技术工具来支持所有工作，以提供适合客户需求的家庭照顾服务，其技术手段可以为所需任何水平的照顾与支持提供帮助。

（三）资助来源：政府支付与个人自主购买

苏格兰政府对免费个人护理服务的资金支持是一项独特的政策，资金由苏格兰议会、苏格兰政府、各地方当局共同决定支配权。自 2002 年以来，苏格兰为 65 岁以上的成年人提供免费的个人护理服务。苏格兰政府已通过立法，确保到 2019 年 4 月 1 日，任何年龄的成年人，无论他们的条件、资本或收入如何，只要当地政府评估他们需要这项服务，都有权免费获得此服务。这项政策塑造了私营部门、政府部门和老年人之间以老年人需求为导向、以政府出资为保障、以私营部门供给个性化服务为核心的合作关系，三者间的关系是在政策规制下形成的。

老年照顾服务的费用高低不等，在老年人进行个人护理规划时，如果需要家政服务（home help）或个人护理服务（personal care），应该考虑资金来源和可能获得的相关福利。根据服务使用者不同的个人情况，地方当局可能全额或部分资助购买照顾服务，因此，在服务使用者作出照顾决定之前，研究现有的资助办法非常重要。

地方当局为居家照顾提供一定资金支持，如果老年人在日常生活中需要帮助，地方当局可以支付一定的照顾服务费用。首先，在安排照顾服务之前，地方当局将进行需求评估，确定老年人所需照顾水平，判断居家照顾是否适合。① 其次，地方当局经过需求评估确定老年人需要帮助后，老年人可根据各地区的不同政策获得资金支持。在苏格兰，老年人有权根据《自我指导支持计划》（Self-Directed Support Scheme）享受政府资助。再次，在地方当局的帮助下，老年人可以独立自主地选择服务供应商提供的护理服务。最后，老年人还可能获得其他类型的居家照顾福利，如护理津贴（attendance allowance）② 等。当然，如果老年人愿意，也可以决定不让地方当局介入，选取自己认为合适的护理服务并自行支付费用。以爱丁堡市政府有关居家个人护理（personal care at home）的资助政策为例，居家个人护理包括帮助洗衣穿衣、备餐用餐、辅助如厕、定时服药、起床就寝等。年龄在 65 岁以上的公民将得到免费个人护理，如果申请人还需要免费个人护理以外的其他服务，如购物、家务服务等，就需要自行支付额外的服务费用。

许多申请人需要短期的、高强度的居家支持才能在生病或住院后恢复独立生活，在这种情况下，可由爱丁堡市政府的“恢复服务”（Reablement

---

① 判断老年人所需照顾水平时，通常在居家照顾与居住性照顾之间作出选择。居家照顾是指在熟悉和舒适的家庭环境中得到照顾，照顾者进入服务使用者的住所帮助照顾其日常生活的方方面面，提供家政、个人护理、陪伴等服务，形式较为灵活，包括一周几次的上门服务以及一天 24 小时、一周 7 天不间断的住家照顾服务等。居住性照顾是指离开自己的住所搬到专门提供 24 小时全天候照顾服务的机构居住。有些照顾机构允许居民随意进入，也有些为了保护弱势群体客户的安全而管理更加严格。

② 护理津贴为年龄超过 65 岁且由于疾病或残疾而需要额外帮助以保持独立居家生活的老年人提供补贴。

Service）提供长达 6 周的短期居家照顾。爱丁堡市政府将审查申请人获得的服务，并评估其未来需求；如果 6 周后申请人仍需帮助，政府可以继续安排服务；如果评估显示在此之后申请人仍有持续的支持需求，政府将继续提供帮助。如果无薪照顾者在为上述人士提供照顾服务时需要帮助，爱丁堡市政府可以给予其支持和建议。①

二、权责角色分析

（一）角色定位

1. 政府扮演“规范者”角色

在政府与私营部门合作供给模式中，政府扮演“规范者”角色，在保证私营部门自由竞争的前提下，通过规范和监督使其与政府达成一致目标。首先，从规制上看，私营部门是营利、正式部门，基于经济理性运行，追求利润最大化，因而，政府对私营部门的规制主要集中在防范共享收益裁量权引致的风险，政府对该部门的规制性强度大于第三部门和非正式部门；其次，从决策上看，政府与私营部门的合作较为松散，私营部门参与性较弱；再次，从融资上看，政府通过税收拨款和自我指导支持的方式资助老年人获取基本的免费个人护理服务，老年人通过自费方式支付额外服务费用；最后，从生产与递送上看，政府不直接生产服务，而是通过规范私营

① 为无薪照顾者提供信息、建议和支持指的是，如果被照顾者患病、体弱或残疾，照顾者无偿对其进行照顾，那么，爱丁堡市政府可以提供建议与信息，内容包括照顾者的权利、照顾者评估与支持计划、休假福利、健康与药物信息、自我照顾支持等。爱丁堡市政府还可以通过以下组织提供支持，包括爱丁堡照顾者支持组织（Edinburgh Carer Support Team）、志愿者网络组织（Volunteer Net）、地方照顾者支持小组、医院照顾者支持服务等。

部门进行自由市场竞争的方式，引导私营部门提供个性化服务供给。

具体来说，第一，在规制方面，政府对私营部门的服务递送进行审计型规制，引导私营部门为老年人提供符合其需求的高质量服务，实现公共目标。从私营部门的正式性和营利性特征来看，该部门基于经济理性运行，具有自利倾向。虽然无论是营利性还是非营利性的合作者都有自己的特殊利益和相应的利益相关者，都有可能会使收益向其自身倾斜，但私营合作者更倾向于唯其所能地服务于自身的特殊利益，甚至不惜牺牲政府的优先事项，这种利益倾斜在难以检测时或是在双方的一次性或短期合作关系中发生的可能性最大。① 在政府缩减福利支出、地方政府拨付资金不足的情况下，服务提供方有可能为了避免损失经营收益而简化服务，产生降低服务质量的风险。有研究已经证明，地方政府削减对养老机构的资金支付导致服务质量下降。② 因此，政府对私营部门的规制主要侧重于对服务质量的规范，通过审计型规制监督私营部门的服务质量，保证服务使用者获得物有所值的服务。

> “照顾督察局监督企业、慈善机构还有地方当局等各种类型的服务机构，它对所有服务提供方的职权范围都是一样的，区别在于对不同经营场所关注的方面有所不同。对于进入客户住所提供照顾服务而言，它关注我们提供的照顾服务的质量、工作人员和企业管理，通过给我们的客户发放问卷、打电话、上门拜访谈话等方式了解其对服务的印象和看法，通过视察我们的办公室了解企业的运行状况，由此形成督察报告。所有提供个人护理服务的企业都必须向照顾督察局登

---

① ［美］约翰·多纳休等：《合作：激变时代的合作治理》，徐维译，中国政法大学出版社2015年版，第59—60页。

② 国务院发展研究中心社会部课题组：《养老服务体系发展的国际经验与中国实践》，中国发展出版社2019年版，第125页。

记，这意味着我们必须通过注册程序来证明业务水平良好，并且每年都会接受检查，由监管机构发布一份报告，评价企业的表现是好是坏，并明确提出建议和推荐的改进方式，以供企业优化服务。”（老年照顾家园企业主，P—3—O—M—M—53—H）

第二，在决策方面，政府是私营部门参与公共决策的规范者，使私营部门与公共决策保持适当距离，规范私营部门参与决策的方式。尽管私营部门与第三部门同属于私人领域，但第三部门属于准公共部门，具有非营利性和一定的公共性，而私营部门具有很强的营利性，追求利润最大化，其私人性更强、公共性较弱。因而，一方面，私营部门专注于私人事务的管理以谋求赢利，参与公共事务决策的动力不足。

“我们与政府之间是独立的，我们关注的重点不是政府在做什么，而是客户的需求是什么。在爱丁堡、苏格兰、英国乃至整个欧洲，有很多老年人需要帮助，但政府的资源有限，所以，有很多人没能得到他们需要的服务。因此，作为一家企业，我们不会依赖政府，希望集中精力，纯粹专注于客户个人，提供老年人所需任何服务，只要他们需要且能够负担得起。当然，如果我们希望在某件事上影响政府，可以由苏格兰照顾协会代表私营企业与政府对话，把我们的观点传达给政府。”（老年照顾家园企业主，P—3—O—M—M—53—H）

另一方面，政府虽然允许私营部门发表意见，但在决策中防止私营部门过度参与，保证政府与私营部门之间的界限相对清晰，避免公共决策受到私营部门营利性目标的影响，从而实现政府的规范性作用。基于此，政府为私营部门参与政策协商提供规范化渠道，包括在部长战略小组（Ministerial Strategy Groups）中为私营部门代表设置席位，允许私营部门参与苏格兰各地方的一体化联合委员会（Integrated Joint Board）或医疗与社会照顾伙伴关系（Health and Social Care Partnerships）等部门的政策协商，由私营部门的协会组织代表该部门参与政府决策。实际上，苏格兰政府对地方政府在公共决策中安排私营部门席位并无强制性规定，相比第三部门而言，私营部门在公共决策中的影响力较小。但是，鉴于私营部门提供老年照顾服务的体量较大，政府开始重视私营部门的意见，为私营部门适度参与公共决策提供必要条件。

> "法律规定苏格兰各地方的一体化联合委员会或医疗与社会照顾伙伴关系中必须有第三部门代表，但没有规定必须有私营部门代表，所以，31 个合作伙伴关系中只有 7 个有私营部门代表。我认为政府应该将私营部门代表纳入决策过程中，因为我们承担了大部分的照顾服务，应该坐在协商桌边。今年，苏格兰照顾协会获得了部长战略小组的席位。一体化联合委员会由内阁秘书和两名部长主持，我们最近被任命为一体化工作的审查小组成员。可以看出，我们和政府的关系正在改善，因为政府认识到国家不能只做决定，然后告诉私营部门该做什么，而是应该让我们都围着'桌子'坐。"（苏格兰照顾协会首席执行官，T—4—O—M—M—48—M）

第三，在融资方面，由于私营部门具有营利性，而政府能够预见到私营部门的自利性行为，因而会采取相应措施来减少收益裁量权带来的风险。如果缩减双方关系中的裁量权，以简单的服务外包取代自主经营，虽然可以避免收益裁量权风险带来的负面影响，但也损失了赋予私营部门裁量权形成的收益。因此，政府选择接受赋予私营部门自由裁量权而给公众既带来收益又带来损失的现状，并通过规范和管理政府与私营部门的关系，以期实现收益最大化与损失最小化。① 鉴于此，一方面，政府采用直接补贴的方式，建立个人预算账户，将照顾资金直接支付给老年人而非私营部门，并对老年人获取和使用政府资助的方式进行规范，打造以需求方而非供给方为中心的筹资规范，优化公共资金的分配和使用效果，推动私营部门提供以人为本的需求导向型服务，实现政府的公共目标。2002 年以来，苏格兰实行免费个人护理制度。区别于英格兰基于经济情况调查的资助制度，苏格兰仅以对申请人进行需求评估的方式确定受助对象及资金拨付的数量，保证资助资金按需分配，用于最需要服务的老年人。同时，政府对老年人个人购买服务的市场行为进行规范，保证资助资金的使用效果，通过将老年人及其照顾者纳入服务规划过程，增加其对服务的选择性和控制力，以其最需要的服务方式使用资金。②

另一方面，政府通过给予私营部门独立自由的经营空间，保证私营部门获得正当的经济收益，同时规范私营部门的市场行为，使其遵守市场规则，维护服务使用者的基本权益。尽管政府与私营部门的合作存在共享收益裁量权带来的风险，但双方合作产生的公共价值高于受到减损的部分。如果选择性地取消私营部门的自由裁量权，即使可能阻止权力滥用，也通常会造成生产率的牺牲，对自由裁量权的控制也可能会扭曲正常的公司管理机制，从而造成浪费。③ 鉴于此，政府并未对私营部门进行过度限制，并不限定私营部门的服务价格，避免影响企业活力，导致大批企业因无法赢利而退出市场。因而，政府规范私营部门定价，仅要求私营部门定价透明、明码标价，而没有进行限价。

---

① ［美］约翰·多纳休等：《合作：激变时代的合作治理》，徐维译，中国政法大学出版社 2015 年版，第 60 页。

② 国务院发展研究中心社会部课题组：《养老服务体系发展的国际经验与中国实践》，中国发展出版社 2019 年版，第 119 页。

③ ［美］约翰·多纳休等：《合作：激变时代的合作治理》，徐维译，中国政法大学出版社 2015 年版，第 63 页。

“政府对我们的服务定价没有限制，但监管规定要求我们定价透明，必须让消费者清楚价格。至于我们要收 1 英镑，还是要收 1000 英镑，还是 10 万英镑，这取决于我们自己，政府没有关于定价的规定，这里更像是一个自由市场。”（老年照顾家园企业主，P—3—O—M—M—53—H）

第四，在服务生产与递送方面，政府不直接生产服务，而是通过规范私营部门服务递送以实现兜底性服务与高端化服务共同发展，处理好两者间关系。一方面，政府通过与私营部门签订框架协议的方式，保证受资助者享有兜底性服务递送。自从直接支付和个人预算账户制度形成以来，政府与私营部门的合作关系就从政府向私营供应商采购批量合同的方式转向政府与供应商签订框架协议，即地方政府在直接管理老年人个人预算账户的情况下，与供应商就价格达成一致，由其承担受资助者的个人护理服务，以保证受资助者获得兜底性服务的渠道畅通。

“不同地方当局的管理方式有区别。在爱丁堡，地方当局雇佣了一些护理人员，同时，它还与私营公司签订合同以提供个人护理服务。大多数照顾服务公司的很多工作都来自于地方政府。”（老年照顾家园企业主，P—3—O—M—M—53—H）

另一方面，通过允许私营部门根据老年人多样化需求自由发展定制性服务递送的方式，保证具有支付能力和个性化需求的自费者及具有额外需求的受资助者可以通过自我付费获得高端化服务。

“政府资助的护理服务的平均时间大约每次只有半个小时，但还有许多客户在寻找更多的服务。而我们希望在提供基本服务的同时，递送更多的家务和购物服务，为老年人提供更好的陪伴，帮助他们走出家门。政府允许我们发展个性化的服务递送，在此过程中，监管我们的服务质量、人员配备、员工培训等。”（老年照顾家园企业主，P—3—O—M—M—53—H）

2. 私营部门扮演“竞争者”角色

在政府与私营部门合作供给模式中，私营部门扮演“竞争者”的角色，主要专注于赢利和追求利润最大化，是自由市场的竞争主体，其正式性和营利性使它在经济理性的驱使下参与市场竞争。由于私营部门必须依靠在市场中竞争获得生存与发展的机会，该部门以有效运作为动机，容易实现高效率运行；同时，私营部门依靠获利生存，以利润为导向①，由此产生共享收益裁量权带来的风险，可能损害公共利益，阻碍公共目标的实现。因此，政府一方面通过与私营部门合作提高生产率，另一方面通过规范市场运作打造既有活力又有秩序的市场平台，使私营部门成为市场平台上的竞争者。首先，从生产与递送上看，私营部门通过在政府组织的竞标活动中竞争以获取服务递送渠道，通过在自由市场中竞争以扩大市场份额。该部门服务产品的私人性较强，在准公共产品的谱系中排他性和竞争性相对较高，因而面向社区中的老年人个体递送服务，为需求等级较高的失能、半失能老年人提供长期照护服务。其次，从融资上看，私营部门是政府购买服务的合同资金、政府向受资助老年人拨付的免费个人护理资金以及服务使用者的自我付费资金的竞争者，为企业谋求盈利。再次，从决策上看，私营部门是公平有序市场竞争的参与主体，通过行业代表参与政策协商，游说政策议题，以保护和促进自身利益。②最后，从规制上看，私营

① 陈振明等：《公共管理学（第二版）》，中国人民大学出版社 2017 年版，第 314 页。

② ［英］皮特·阿尔科克等：《解析社会政策（下）：福利提供与福利治理》，彭华民译，华东理工大学出版社 2017 年版，第 19 页。

部门受到政府政策的规制较强，在政府规制的激励和约束下不断提高服务质量和市场竞争力。

具体来说，第一，在服务生产与递送方面，私营部门为老年人个体提供长期照护服务，以一对一上门服务的形式递送个人护理、家政、住家照顾、陪伴照顾、紧急暂托、临终关怀等服务。私营部门在竞争性的市场平台上递送服务，通过竞标获取政府购买服务的合同项目，围绕政府要求制定服务方案，按照与政府签订合同的规定递送免费个人护理服务；围绕消费者需求进行市场定位，丰富服务种类与递送方式，按照老年人的个体需求递送个性化、多样化的服务。一方面，私营部门按照政府提出的采购需求，针对政府发布的需求群体、区域、内容、标准等要求制定相应的服务方案，在提高服务质量的同时控制成本，通过正规的竞标程序竞争获得与政府签订服务递送合同的机会，争取批量递送服务的资格。

> “政府与私营部门的合作是通过采购及合同的方式进行的。服务采购有非常严格的规则，按照欧盟的采购法规进行（英国“脱欧”后的采购法规待定）。政府同私营部门的关系是契约性的，必须经过正规程序，通过服务级别协议或购买合同来完成。在采购时，政府会发布项目要求，由服务供应商提交服务方案。合同审核主要考虑质量与成本，尤其侧重服务质量。服务供应商之间的竞争非常激烈，他们必须证明自己的服务是好的，并且按照承诺提供相应的服务。”（爱丁堡市政府老龄事务战略规划部主任，G—2—G—M—F—49—M）

另一方面，私营部门充分尊重和迎合消费者需求，根据客户的个体需求递送个性化服务，通过市场竞争提供消费者满意的优质服务，获取更大的市场份额。私营部门基于市场评估确定企业目标与定位，制定营销规划与决策方案；基于对每位客户的个人评估为其匹配量身定制的服务方案；

在政府质量监管与消费者选择的规制和激励下，努力提高服务质量、控制成本，以实现目标市场占有率的提升。

> “大多数护理公司的很多工作都来自于地方政府，但老年照顾家园和地方政府之间没有任何正式的合同关系，因为我们想尝试提供更全面的服务，关注客户的所有需求。有太多的居家照顾服务都是照顾者匆忙地完成非常具体的指定任务，为老年人洗澡、穿衣、喂饭，然后马上离开，并没有时间真正关心老年人本身。而我们主张的是提供‘基于关系的（relationship-based）家庭照顾’，就是说，居家照顾服务不仅帮助完成任务，还需要花时间与客户建立关系基础，识别客户的心理状态。如果客户今天心情很好，我们就会带他出去享受阳光；如果发现客户状态不好，就坐下来安静地与他交谈。基于这样的定位，我们根据每位客户的个人情况提供照顾咨询和照顾计划，制定量身定制的服务方案。我们有一个照顾者团队，他们会去客户的家里提供上门服务，可以一周两三次或者一天两三次。只要客户需要，我们就可以提供服务。”（老年照顾家园企业主，P—3—O—M—M—53—H）

第二，在融资方面，私营部门具有一定的自由裁量权，在充满活力的市场空间里进行有序竞争。一方面，私营部门围绕老年人的各类需求并结合自己的市场定位打造服务，竞争获取政府采购服务资金和公民自付资金；另一方面，该部门在政府规范下保证服务优质、价格透明，实现竞争的公平性与公开性。基于此，私营部门的融资来源主要包括政府采购服务的资金和自由市场中的消费者付费。私营部门在竞争获取政府采购服务的合同资金的同时，开拓服务市场以谋求在自由市场中赢利，在游说政府增加公共服务支出以提高受资助客户消费水平的同时，积极争取支付能力更强的自费客户，以实现企业赢利的最大化。

“在照顾服务的资金方面，大多数护理公司的所有业务都是通过政府获得的，也就是政府支付费用以供护理公司提供服务，所提供的服务往往是个人护理类型的服务，每次服务的时间很短，只有大约半个小时，这类企业通过在竞标中竞争获取批量用户和相应的政府资金。相对而言，老年照顾家园的业务略有不同，虽然可以提供政府资助的基本服务，但更加侧重于为支付能力更强的客户提供类型更多的居家照顾服务，比如做家务、购物、帮助照顾宠物、提供陪伴、聊天等，所以，我们的访问时间往往要长得多。作为相对独立的市场主体，我们通过提供丰富多样的个性化服务争取客户的青睐。因此，我们的大多数客户是自费客户，占90%，只有10%的客户从政府获得资金。因而，就筹资而言，我们主要通过高质量的个性化服务争取有支付能力的客户的个人资金。”(老年照顾家园企业主,P—3—O—M—M—53—H)

第三，在决策方面，私营部门在政府的规范下成为自由市场的有序竞争者，通过参与公共决策和政府共同塑造有秩序、有活力的养老服务市场。一方面，私营部门的个体供应商向政府反映市场的行业行情，提出具有创新性的服务建议，影响政府的地方性服务规划。另一方面，私营部门以协会组织为代表向政府提出集体诉求，通过游说影响政府的政策制定，促使政府通过宏观调控的方式推动行业发展，激发和维持市场活力。私营部门的营利性使市场充满竞争。政府在吸纳私营部门的意见调整宏观政策的同时，避免个体企业对决策的影响，防止微观干预打乱市场竞争秩序，造成供需关系不能反映实际需要。因此，政府选择性地听取私营部门的意见和建议，以维护公共利益，实现公共目标。

“爱丁堡市政府新任命的老年人服务社会工作负责人即将举行第四次会议，把爱丁堡所有的供应商聚集在一起，听取大家对服务的评价和建议。实际上，每个人都知道如何才能改进服务，只是政府没有足够的钱来为此买单。即便如此，我们的意见也会对政府的福利支出计划产生一定影响。”（老年照顾家园企业主，P—3—O—M—M—53—H）

“苏格兰照顾协会代表整个苏格兰提供社会照顾服务的私营部门，我们的大部分工作是围绕着老年人展开的。协会与政府紧密合作，两者之间的关系是建设性的。协会是政府委员会（government committees）的成员，在大多数的协商桌上与政府共同作出决定。但最终协会与政府的关系往往归结为协会向政府要求更多的资源来照顾老年人，而政府不同意，所以，有时候会产生问题。在政府资金不足时，我们会建议政府改变优先事项，向老年照顾服务增加开支。协会与政府之间会展开诚实的辩论，我们有时在幕后私下交流，有时候像我这样的人不得不面对媒体。即便政府不高兴，协会也必须发声，因为协会是代表服务提供者工作的，而他们正在照顾最脆弱的老年人。协会会员共同就老年人护理问题提出愿景和声明，其中包括社会照顾服务工作者的培训问题、工资待遇问题等。会员签署约定后由协会提交给政府，向政府部门进行游说和宣传。”（苏格兰照顾协会首席执行官，T—4—O—M—M—48—M）

第四，在规制方面，私营部门受到政府的规制较强，主要体现在独立督察机构对提供照顾服务的私营部门进行服务质量监督与业务指导等审计型规制。由于私营部门的正式性与营利性，其提供的服务专业性较强，相比其他部门更加侧重于面向需求程度较高的老年人提供个人护理服务；同时，由于私营部门共享收益裁量权可能导致其为了增加利润而压缩成本、降低服务质量等风险，因而，私营部门成为督察机构重点监管的对象。独立督察机构对服务供应商进行年度检查，并向社会大众公开督察报告。在市场化选择的激励下，私营部门为了获得更多消费者的选择和政府采购服务的合作机会，努力争取高分报告与免检资格，通过不断提高服务质量提升市场竞争力。

“照顾督察局每年都对老年照顾家园进行年度检查，并发布督察报告，所有人都能阅读这份报告。如果有人在寻找护理服务，他们知道有几家不同的公司，但不知道提供的服务是好是坏，就可以通过督察报告作出判断。如果一些公司得到了非常好的报告结果，照顾督察局可能有几年不会再来检查；如果某个公司的报告结果非常糟糕，照顾督察局就会提高检查频率，一年检查两次或三次，督促和鼓励公司改进服务；如果企业没有改进，督察报告中就会说明问题不仅没有得到任何改善，情况还变得更糟。这样，人们就认为与这家企业合作不是个好主意，无论是个人购买服务还是政府签订合同都不再考虑与其合作。因此，在这种激励措施下，企业只有尽快改善服务，得到消费者认可，才能在市场竞争中立足。”（老年照顾家园企业主，P—3—O—M—M—53—H）

3. 服务使用者扮演“参与塑造者”角色

在政府与私营部门合作供给模式中，服务使用者扮演“参与塑造者”角色，参与对自己使用的个体性服务以及老年人群体性服务的塑造。一方面，服务使用者参与塑造政府提供的福利服务。苏格兰的免费个人护理福利是基于公民权利的有条件福利，尽管公民都有权享受福利服务，但实现公民这一权利的方式是由法定当局的专业人士解释和裁定的。这就使以权利为基础的福利具有了选择性，需求评估就是选择性机制。在社区照顾服务领域，地方政府在评估中具有裁量权，这就使“裁量”和“权利”之间原本清晰的界限变得模糊起来。针对专业人士的裁量权对公民权利的挤压问题，政府推动程序性改革，保障以公民资格为导向的程序性权利，重视公民受到对待和作出决策的方式，在公民获得福利服务过程中，赋予其更多的选择权和控制权。①另一方面，服务使用者参与塑造其自费购买的服务，公民作为消费者的需求成为供应商的核心关切，塑造其服务递送的方式。

由于私营部门的服务使用者多为失能、半失能的高龄老年人，因自身能力所限而不参与服务生产，所以，其角色主要体现在融资、决策和规制三个方面。首先，从融资上看，服务使用者积极申请政府资助，同时保证个人存款，以公共支出和个人资金储备塑造个体服务。其次，从决策上看，服务使用者主要参与对自己使用的服务的递送和规划决策，通过个性化选择塑造服务，同时也在一定程度上参与老年人群体性服务的相关决策。最后，从规制上看，政府规制以服务使用者为中心，其评价与意见对私营部门的服务改进有着重要指导作用，塑造着服务优化发展的方向。

具体来说，第一，在融资方面，服务使用者通过申请政府福利资金和个人储蓄的方式向私营部门支付服务费用，为塑造自己使用的社区养老服务打下了基础。一方面，苏格兰政府为公民提供免费个人护理福利，由需要照顾服务的公民提出申请，地方政府进行需求评估，达到评估要求的公民可以获得政府资助资金，这部分资金由政府直接支付给服务使用者而不是服务供应商，这就为老年人塑造个人服务提供了条件。另一方面，服务使用者积极工作并为老年生活提前存款，在不能获得政府资助或政府资助不足的情况下，能够通过个人存款为满足自己的养老照顾需求、塑造使用的服务创造更好的条件。

“对服务使用者来说，政府的社会工作者是需求评估的负责人，是免费个人护理福利的‘看门人’。申请人必须去见负责的社工，说

① ［英］皮特·阿尔科克等：《解析社会政策（下）：福利提供与福利治理》，彭华民译，华东理工大学出版社 2017 年版，第 88—93 页。

服他们自己需要帮助。虽然每个老年人都可以申请资助，但真正获得资助可能会很困难，因为政府没有足够的资源来提供想要提供的服务以供分配，而且社工的数量也没有达到所需水平。所以，申请人得等两三个月，除非真的有什么紧急情况，否则，需要等到评估结果出来。如果获得了资助资格，批复的资金就可以直接拨付给老年人，由老年人选择服务，然后等待服务开始，整个过程需要相当长的时间。这就是为什么有些客户直接来找老年照顾家园的原因，因为这样就可以更快开始服务。我们不需要社会工作者进行评估，可以自己对客户进行评估并根据客户的需要匹配服务。接下来，客户也许可以联系政府的社会服务机构，说我已经得到了一些适当的照顾，不想改变这一点，但如果有权获得一些补助，我能得到那笔资金吗？理想的情况是，在服务开始的同时，资金就到位了。这样，每个人都会更容易获得服务，服务的可及性会更好。但现实是，越富有的人获得服务的可及性越好，因为他们可以自己付费，如果以后能拿回一些补助，那更好，但如果拿不到补助，他们仍然可以负担得起费用。”（老年照顾家园企业主，P—3—O—M—M—53—H）

第二，在决策方面，一方面，服务使用者在此模式中主要参与对个人使用的个体性服务的递送与规划的决策。服务使用者及其照顾者等利益相关者共同参与服务的选择和设计，塑造服务递送的类型、数量、组合方式、服务主体等。由此，服务使用者主要以个人行动的方式参与自身照顾服务的规划决策，对自己使用服务的递送方式产生影响，属于使用者卷入象限划分中的第一、第二象限。另一方面，服务使用者也在一定程度上参与老年人群体性服务规划和递送的相关决策，对地方当局所辖区域内的老年服务递送方式产生影响，属于使用者卷入象限划分中的第三、第四象限。首先，从服务使用者参与个体性服务决策来看，一方面，政府通过直接支付和自我指导支持制度，赋予服务使用者对个体服务的选择权、支配权和话语权，来决定如何使用其接受的资源，从服务使用者自身利益出发支配资金以购买照顾服务，政府工作人员在此过程中提供指导和帮助。由此，服务使用者从被动的服务接受者转变为自身照顾服务的管理者和塑造者。① 另一方面，在服务使用者不符合政府资助条件或政府资助不足以满足需求时，服务使用者通过自我支付的方式购买服务，向服务供应商提出服务需求并与其共同规划服务递送的内容和方式，在财力范围内根据需求塑造自身服务。其次，从服务使用者参与群体性服务决策来看，政府在区域性服务规划和服务递送决策中将老年人群体的声音作为重要的参考意见，通过对群体需求和偏好的研究进行服务设计。

第三，在规制方面，督察机构对私营部门的审计型规制非常注重服务使用者的意见，将服务使用者的评价作为私营部门服务质量评定和改进方向拟定的关键要素，供方专业人士的意见让位于需方消费者的意见。由此，服务使用者在服务递送中的控制力和服务优化中的话语权得到进一步确立，成为影响并塑造当下和未来服务的核心力量。

> “照顾督察局给老年照顾家园的样本客户发放问卷，也会拜访或打电话给我们的客户，通过谈话了解客户对服务的评价和意见以供参考。我认为，督察员经常性地与客户沟通交流是件好事，因为客户的需求得到满足才是最重要的。相比供应商或督察机构而言，客户对服务的认同和好评才是关键。”（老年照顾家园企业主，P—3—O—M—M—53—H）

① ［英］皮特·阿尔科克等：《解析社会政策（下）：福利提供与福利治理》，彭华民译，华东理工大学出版社 2017 年版，第 279 页。

（二）权责结构

1. 政府具有市场监管的权力，承担通过市场打造个性化服务的责任

在政府与私营部门合作供给模式中，政府具有市场监管的权力，承担通过市场打造个性化服务的责任。在网络化社区治理的框架下，政府一方面以“规则”作为协调机制，通过行使监管权力维护市场秩序，加强监督管理以保证服务质量，防范私营部门共享收益裁量权带来的风险；另一方面，以“市场”作为协调机制，通过市场或准市场的竞争机制激励和督促私营部门提高绩效，通过“共同支付”（co-payment）和“直接支付”承担塑造个性化、目标化福利服务的责任。政府以公共资金支付最基本的普惠性服务，由服务使用者自行支付超出基本福利的需求部分，双方共同向私营部门购买服务。①

第一，从权力角度看，政府具有对私营部门的市场监管权。政府对私营部门的监管通过政府内部监管的方式进行，主要包括三个方面：一是“公共组织旨在塑造其他组织的行为方式”，二是“保持适度距离进行监督，而非直接行动或命令关系”，三是“赋予监管者某种官方授权以详查违规行为并设法纠正”。② 基于此，政府对私营部门的监管不是直接由政府进行，而是通过独立督察部门开展，由苏格兰议会赋予其监管权力、核查其监管工作，督察部门直接对议会负责。督察部门对市场的监管主要针对服务质量，由督察部门明确标准，监控服务供应商的执行情况，对无法达标的供应商采取有效措施，以此塑造私营部门的行为，防范私营部门为牟利而降低服务质量的风险。

---

① ［英］皮特·阿尔科克等：《解析社会政策（下）：福利提供与福利治理》，彭华民译，华东理工大学出版社 2017 年版，第 21、104 页。

② ［英］格里·斯托克：《转变中的地方治理》，常晶等译，吉林出版集团股份有限公司 2015 年版，第 15—16 页。

第二，从责任角度看，政府承担通过市场打造个性化服务的责任。政府引入私营部门递送服务，以适当的激励作为无形的手，使私营部门的自利行为服务于公共目标。政府资助私营部门提供服务时，利用支付系统形成激励机制，激励私营部门为了使其自身利益最大化而以政府关注的优先事项为目标开展行动。一方面，政府引入准市场的竞争机制，与私营部门供应商订立契约购买服务，通过选拔机制、规范服务以及绩效监督，为私营部门营造出在竞争中绩效达标、勇于创新的市场环境。另一方面，政府通过直接支付制度实现个性化服务，将资助资金直接支付给老年人，赋予老年人民主权利，参与服务的选择和规划，促使私营部门围绕老年人的个性化需求提供服务；通过需求评估机制实现目标化服务，为需要程度最高的老年人提供资助，促进结果平等，维护社会公平；通过鼓励公民为老年生活存款，推动老年人提高自我支付能力，通过自主购买服务满足个性化、多样化的需求。

2. 私营部门具有公平竞争权，承担提供优质服务的责任

在政府与私营部门合作供给模式中，私营部门具有公平竞争权，以外部市场为主导展开竞争，通过公平竞争获取政府采购合同和公民购买服务的机会，为获利提供条件；同时，私营部门承担提供优质服务的责任，在政府的规制下保证服务质量和绩效，以价廉物美的服务满足客户的需求。

第一，从权力角度看，私营部门在社区养老服务供给市场上具有公平竞争的权利，私营部门各供应商之间通过公平竞争获得与政府签订采购合同和个体客户购买服务的机会，为提高市场占有率和谋取利润提供条件。实际上，社会照顾服务领域引入服务购买方与提供方分离机制后，形成了由私营部门、第三部门以及政府机构共同组成的“混合经济”提供方市场。不同于国民医疗服务体系，社会照顾服务的市场并不是内部市场，而是包括了外部市场的营利性服务供应商，营利性机构很快在社会照顾服务市场

中占据了主导地位。[①] 在苏格兰，不同的地方当局在提供居家照顾服务过程中采取不同的管理方式。爱丁堡市政府一方面与私营部门通过正规竞标途径采购私营部门的服务；另一方面，经过符合资助条件的老年人自主选择，将其转介到愿意接纳政府资助者的私营供应商处接受服务。私营部门通过上述途径谋求赢利机会，在两种市场平台上均享有公平竞争权。首先，私营部门通过公平、公开、公正的正规竞标程序平等享有与政府合作的机会。其次，私营部门通过政府转介获得为受资助者提供服务的机会，由服务使用者自主选择服务供应商，不受政府的导向和干预，因而，私营供应者享有公平获得客户的机会。

> "政府的招标过程严格遵守法律规范，对参与投标的供应商一视同仁，不存在建立在政府部门与供应商私下交往关系上的采购活动。"（爱丁堡市政府老龄事务战略规划部主任，G—2—G—M—F—49—M）
>
> "政府社会照顾服务部门的社会工作者在帮助受资助者选择和规划服务时，只能以中立的态度提供不同供应商的信息以供老年人及其家人选择，不能替老年人作出决定。"（爱丁堡市政府老龄事务战略规划部主任，G—2—G—M—F—49—M）

第二，从责任角度看，私营部门承担提供优质服务的责任，在与政府或服务使用者的委托—代理关系中兑现递送优质服务的承诺，以令服务使用者满意的服务对其负责。[②] 一方面，私营部门与政府签订服务采购合同，按照合同规定的责任机制递送优质服务。政府代表老年人采购服务时优先

---

① ［英］皮特·阿尔科克等：《解析社会政策（下）：福利提供与福利治理》，彭华民译，华东理工大学出版社 2017 年版，第 21—22 页。

② ［澳］欧文·爱德华·休斯：《公共管理导论（第三版）》，张成福等译，中国人民大学出版社 2007 年版，第 276—277 页。

关注供应商的服务质量，在质量符合条件的前提下再考虑服务成本问题。竞标成功的供应商必须按照承诺兑现相应质量的服务，否则，就会因未能执行合同约定而受到惩罚性措施的制裁。另一方面，私营部门通过等级制结构的责任机制对服务使用者负责。从激励机制上看，在充分竞争的市场上，客户如果对服务不满意，就可以随时转向其他供应商，这促使私营部门不断提高服务质量，努力在市场竞争中胜出；从惩罚机制上看，如果供应商的服务质量低劣，服务使用者可以通过向督察部门投诉进行追责。

“老年照顾家园重视服务效率和结果，以提高客户满意度为核心，管理目标重在满足客户的个人需要。督察部门的年度审查将客户回访结果作为质量评估的重要参考来源，我们也倾向于用服务质量说话，以客户评价体现企业的竞争力。”（老年照顾家园企业主，P—3—O—M—M—53—H）

3. 服务使用者具有自主选择权，承担适度支付的责任

在政府与私营部门合作供给模式中，服务使用者具有对自身所使用服务的选择权和控制力，无论在政府资助还是在自费支付的服务中都具有自主选择权；同时，为了满足自身更高水平的养老需求，服务使用者还需承担自我支付的责任，通过适度存款支付服务所需开支，不能完全依赖政府资助。

自 20 世纪 80 年代以来，英国福利服务的组织方式发生了变革。从撒切尔和梅杰的保守党政府到后来的新工党政府领导时期，商业福利由第二次世界大战之后的发展受限到逐渐得以增强，主要基于两个理念：一是主张由个人承担自己所需，不能依赖政府提供的养老金，而是必须通过职业或私人养老金来自主满足需要；二是由政府付款的私营部门提供过去由政府亲自提供的服务。政府将私营部门引入福利服务递送，一方面增加了服

务使用者的选择范围，使其不仅可以在公共资金支持的最低限度照顾服务中进行选择，还可以选择私营部门提供的多样化服务；另一方面，也使服务使用者承担起为自己的照顾需求筹资的责任，形成公民和政府共担支付责任的责任结构。正如英国前首相布莱尔提出的在公民与政府之间签订新的社会契约所言，每位公民在合法享受福利之前要先确认自身的义务和责任。① 不同的福利服务支付方式形塑着服务使用者的权利和责任。

第一，从权利角度看，服务使用者在“直接支付”及“自我指导支持”的政策下享有对受资助服务的选择权和决策权。在苏格兰的免费护理服务政策下，福利服务的选择性是基于“需要”而非“贫穷”，政府的资金拨付是根据需求评估而非经济情况调查，因而，使用者对基本照顾服务的选择权在各收入群体之间是相互平等的。服务使用者有权自主决定如何使用政府的资助资金，但对福利服务的选择是局限在一定范围之内的，受到政府需求评估后决定拨付的资金数量和规定的基本照顾服务类型的制约。② 与此相互补充的是，服务使用者在自费服务中拥有更大程度的选择权，可以在自己的经济范围内选择和购买私营部门量身定制的服务。在此类参与形式中，一方面，服务使用者主要以其个人意见影响着自身使用的服务的规划与递送，属于使用者卷入象限划分中的第一、第二象限。该参与形式处于公民参与阶梯的公民权利阶段，属于伙伴式参与。公民与政府工作人员共同商议资金的使用方式，由公民在政策规定范围内对服务作出选择，政府和公民双方共担对个人服务的规划与决策的责任，各自权力（利）在现行规则下不受单方面改变的影响。另一方面，服务使用者的群体性需求与偏好也影响着政府对区域性服务规划和递送的决策，属于使用者卷入象

① ［英］皮特·阿尔科克等：《解析社会政策（下）：福利提供与福利治理》，彭华民译，华东理工大学出版社 2017 年版，第 21、105 页。

② ［英］皮特·阿尔科克等：《解析社会政策（下）：福利提供与福利治理》，彭华民译，华东理工大学出版社 2017 年版，第 107 页。

限划分中的第三、第四象限。该参与形式处于公民参与阶梯的象征主义阶段，属于咨询式参与。政府主要通过调查和研究老年人群体性需求了解公民意见，邀请老年人参加研讨会并发表意见，以了解其需求。这一参与形式还需同其他参与形式相结合（如第三部门代表老年人进行政策倡导），才能保证老年人的关切得到回应。

第二，从责任角度看，服务使用者承担适度付费的责任和义务，通过“共同支付”的方式与政府共担责任。一方面，政府缩减开支导致各地方政府逐步提高资助标准，符合政府资助条件的老年人数量越来越少，自费接受服务的老年人越来越多；另一方面，为了选择更加符合自身需求的个性化服务，老年人必须通过自筹资金来支付费用。因此，服务使用者承担着以存款或商业保险等方式为在政府资助的基本普惠性服务之外的个人需求付费，或者在未达到政府资助标准的情况下为所需服务付费的责任。

“作为一项业务，我们的工作方式更像是你走进一家商店，里面有服务清单和价格，我们会针对客户的需求与他们共同制定服务计划，由客户选择服务项目并照价付钱。客户有时也会使用政府资助的‘自我指导支持’，由政府把钱给客户个人，然后，他们可以自由选择把钱花在像我们这样的服务上。为了获得政府资助，老年人必须接受社会工作者的评估。社工会判断他们是否真的没有足够的能力照顾自己，然后与符合条件的老年人及其家人共同商议资金使用方式，由老年人作出最终的选择决定。实际上，政府给老年人的补助金只是针对非常具体的事情，比如帮助人们洗衣、穿衣、吃饭等政府认为最重要的事项，所以一般来说，‘自我指导支持’不会覆盖所有费用，客户必须自己付费。就像你去一家餐馆吃一顿饭，想点一道开胃菜、一道主菜和一杯饮料，但政府只会支付主菜的费用，你必须自己为开胃菜和饮料买单。对于个人接受服务的总金额来说，‘自我指导支持’能够覆盖多大比例的费用，取决于这个人在寻找什么服务。如果想要的不是很多，‘自我指导支持’计划可能会覆盖相当大的比例，比如70%；如果客户觉得需要许多额外的支持，那么，它可能只覆盖20%，然后就需要客户自己充值，补充许多钱。由客户自己来决定使用谁的服务，如果他们经过了解更喜欢我们的服务，虽然知道服务可能有点贵，但觉得更有价值，就可以作出这一选择，同时，他们自己将不得不支付更多的钱。”（老年照顾家园企业主，P—3—O—M—M—53—H）

三、结构功能分析

（一）保障基本服务与扩大私人筹资以适应环境

在经济紧缩的背景下，政府大幅降低用于社会照顾的支出，各地方政府在不同程度上削减照顾服务资金。尽管各地区在评估老年人照顾需求时使用统一的照顾服务框架，但地方政府在设定阈值、决定申请者获取资助的标准方面具有自由裁量权，因而，各地会根据特定的优先级别和地方财政压力水平设定获得资助的标准。为了应对社会照顾资金不足的现状，各地逐渐将资助标准提高到“高级需求”的层次，为有高级和特级需求的申请者提供资助，大幅减少对中级和低级需求的资助，申请者获得资助的门槛相应提高。① 从服务类型来看，为了最大限度地利用有限的资金，满足需求程度最高的老年人的迫切需要，政府的关注点集中在基本照顾服务，将保证基本服务供给作为政府策略，在与私营部门的合作中侧重于满足老年人的基本需求。

① 国务院发展研究中心社会部课题组：《养老服务体系发展的国际经验与中国实践》，中国发展出版社2019年版，第108—109页。

“我认为，苏格兰议会通过立法的目的是让人们在真正重要的事情上得到帮助。从对法律的解读来看，地方当局评估与资助的范围没有那么广泛，人们对资助系统的需求远远超出了系统所能满足的范围，政府越来越关注最基本的需求。”（老年照顾家园企业主，P—3—O—M—M—53—H）

随着人口老龄化水平的不断增高，需要照顾的老年人越来越多，但是，可用于支付照顾服务的资金不一定随着老年人口的增多或照顾需求的攀升而迅速增加。老年人口（尤其是高龄老年人口）的增长与公共资金相对短缺之间的矛盾，造成照顾服务劳动力流失和服务使用者筹资困难等问题。一方面，照顾服务工作者承担着相对较大的工作压力，然而，工资水平在专业人员中最低。在财政补助资金进一步减少的情况下，照顾服务领域的财务压力加大，员工的工资收入面临下滑风险，照顾人员团队的稳定性难以保证。政府通过设定苏格兰生活工资（Scottish Living Wage）保障所有照顾服务工作者的基本工资，工资数额根据生活成本独立计算，由雇主自愿支付，政府为在政府设立的最低线以上支付工资的雇主提供正式授权。目前设定的工资标准为每小时 9.5 英镑，苏格兰地区已经有 1928 家供应商获得授权，4.56 万位照顾服务工作者通过这一政策获得涨薪。①

“我认为，应该采取的平衡措施，也是当前的困难所在，是在招聘员工，尤其是熟练的护理人员的时候，给予他们合适水平的工资。照顾服务工作者没有得到足够的报酬，是因为没有足够的资金投入其

① Living Wage Scotland, *The Real Living Wage for the Real Cost of Living*, https://scottishlivingwage.org/.

中，他们应该得到更多。未来照顾服务的关键问题是没有足够的人来做这份工作，因为工作很辛苦，而且工资也不高。我不确定这是否符合职业道德规范，但每当有新的超市在养老院附近开业时，养老院的员工就会辞职去超市找工作，因为工资一样，工作更轻松，还会得到更多的福利，比如打折等；从轮班的角度来说，在超市工作也更轻松，不用通宵工作。对居家护理员来说，情况更甚。他们的工作更加辛苦，工资更低。所以，我们需要考虑怎样做，才能让老年照顾服务行业成为一个好的职业选择，一个受支持的选择，一个在经济上有回报、有吸引力的选择。”（苏格兰老年协会政策参与和倡导工作主管，T—2—O—L—M—35—M）

另一方面，由于公共资金的减少和资助门槛的提高，获得政府资助的老年人比例有所减少，而私人筹资渠道尚未打通，老年人的支付能力随之下降，只能以其有限的支付能力购买基本服务。因而，私营部门的服务递送一定程度上局限在基本服务的范围内，高端定制化服务的市场活力不足，私营部门的盈利空间受限。实际上，英国的社会照顾公共资金来自于所得税，那些工作更加努力、收入更高的人支付较高的所得税，却没有在照顾需求评估中获得享有更多服务的机会；根据经济情况调查的相关规定，在购买非免费服务时，储蓄较多的人需要支付全价费用，直至其存款低于规定额度，最终获得与没有储蓄的人一样的服务，而挥霍积蓄的人却可以根据剩余存款数额按比例支付低费或直接免费获得服务。这种分配方式难以激发公民通过个人努力安排自身照顾服务的积极性，导致公民依赖政府兜底、市场限于基本服务递送，不利于打造高质量的社会照顾体系。因此，私营部门倾向于倡导政府调整筹资结构，完善商业保险制度，鼓励公民多渠道筹资，引导公民为老年生活储蓄，而不是完全依赖政府资助。面对经济紧缩的挑战，政府通过“保基本”适应环境。私营部门认为应该引入商业保险，而不是把重点放在税收上，否则，就会影响高端服务发展。由此看来，在保证基本服务和扩大私人筹资之间找到平衡机制，协调好税收与私人储蓄、保障性服务供给与高端化服务发展、社会公平与市场效率之间的关系，恐怕是解决问题的办法。

> “提高劳动力薪酬只是局部性政策，社会照顾系统中的整体性问题是服务购买方的筹资方式转型问题，除非我们重新设计支付方式，否则，苏格兰不可能形成一个高质量的社会照顾系统。仅仅依靠所得税是不够的，我们提出应该制定保险计划。这样，人们就被要求为他们的老年生活进行储蓄，而不是完全依赖税收资助。德国和法国等许多国家都有保险制度，我们也应该建立这样的制度。”（苏格兰照顾协会首席执行官，T—4—O—M—M—48—M）

（二）利益驱动与政府规制以达成公共目标

私营部门具有营利性和正式性，其部门属性决定了私营部门的运行受到经济理性的支配，其动机是出于对商业利润的追求。面对福利供给中的政府失灵，哈耶克（Hayek）等学者认为市场更适合满足公众的福利需求，然而，与政府提供的服务不同，私营部门对福利供给的参与很大程度上取决于对利润的追求。它必须遵守某些形式的政府监管，但不受政府目标的影响。

首先，由于私营部门具有营利性，有明确的受益所有人，该部门集聚财政盈余的动力更强，较之于非营利部门而言，对金钱收益的追求更为彻底和狂热。一方面，这使私营部门具有更高的生产力，因为它对利润的渴望和对亏损的规避使其更专注于提高生产力及降低成本。另一方面，私营部门通过高效运行创造了更多的整体价值；同时，作为拥有生产裁量权的私人一方，私营部门对其创造的额外价值的分配享有一定控制权。所以，如果能够蒙混过关，它可能会为自己抢占“狮子的份额”，形成共享收益裁量权的风险。与此同时，“偏好”也不是非营利性组织独有的，即使是营利性实体也可能会有超越单纯利益最大化的目标。[①] 其次，私营部门具有正式性特征，依赖正式的组织结构，服务递送的专业性强；以满足私人需要为目标，围绕客户个体的个性化需求提供服务；在服务对象方面有选择性，只有那些有财力的人群才能获得私营部门的服务。

基于此，政府在与私营部门合作获得生产增益时，主要考虑两方面问题：一是政府在与私营部门共享收益裁量权时，面临着收益的性质和规模难以衡量与监控的风险。如果收益在暗中向私营合作者流动，那么，消费者可能会面临更高的成本，合作者的竞争对手可能会面临利润减少，他们都是潜在的受害者。二是私营部门提供的专业化、个性化服务在服务对象上具有选择性，它总是围绕更加富裕的群体和社区设定服务、投放资源。虽然服务表面上供所有使用者自由选择，但由于支付能力的差异，真正能够自费购买服务的还是富人。

针对上述两方面问题，政府通过对私营部门和服务使用者的双方面政策规范打造多样化、个性化服务，实现保证基本服务与扩大服务选择、递送以人为中心的个性化服务、平衡社会公平与降低公民依赖性等公共目标。第一，政府与部分企业建立密切的合作关系，运用专业技巧精心制定合作关系条款，使服务结果的范围与价值能够明确显示并得到精确的测量和评估。这样，私营合作者就别无他法，只能按照政府的要求完成其作为代理人的工作；而政府可以放心地给予合作方使用生产裁量权的自由，对

① ［美］约翰·多纳休等：《合作：激变时代的合作治理》，徐维译，中国政法大学出版社2015年版，第55页。

共享收益裁量权的担忧会相应减少。与此同时，政府鼓励市场自由竞争，促进其他没有与政府建立委托代理关系的企业充分拓展业务。在充分的市场竞争中，企业需要根据与其他机构竞争的情况以及向公众营销服务的情况进行调整和优化，服务使用者在服务机构和服务内容方面的选择就更加丰富多样。由此，政府一方面最大程度上规避了共享收益裁量权可能引发的公共利益受损，使私营合作者的工作重点与政府的优先事项保持一致；另一方面，促进了基础服务与多样化服务共同发展，扩大了服务使用者的可选择范围。

“地方政府与大批企业签订合同，合同的条款非常详细，管控和限制很多。合作企业必须严格按照政府的要求提供所有服务，服务内容通常是最基本的受资助项目，护理服务的平均时长只有半个小时。老年照顾家园没有与政府签订合同，因为由于资金紧张，地方当局只对个人护理服务感兴趣，不为其他服务提供资助。而我们想要做的是在帮助解决这些问题的同时，也可以帮助客户做家务和购物，为他们提供一些陪伴，帮助他们走出家门，因此，我们的服务设计是访问客户两个小时或更长时间。实际上，我们倾向于同政府社工互动的方式是，让他们认识到有人在寻找不同于政府能提供的服务，然后，社工可以向服务使用者建议：‘你可以与老年照顾家园联系，政府可能会给你提供一部分的资金支持。’老年照顾家园真正能做的是提供多样化的服务。客户需要的要么是其中的某项服务，要么是各种不同服务的组合。”（老年照顾家园企业主，P—3—O—M—M—53—H）

第二，政府通过直接支付政策提高老年人的购买能力，通过自我指导支持政策扩大老年人的自主选择权，通过重塑老年服务中利益相关者的参与路径，赋予老年人及其照顾者对自身服务的决策权利与能力，从而实现以人为中心供给个性化服务的目标。此类公共资金向需求程度高、经济情况差的申请人倾斜，通过福利二次分配的调节机制，在一定程度上缩小贫富差距导致的福利水平差距，但在基本服务的基础上进一步扩大服务选择范围，仍然要依靠老年人自身的经济能力，这也是在经济紧缩背景下保障社会公平与降低公民依赖性之间的平衡路径。

在苏格兰，以下两项政策共同塑造以人为中心的个性化服务：《社会照顾（自我指导支持）（苏格兰）法案（2013年）》[Social Care (Self-directed Support) (Scotland) Act 2013] 旨在增强服务使用者在照顾服务方面的自主权①；《重塑老年人照顾倡议（苏格兰政府，2012年）》[Reshaping Care for Older People initiative (Scottish Government, 2012)] 寻求赋权老年人及其照顾者，使其积极参与自身照顾服务供给的决定。②前者受益于中央政府对地方议会的额外资助，后者由老年人变革基金（Change Fund for Older People）提供2.3亿英镑支持。③

> "为老年人提供免费的个人护理服务是苏格兰议会的'旗舰政策'，这在英国是独一无二的，在世界上也非常罕见。1999年到2003年的第一任苏格兰政府（那时被称为苏格兰行政院，Scottish Executive）提出这个想法，当苏格兰在1999年建立权力下放的议会时，免费的个人护理服务就是最重要的政策之一，这是与英格兰、威尔士不同的。我认为这项政策永远不会取消，因为它一直很受欢迎。虽然人们

① Scottish Parliament, *Social Care (Self-directed Support) (Scotland) Act 2013*, 2013, https://www.legislation.gov.uk/asp/2013/1/contents/enacted.

② Scottish Government, *Reshaping Care for Older People Initiative*, 30 August 2013, https://www.gov.scot/publications/reshaping-care-older-people-2011-2021/.

③ Sarah-Sophie Flemig & Stephen Osborne, "The Dynamics of Co-production in the Context of Social Care Personalisation: Testing Theory and Practice in a Scottish Context", *Journal of Social Policy*, Vol. 48, No. 4 (2019), pp. 671-697.

仍然需要很多钱来获得照顾服务，我不确定政府和议会是否能够提供足够的资金支持，但这已经比许多其他地方要好了。如果我在英格兰，我不知道该如何支付自己或家人的照顾费用。至少在苏格兰，这笔钱会有所帮助。我认为这个体系更加公平，我们的任务之一是确保这项政策永远不会消失。如果取消这项政策，就会带来其他的问题，比如人们要卖掉自己的房子来支付照顾费用，所以，我们必须保留这项政策。”（苏格兰老年协会政策与研究工作组负责人/前苏格兰议会议员，T—2—O—L—M—42—M）

（三）政府与私营部门交流互通以整合市场力量

根据阿尔科克对福利供给类型的空间划分，政府与私营部门都具有正式性，但在是否具有营利性方面，两者的属性恰好相反。政府具有非营利性，以满足公共需求为目标；而私营部门具有营利性，以满足私人需要和追求利润最大化为目标。政府与私营部门所属空间的差异，对于两者之间的合作既是机遇又是挑战。一方面，政府为了提高生产率而引入市场机制，推动福利服务供给在竞争中提高效率、节省开支，提升公民的个人选择权；另一方面，政府将国家供给保持在最低限度，也就意味着将社会上最弱势群体的照顾工作转交给私营部门，而私营部门本身的存在也受制于变幻莫测的市场，现实中服务使用者的选择权并不能真正得到保障。① 因此，政府既依赖私营部门生产和递送服务，需要通过私营部门的提案、建议和信息反馈了解行业运行情况，为宏观政策和规划的制定提供支持；又必须防范私营部门的方案建议不是出于专业知识，而是出于其自身利益考

① Peter Beresford & Sarah Carr, *Social Policy First Hand: An International Introduction to Participatory Social Welfare*, Bristol: Policy Press, 2018, pp. 246-247.

量带来的风险。政府需要站在公共利益角度统筹各方意见，将政策调控向保障弱势群体基本权益的方向倾斜，承担起维护社会公平正义的责任。

具体来讲，第一，政府通过与个体供应商直接对话，宣传政策意图，听取供应商的建议，共同改进服务。政府定期举行供应商会议进行信息交流，供应商向政府反映问题、提出改进服务的方案建议，由政府统筹后改进战略规划；此外，政府组织培训活动，传播新的政策导向，争取私营部门的理解、认同和参与，并为供应商提供技术指导资源，助力其更好地为弱势群体服务。

> “政府与供应商之间的信息交换是通过定期举行的供应商会议来进行的。我最近正在与日间服务供应商开会，在如何改进服务方面，他们有很好的主意。所以，我很高兴与他们共同推进工作，并确保我们在采购合同的边界范围内合作，使客户受到访问、接受评估、获取服务。此外，我们会通过让服务供应商在听力、感知、手语、培训和教育等方面获得资源来改善组织的建立。”（爱丁堡市政府老龄事务战略规划部主任，G—2—G—M—F—49—M）

第二，政府与私营部门的协会组织建立合作关系，资助其开展照顾服务行业研究；同时，尊重其作为代表机构的独立性，将其作为联通政府与私营部门供应商的桥梁。与其他部门的代表机构类似，政府将私营部门协会组织纳入政府决策的参与平台，但考虑到私营部门的营利性，政府会从公共利益出发，统筹考虑后再作出决策。

> “苏格兰照顾协会是一个独立的代表机构，独立于政府机构，对自己的会员负责。当政府需要了解情况时，政府不会直接找500或600个服务提供者交谈，而是来与我们谈话，因为它知道我们代表着

10万名员工、500个供应商和数千个服务组织。我们有两个项目得到了政府的资助，我们的大部分工作却并没有得到政府的财政支持。尽管我们得到了政府的一些资助，但我们仍然是独立的，不会因为得到了钱就改变所说的话。我们做研究、询问人们的观点、与社区对话，然后与政府沟通、发出声音，所以，我们是喉舌，我们所说的是我们听过和研究过的内容。”（苏格兰照顾协会首席执行官，T—4—O—M—M—48—M）

由于私营部门是营利性组织，扮演“竞争者”角色，其社会影响力及整合能力有限，政府与私营部门合作供给模式主要依靠政府的政策影响力。政府向服务使用者传播政策主要依赖第三部门发挥作用（详见本书第四章），向私营部门宣传政策主要通过政府举办的会议、论坛、培训等，通过信息互通协调使各方达成一致、使模式运行顺畅，然后通过市场竞争机制进行资源配置。

由此，政府通过向私营部门传达政策意图使政策得以传播和落实，通过了解私营部门的运行状况和政策提案以优化决策，在维护市场自由公平竞争的同时，打通与私营部门的信息互联渠道，为政策调控提供参考依据，以更好地整合市场力量参与福利供给，使私营部门在竞争中整合优质资源。

（四）建立公民权利和社会权利的平衡机制以维持模式运行

私营部门具有营利性和正式性，存在于公民身份模型勾勒出的陌生人世界。在这个正式世界中，公民基于经济理性进行活动，与非正式世界基于情感的活动和公共部门基于价值理性的正式性活动有所不同，但又与两者之间存在着连续统一体的关系。政府与私营部门合作供给模式的维持，是基于家庭利他主义与集体利他主义的平衡、公民权利与社会权利的平衡、非法定服务与法定服务的平衡、服务使用者独立自由选择与依赖法定服务的平衡、市场自由竞争与政府兜底的平衡。

第一，从筹资角度讲，购买私营部门的服务一方面依靠公民的家庭储蓄，另一方面需要政府的税收支出，是家庭利他主义和集体利他主义（collective altruism）的结合。家庭利他主义的持续性与法定社会政策的再分配目标既相辅相成，又相互冲突。人们希望通过自愿储蓄给家人留下财富，同时又通过税收再分配为无法自助的陌生人提供福利，因此，政府必须在家庭利他主义和集体利他主义的相互冲突中找到正确的平衡。虽然这些制度因素之间经常发生利益冲突，但归根结底是相互依存的，如果取消法定社会服务，许多个人与家庭的福利将受到危害；相反，如果家庭利他主义的结构停止运作，法定社会服务也不能抵消损害或提供充分的替代性服务。因而，政府一方面通过税收为照顾服务筹资，在公民生命历程的转换过程中为其提供保护，并保障老年人的社会权利；另一方面，引导公民在家庭单位内适度储蓄，通过自己的工作保障和职业福利来拓宽可购买的福利服务范围，保障老年人的公民权利。

“在资金支持方面，苏格兰政府可以提供‘自我指导支持’和‘护理津贴’，‘自我指导支持’的资金必须花在规定的非常具体的事情上，而‘护理津贴’可以花在与照顾和帮助被照顾者相关的任何事情上。与英国的其他地方不同，苏格兰的‘自我指导支持’不需要经过经济情况调查，只需进行需求评估。有资格获得照顾资助的人必须身体不好、年纪很大、很虚弱才行，而一旦获得了资助资格，无论银行存款是多是少，都能获得政府资助。获得‘护理津贴’同样需要经过评估，津贴将会拨付给无法自我照顾的人。对于年迈的无法照顾自己的老年人，政府会为其支付照顾费用，但只能提供某些服务。如果老年人还想选择其他不同的服务，就必须自己额外付钱。”（老年照顾家园企业主，P—3—O—M—M—53—H）

正如平克所说，财富与收入的代际转移是通过家庭利他主义和法定福利制度的家庭外利他主义进行的，如果家庭（或整个国家）只有一种财富来源，这两种利他主义的主张之间必然会产生冲突。为了提高社会权利而通过再分配税收从家庭中拿走的任何东西，都会使家庭成员在其公民权利范围内自行分配的机会减少。增税扩大了社会权利的范围，减少了公民权利的范围；减税则反之。平衡“混合体”的本质，决定了人们的哪些需求必须通过自己和家庭成员的努力或是法定福利供给来满足。①

第二，从服务使用者在不同福利机构中的地位角度讲，由于公共和私营福利供给机构的价值动机不同，公共部门和私营部门管理人员的道德倾向存在差异，因而法定和非法定社会服务的使用者在获得服务时所处地位有所不同，服务使用者的社会权利和公民权利在实质上的保障程度亦有差异。为了保障公共服务体系中服务使用者的“女王”地位，政府通过引入对福利供给各方适当的激励机制，平衡其利己主义和利他主义的道德倾向，从而形成以用户权利为基础的公共服务体系。勒格兰德（Le Grand）的公共服务动机理论以国际象棋的角色为喻，把非法定社会服务的用户描述为“女王”，赋予其独立和选择的自由，而不是依赖法定服务的“走卒”。② 平克回应勒格兰德的观点，认为“人们获得和行使的最真实的权利是在市场上扮演的买家和卖家的角色，此时，人们确信自己有权购买所需之物”。相比之下，“通过纳税或凭借公民身份拥有真正权利的想法，在很大程度上仍然是研究者的幻想，大多数申请法定社会服务的人本质上还是穷人”。③ 勒格兰德进一步提出：“一个成功的公共服务体系应该把服务

① Robert A. Pinker, “The Experience of Citizenship: A Generational Perspective”, in *Social Policy and Welfare Pluralism: Selected Writings of Robert Pinker*, John Offer & Robert A. Pinker (eds.), Bristol: Policy Press, 2018, pp. 225-238.

② Julian Le Grand, *Motivation, Agency, and Public Policy: Of Knights and Knaves, Pawns and Queens*, Oxford: Oxford University Press, 2003.

③ Robert A. Pinker, *Social Theory and Social Policy*, London: Heinemann, 1971, pp. 141-142.

用户视为女王而不是走卒，也就是说，它将以用户权力为基础”。这样的系统必须能够防止过度使用或过度提供服务，或“以损害用户自身或社会整体利益的方式使用服务”。它必须包括对服务提供者的适当奖励，考虑到他们的利他主义和利己主义，还必须“在不违反社会对服务的公平或其他社会目标要求的情况下，以尽可能高效的方式完成所有这些工作”。[①]

基于此，政府需要通过建立“准市场竞争体系”协调服务供给的比重、质量和方式等因素，通过在提供服务的机构设置适当的、平衡的激励结构，调和社会市场和经济市场的价值冲突，引导公共部门与私营部门管理者的利他主义和利己主义品质共同指向增进公共福利，最大限度地保证服务使用者的“女王”地位。首先，政府只为需求程度最高的老年人提供免费个人护理服务的“安全网”，服务种类仅限于基本家政或照顾服务，防止多度提供服务损害社会整体利益，也避免兜底服务不足损害弱势服务使用者个体利益。其次，采用自由市场这一安排资源生产与分配的最佳方法，使价格机制发挥作用，利用公众对照顾服务的需求来降低整体价格，使更多人能够获取福利。[②] 再次，通过针对政府和私营部门专业人士强有力的激励，使其尽可能地为服务使用者提供更多的选择和信息，尊重并保障服务使用者的人格尊严和自主权利，使法定服务人员在发扬高尚精神的同时不再高高在上，非法定服务人员在追求利润的同时造福社会，补充并鼓励利己和利他这两种道德倾向积极的一面。最后，政府兜底与市场竞争相结合，通过外部市场自由竞争和内部市场竞标的方式，保证基本服务供给的数量和质量，通过竞争机制提高服务生产率，在保障社会公平的同时提高服务供给效率。

---

① Robert A. Pinker, “From Gift Relationships to Quasi-markets: An Odyssey along the Policy Paths of Altruism and Egoism”, in *Social Policy and Welfare Pluralism: Selected Writings of Robert Pinker*, John Offer & Robert A. Pinker (eds.), Bristol: Policy Press, 2018, pp. 209-223.

② Paul Spicker, *Social Policy: Themes and Approaches (2nd Edition)*, Bristol: Policy Press, 2008.

四、价值目标分析

（一）通过居家服务帮助老年人独立生活

在政府与私营部门合作供给模式中，针对老年人个体的一对一上门服务对于帮助老年人实现有支持的独立生活具有积极作用，特别是对于患有老年失智症等慢性、认知性、残障性疾病的老年人提高居家生活质量、延迟机构性入院照顾具有重要意义。进入老龄阶段尤其是高龄阶段的老年人往往受到多种慢性疾病的困扰，主要包括心血管疾病（如冠心病）、高血压、中风、糖尿病、癌症、慢性阻塞性肺病、肌肉骨骼系统疾病（如关节炎和骨质疏松症）、精神健康问题（如失智症和抑郁症）、失明和视力障碍等。[①] 因此，预防和延迟慢性疾病发病、降低老年人的残疾水平、使老年人尽可能独立地生活更长时间，对于减轻长期照护服务和医疗保健体系的开支压力、提高个人和家庭生活质量有着重要作用。

作为长期照护服务的一种，居家照顾相比居住性照顾更具预防性，更能提升非正式照顾角色的参与度，能够帮助老年人发挥主体性，实现支持下的独立生活。一方面，居家照顾通过预防性服务使老年人在自身健康水平尚能实现住家生活时避免不必要的提前入住养老院，在老年人完成医院治疗、进入恢复性阶段时，增强衔接性居家援助以避免康复照顾缺失或不必要的延迟出院，在保证老年人健康水平的同时降低其需求程度；另一方面，居家照顾能够使老年人在熟悉的生活环境和家人陪伴下更加充分地发挥自身能力，实现相对独立的生活状态，在延续家庭对老年人的情感支持的同时给予非正式照顾者必要的协助，使老年人尽可能在全龄化社区中生

① World Health Organisation, *Active Ageing: A Policy Framework*, 2002, https://apps.who.int/iris/bitstream/handle/10665/67215/WHO_NMH_NPH_02.8.pdf;jsessionid=07F265F1A97A0C61F16C4A7E74F6F1C4?sequence=1.

活更长时间。

面对高龄人口的不断增长和老年人对医疗与社会照顾服务需求的攀升，英国政府秉持的理念是使老年人尽可能在家生活更长时间，在老年人达到入住养老院的需求水平之前为其提供更多的支持性服务，延迟和缩短老年人居住在养老院的时间。

“照顾老年人的方式分为两种：一种是居住型和护理型养老院；另一种是居家护理和住房支持，也就是在人们的住所里提供照顾支持。政府的政策是让人们尽可能长时间地住在家里，如果老年人可以待在家中并得到照顾，国家就不应该资助他们去住养老院。这意味着住在养老院的人，要么不能独自住在家里，这样就由国家为他们支付费用；要么是非常富有的人，而且想和别人一起住在养老院，这一般是豪华且昂贵的自费型疗养院。在此政策导向下，人们入住养老院的时间更晚、需求程度更高，居住的时间也更短，只有部分患有晚期失智症、晚期神经疾病、进行晚期姑息治疗的老年人才会住在养老院。所以，现在的养老院实质上是医院，大多数搬到养老院的人都会在那里去世，养老院成了生命终结的地方。”（苏格兰照顾协会首席执行官，T—4—O—M—M—48—M）

居家照顾服务面向年迈体弱、患有多种慢性疾病，尤其是患有失智症的老年人，虽然不一定能够使老年人提高健康水平或延长寿命，但通过管理和调适老年人的生活状态，帮助其改善饮食、调节情绪、适度运动、走出家门参加社交和娱乐活动，能够提高老年人在高龄阶段的生活质量，使老年人在照顾服务支持下享有独立的、有尊严的晚年生活。

“使用居家照顾服务的人往往是八九十岁的老年人，女性比男性更多，因为女性的寿命更长。人们活得时间更长了，但并没有活得更健康。人们的预期寿命在增加，但开始出现慢性疾病症状的年龄保持不变。因而，我们并没有变得更擅长健康地生活，只是更擅长寻找药物来控制慢性疾病。老年人面临各种各样的问题，比如体弱多病、心脏问题、帕金森氏症、身体残疾等，很多人都以不同的组合患有这些疾病。我们的客户中问题最大、占比最多的是失智症患者，他们可能身体上相当健康，但精神上或认知上不正常，不记得根据天气状况穿上合适的衣服，可能会忘记吃饭、忘记自己的药量。在苏格兰，预计在未来的15到20年间，由于人口老龄化形势日趋严峻，失智症患者的数量将会翻一番。老年照顾家园不能让他们变得更健康，但我们要做的是帮助老年人管理这些情况。如果老年人感到孤独、变得沮丧，他们就不走出家门，情况只会变得越来越糟，形成恶性循环。所以，我们可以做的是试着给他们动力，让他们走出家门，多做运动，加强运动后饮食摄入就会更好。脱水和吃饭困难可能是老年人去医院的两个最大原因，因此，保持水分充足、吃得更好对老年人保健很有帮助。我们虽然不能治愈糖尿病、失智症、帕金森氏症，甚至可能不会让老年人活得更长，但我们能提高他们的生活质量，让他们还能出门拜访朋友、去看电影、喝咖啡、在海滩上散步，而不是在生命的最后两年困在室内。我们没有神奇的魔杖让老年人变得更好，但如果他们还有两年的生命，最好能让他们过上好的两年而不是坏的两年。我们希望做的是让老年人在家里住得更久，如果这两年的全部或大部分时间能够在家里度过，就可能比六个月住在医院、一年半住在养老院要好。人们通常会希望在生命中最后的两年住在自己家中，而这是我们可以帮助的，同时还有老年人的家人与我们一起共同努力。”（老年照顾家园企业主，P—3—O—M—M—53—H）

（二）通过需求评估实现养老服务递送的可及性

在政府与私营部门合作供给模式中，政府为老年人购买服务提供资金支持，福利资金的分配遵循选择性原则，在公民的有条件权利和政府裁量权的共同作用下，通过政府的需求评估实现公共资金与老年人“真实需要”的匹配，实现老年人照顾服务递送的完整、连续和可及。照顾服务分配的选择性机制依靠对“需要”的合理性判断，目标是在政府资金稀缺的条件下将福利资源分配给真正需要的老年人。在符合“年满65周岁的公民”这一基本条件下，由老年人提出资助申请，政府官员和专家评定申请人有何需要以及哪些需要能够得到满足，而不是由申请人基于生而享有的权利决定自身能够获得哪些福利。①

政府的需求评估遵循需求对象的整体性、需求阶段的连续性、需求内容的必要性三个原则。首先，政府将需求对象视为一个集自身条件与环境资源于一体的统一整体，而非与环境相割裂的个体。需求评估是针对老年人自身情况及其家庭与社区环境和资源的整体性评估，而不单是针对老年人个体条件的评估。爱丁堡市政府将“适应力”（resilience）作为需求评估的重要参考，将老年人的家庭和社区支持网络情况纳入衡量范围。适应力主要受到社会和经济因素的影响，其中，“社区支持”对老年人的适应力起到关键作用，包括族群社区、家庭社区等。

> “自身基本条件相同的老年人，因为‘适应力’不同，需要的帮助也就不同，因此，不能简单地将自身条件相同的老年人的需求水平等同起来。举例来说，假如两个老年人都摔断了一条腿，且患有心脏

① ［英］皮特·阿尔科克等：《解析社会政策（下）：福利提供与福利治理》，彭华民译，华东理工大学出版社2017年版，第87页。

病，刚从医院回到家里，那么，他们是否需要同样的帮助呢？我认为不是，因为这两个人所处的环境不同，生活和社区支持网络都不一样。前者可能有父母、兄弟姐妹和伴侣的照顾，生活在充满活力的社区，所以，实际上不需要任何帮助；而后者却很孤独，丈夫已经去世，最近才搬到新的社区，不认识任何人，也没有与社区建立联系，因而更需要帮助。尽管两人呈现出相同的基本条件，但他们的生活状态和社区环境不同，所以，‘适应力’不同，所需的帮助也就不同。从社区支持的角度看，华人社区分布相对集中，尽管随着代际更替而在空间分布上有所分散，但家庭社区内的成员常常住在一起，这对老年人照顾很有帮助。”（爱丁堡市政府老龄事务战略规划部主任，G—2—G—M—F—49—M）

其次，政府的需求评估针对老年人各个生命阶段的不同照顾需求，具有较强的连续性，涉及照顾层级光谱中从较低级别的预防性需求到较高级别的临终关怀等各个需求阶段，包括短期照顾、慢性疾病照顾、复杂疾病照顾、临终照顾等。需求评估与服务匹配是建立在一个完整而连续的服务系统和划分清晰的需求层级基础之上的。长期照护服务基于技术辅助、自我照顾支持、个性化照顾规划、个案管理等手段，在需求比例分布上呈现出正金字塔形结构：最下层为70%至80%适用于自我管理的长期照护人口；中层为高风险病人，需要通过针对某种疾病的团队进行医疗与照顾管理；上层为高度复杂需求人群，需要个案管理。①

“我们的战略规划中设计了针对老年人的照顾路径。这条路径从

① Jon Glasby, *Understanding Health and Social Care (3rd Edition)*, Bristol: Policy Press, 2017, p. 111.

> 预防开始，然后是入院前、出院后所需短期照顾，接着是慢性疾病和长期健康问题需要的长期照护与支持；后期阶段是人数最少但花费最高的阶段，包括患有复杂疾病的老年人所需养老院、护理院以及带有护理服务的住房服务；最后是照顾层级光谱上的最末端，由医院为需要复杂临终关怀的老年人提供服务。此外，战略规划还考虑到在整个过程中，老年人能够为自己做什么，以及在需要政府提供支持和帮助之前，其他人能够为老年人做什么。我们的目标是在正确的时间、正确的地点提供老年人需要的正确的支持，希望不仅能够支持老年人在家里过得好，而且能够帮助他们很好地在家度过临终阶段，尽量减少去医院或养老院的需要。我的另一项工作与社区警报和远程监护服务相关。我们希望通过利用传感器等技术设备保证老年人居家生活的安全性，降低其机构化需求。”（爱丁堡市政府老龄事务战略规划部主任，G—2—G—M—F—49—M）

再次，政府通过需求评估对老年人需求内容的必要性和真实性进行衡量与判断，剔除未达到“需要”程度的个人“欲求”，筛选出老年人虽然尚未提出但真实存在的“需要”，在基本需求范围内根据老年人及其利益相关者的自身“偏好”进行服务匹配。① 相应的，政府对服务递送采取“支持”而不是“替代”的态度，原则是尽量让老年人更长时间地生活在自己家里，同时为他们提供与其实际需要相匹配的支持，从而避免回到过去公民

① “需要”（needs）同“欲求”（wants）和“偏好”这两个相关概念之间存在区别。“需要”和“欲求”有两点不同：首先，“欲求”的范围更加广泛，包括想要但并不需要的内容；其次，人们可能对于真正需要的东西并不想要，这主要是因为不知道或不喜欢，因此，“需要”比“欲求”更加基本和必要。“偏好”只有在进行选择时才会显露，通常是消费者在购买商品或服务过程中需要作出的选择。参见［英］皮特·阿尔科克等：《解析社会政策（上）：福利提供与福利治理》，彭华民译，华东理工大学出版社 2017 年版，第 48 页。

过度依赖社会福利、享受超出基本需求的福利服务造成政府财政压力过大的状态。医疗与社会照顾体系中包括医疗模式和社会模式，医疗模式倾向于“为”服务使用者做事（do for），而社会模式倾向于“支持”服务使用者为自己做事（support to do for oneself）。由于公共资金有限，社会照顾系统不希望创造依赖性。在需求程度较低时，政府一般通过社区的已有资源提供支持，在需要程度较高时才会提供一定的危机援助，而且，援助程度也会随着定期的需求评估结果更新而变化。

> “政府的政策一直是让人们尽可能长时间地住在自己家里，只有在政府确认申请人达到进入养老院的需求等级时，才会资助其入住养老院。需求评估是针对需求的必要性，而不是申请人认为需要就真的需要，这是我们在过去曾经迷失的地方。现在，我们会告诉申请人，你并不需要这项服务，但我们可以把你推荐到一些能帮助你得到所需服务的组织。”（爱丁堡市政府老龄事务战略规划部主任，G—2—G—M—F—49—M）

在实践中，需求评估由地方政府执行，需求的满足基于公民权利和政府裁量。一方面，政府官员在使用权利原则时经常作出判断和裁量；另一方面，政府官员行使裁量权依据的是中央或地方政府制定的不具法律效力的指导原则①，由此产生了政策落实的问题。首先，政府官员在使用裁量权时受到主观偏见的影响，可能存在评判不公平、不一致的内置风险。其次，地方政府各自制定不同的指导原则，导致各地服务递送裁量标准的差异，使得异地服务的连贯性难以保证。这主要是因为各地方政府削减资金

① ［英］皮特·阿尔科克等：《解析社会政策（下）：福利提供与福利治理》，彭华民译，华东理工大学出版社 2017 年版，第 87 页。

的程度不同造成了“彩票邮编”现象，即各地的资助标准取决于特定的优先级别和地方政府的财政压力。①

“免费个人护理的需求评估是相当复杂的，有些项目需要申请人为成本付费，有些则不需要，这取决于政府的社工对申请人的初步评估。社工会评估不同方面的情况，相应地要求申请人支付或多或少的费用。评估标准在不同城市也各有差异。苏格兰有 30 多个地方当局，每个当局都有自己的解释权，虽然政策是由苏格兰政府制定的，但地方当局解释政策的方式各不相同；在每个地方当局内部，不同的社会工作者的做事方式也有所不同。所以，如果有完全相同的两个人，一个在格拉斯哥，另一个在爱丁堡，在分别完成需求评估的程序之后，他们最终被告知有权享受的福利内容会有很大不同。这是由格拉斯哥和爱丁堡的指导原则差异以及社会工作者的个人原因导致的，这就增加了评估结果的不确定性。”（老年照顾家园企业主，P—3—O—M—M—53—H）

（三）通过供需双方共同规划实现对老年人的赋权

在政府与私营部门合作供给模式中，服务使用者被赋予和专业人士共同规划服务的权力。服务规划由以政府官员和专家、私营供应商等专业人士为主导的专业视角，转向以老年人为主导的服务使用者视角。在长期照护服务领域，通过由占据支配性地位的“医疗模式”向“社会模式”的扭转，推动“专业文化”的长远变革，使得服务规划从对“照顾”本身的关

① 国务院发展研究中心社会部课题组：《养老服务体系发展的国际经验与中国实践》，中国发展出版社 2019 年版，第 109 页。

注转向对服务使用者“期望”的关注，从以专家意见为中心转向以服务使用者可利用资源为中心。这种转变对于老年人，尤其是需要长期照护的失能失智老年人而言，使其获得并维持掌握自身生活方式的权利和能力，行使其作为独立个体的自主权与控制权，具有重要意义。

赋权建立在维护和增进老年人权利与能力的基础上。从权利角度讲，老年人有权决定自己的生活方式和接受的照顾服务类型，因此，在规划服务的过程中，服务供给方以老年人的意见为主导：一方面，尊重老年人对自己所使用服务的个人主张与选择；另一方面，将老年人群体的意愿和偏好纳入区域性政策与服务规划中。为了促使服务使用者的卷入由消费主义向民主主义转变，政府提出通过程序性权利体现以公民资格为导向，重视公民受到对待的方式以及作出决策的方式，使其意见真正受到尊重，参与决策的实质性更强。①

“政府在提出委托服务目标时，会通过沟通网络与社会大众进行交流，并会举行一些研讨会，在会上询问对公众来说什么是最重要的、他们想要住在哪里、他们需要哪些类型的支持。我们在照顾服务路径上有一系列的工作流程，使老年人都能参与进来。我们还通过《老年人的声音》（The Voice of Older People）这份报告来了解老年人的心声和需求，将其作为苏格兰制定政策文件的基准线。我负责出版的《老龄化、家庭和社区》（Ageing, Home and Communities）中提到，人们不想从社区中被‘连根拔起’。在苏格兰，98%的老年人生活在自己的家中，只有2%的人住在提供照顾服务的住房或生活在养老院里。这98%的老年人所处生活境况各不相同：有的过着充满活力的生活，直到去世

① ［英］皮特·阿尔科克等：《解析社会政策（下）：福利提供与福利治理》，彭华民译，华东理工大学出版社2017年版，第93页。

前3个星期；有的可能孤零零地待在家中，渴望有人陪伴并得到一些照顾。虽然并不一定是好的生活，但这是老年人想要的生活。我们必须更多地倾听和尊重老年人的愿望，而不是替他们做决定。”（爱丁堡市政府老龄事务战略规划部主任，G—2—G—M—F—49—M）

从能力角度讲，虽然伴随着老化过程，老年人的各项生理机能都在逐渐退化，但即使是失能失智的老年人也存在主观意愿和尚存的能力，因而，不应将其视为完全被动的照顾服务和医疗救治的接受对象。为了充分尊重老年人的意愿，最大限度地增强其决定自我生活方式的能力，服务供给方将老年人及其照顾者共同纳入参与服务规划的主体中，在失能失智老年人自身能力不足的情况下，通过卷入其照顾者参与服务规划以促进共同生产，实现对老年人及其利益相关者这一整体的增能赋权。①

“照顾服务资助的申请流程非常复杂，地方政府没有足够的人力能够向人们解释所有这些选项，这对身处焦虑中的老年人来说理解起来很不容易，所以，服务规划的过程往往由其照顾者及家人共同参与，他们还会向老年照顾协会这类组织寻求政策信息支持。”（老年照顾家园企业主，P—3—O—M—M—53—H）

从而，老年人照顾服务中的供方专业人士与需方弱势老年群体的权力和地位不平衡问题一定程度上得以改善，专业人士在服务供给中的绝对优势地位逐渐由服务使用者共享，失能失智老年人的意见被纳入对其自身所使用服务和群体性服务的规划中，由此实现从“为”（for）老年人做事、

① Sarah-Sophie Flemig & Stephen Osborne, “The Dynamics of Co-production in the Context of Social Care Personalisation: Testing Theory and Practice in a Scottish Context”, *Journal of Social Policy*, Vol. 48, No. 4 (2019), pp. 687-689.

"给"（to）老年人递送服务转向"与"（with）老年人共同做事。[1] 然而，有人认为优先听从专业人士声音的情况依然在继续，老年人对服务的选择与控制主要以消费主义形式体现，民主主义色彩较弱，而服务供给方基于其专业优势总能将其主张合理化，这就对老年人以公民权利为基础参与服务规划产生压力，因此，老年人卷入服务规划的实质效果尚待考察。[2]

（四）通过直接支付实现老年人对服务的个性化选择

在政府与私营部门合作供给模式中，政府直接将资助资金支付给老年人，通过老年人的个人选择实现个性化服务配给，以"直接支付"（direct payments）和"个人预算账户"（personal budgets）制度作为实现路径。向接受照顾服务者直接付费是建立在尊重服务使用者权利基础上的，其依据是《社区照顾（直接支付）法案（1996 年）》（Community Care (Direct Payments) Act 1996），其中规定由地方当局将资金支付给申请人以购买所需服务。[3] 此种做法于 2000 年被扩展到使用家庭照顾服务的 65 岁以上老年人，使老年人对自己的照顾经费负责，增加其对个性化服务的选择性和控制力，以期实现老年人在选择和控制所使用服务时具有更强的自主性，在使用服务时具有更高的满意度，在协调服务时具有更强的连续性，在匹配需求时能够更有针对性，在设计和规划服务时能够更好地发挥其创造性。上述制度是在独立生活运动中由服务使用者争取而来的，不是由政策制定者和专业人士自上而下推出的，在英美等西方各国都有自己的差异化政策，但秉持着相同的宗旨，就是建立消费者导向型照顾服务，让老年人

---

① Jon Glasby, *Understanding Health and Social Care (3rd Edition)*, Bristol: Policy Press, 2017, p.101.

② Peter Beresford & Sarah Carr, *Social Policy First Hand: An International Introduction to Participatory Social Welfare*, Bristol: Policy Press, 2018, p. 212.

③ HM Government, *Community Care (Direct Payments) Act 1996*, 1996, https://www.legislation.gov.uk/ukpga/1996/30/contents/enacted.

尽可能自我照顾（self-care），同时由政府为其实现自我照顾提供支持。①

直接支付也是个性化服务议程的实现路径，将服务“填鸭”给使用者转变到为使用者匹配个性化的服务，让老年人拥有主动选择服务的空间，便于老年人独立作出决定。但同时也有人对个性化服务的真正实现存疑，因为直接支付以达成个性化选择这一目标的真正实现是以充足的资金支持为基础保障的，在经济紧缩的政策背景下，人们质疑像个性化服务这样本来就耗资较大的议程能否真正得以实现。如果由于资金不足，服务使用者的选择范围缩小，能够获得资助资格的使用者人数减少，政府更大程度上要求使用者自我照顾而不能匹配充足的支持，那么，个性化服务递送目标的真正达成就存在风险，老年人对于照顾服务的安全感就会下降。这实际上是政府和市场之间的边界向哪一侧移动的问题。当边界向政府一侧退缩，市场的范围进一步扩大时，这就意味着基本服务供给规模的缩小，而在此背景下，政府在服务递送机制方面的改革对于个性化目标的达成是否有足够成效，抑或是更多地体现其政策文本和价值理念上的意义，目前尚有待考察。

五、本章小结

本章选取老年照顾家园供给服务这一案例，考察政府与私营部门合作供给模式。研究发现，该合作供给模式的运行机制为“政府规范、私营部门与服务使用者协商共塑服务”。具体来说，政府扮演“规范者”角色，在保证私营部门自由竞争的前提下，通过规范与监督使其与政府达成一致

① Jon Glasby, *Understanding Health and Social Care (3rd Edition)*, Bristol: Policy Press, 2017, pp. 105-106.

目标；私营部门扮演“竞争者”角色，在经济理性的驱使下参与市场竞争；服务使用者扮演“参与塑造者”角色，参与对个体服务和群体服务的塑造，与私营部门共同打造个性化服务。政府具有市场监管的权力，承担通过市场打造个性化服务的责任；私营部门具有公平竞争权，承担提供优质服务的责任；服务使用者具有自主选择权，承担适度支付的责任。政府对私营部门进行政策规制，私营部门有序竞争，为服务使用者匹配个性化服务。该合作供给模式通过保障基本服务与扩大私人筹资以适应环境，在私营部门的利益驱动和政府的政策规制下达成公共目标，通过政府与私营部门交流互通以整合市场力量，通过建立公民权利和社会权利的平衡机制以维持模式运行。上述运行机制通过居家服务帮助老年人独立生活，通过需求评估实现养老服务递送的可及性，通过供需双方共同规划实现对老年人的赋权，通过直接支付实现老年人对服务的个性化选择，具有一定的积极老龄化意义。

第五章　政府对合作供给模式的维护保障作用

自20世纪末以来，英国的公共政策实施与公共服务提供从新公共管理走向新公共治理阶段。治理不再局限于传统的、政治驱动型的公共部门内部，而是“将权力赋予大量的行动主体，包括（但不限于）高级政府官员、基层公务人员和公民社会的其他成员”。[①] 关注的焦点从单个的公共服务组织，转向公共服务系统及其中的多元组织间的复杂网络关系。随着治理理论与实践的变革，“元治理”（meta-governance）这一治理模式逐渐兴起。它在承认授权与分权在治理中的必要性的同时，也强调更为强大的中央控制与指导的重要性。在此背景下，政府承担责任的方式发生变化，由对单一组织和过程负责，转向对公共政策实施与公共服务提供系统运行及系统中网络关系的维护和保障负责。从治理的角度讲，社区养老服务多元主体合作供给就是一个系统，本书所谓政府与非正式部门合作供给模式、政府与第三部门合作供给模式、政府与私营部门合作供给模式都是该系统的子系统。那么，政府是如何维护和保障多元主体合作供给系统运行的呢？本章拟对此作出探讨。

① ［英］史蒂芬·奥斯本编著：《新公共治理？——公共治理理论和实践方面的新观点》，包国宪等译，科学出版社2016年版，第33页。

一、通过边界组织实现政策协商民主化

在新公共治理中，核心的资源分配机制是组织间网络，其责任需要通过网络内部各主体（包括组织和个人）间的协商来决定，然而，网络中各主体的权力与地位并不对等，且各主体往往基于分散且相互竞争的价值基础，所以，主体间关系存在分裂的风险。为了实现网络的高效运行，需对网络中各主体进行有效的控制与协调，使网络中各主体的力量得以整合。在实现多元主体合作目标的过程中，合作系统中的领导力发挥着关键作用。领导者如何实现跨越部门边界、组织边界和文化边界的组织与人员整合，以半永久的方式将人、过程、结构和资源整合起来，是其领导力的重要体现。

在跨边界整合多方力量时，"边界经验"发挥着重要作用，可以通过共同活动或联合行动创造共同体意识，并培养跨越参与各方边界的能力。"边界物"能够帮助人们理解其他各方，促使主体形成边界经验，"将不同的观点转变为共享的知识和共同的理解，帮助参与各方将人、理解和其他行动主体相互整合，以促使行动计划向前发展"。"边界组织"是边界物的具体形态，指的是"为了达成跨边界共同生产的目的，具有不同知识或不同经验的行动主体构成集合，包括跨边界网络、任务小组和团队、协调委员会以及政策制定代议机构等"。① 政府以边界组织为平台，实现多元主体的民主化协商，以形成共识，整合各方力量。具体来说，政府在养老服务战略规划、委托外包计划等重要政策规划的制定过程中，通过医疗与社会照顾一体化委员会、老龄事务战略计划决策小组会议等边界组织，整合

① ［英］史蒂芬・奥斯本编著：《新公共治理？——公共治理理论和实践方面的新观点》，包国宪等译，科学出版社 2016 年版，第 187、191—192 页。

服务生产方和服务使用者等各利益相关方的意见，以提高政策协商的民主化水平。

> “事实上，我们的决策小组由在急症医院工作的老年病学家担任主席，有规划师、财务人员、统计人员、活动组织人员共同工作。在我们的决策桌上，有来自第三部门、私营养老院、苏格兰照顾协会等各代表组织的人员，还有来自基层地方的工作人员，包括经理人以及护士、医生等临床医疗领域的专业人士。上述所有参与方共同为老年人事务、为我们关注的优先事项投票。”（爱丁堡市政府老龄事务战略规划部主任，G—2—G—M—F—49—M）
>
> “在战略委托计划的制订中，我们希望整合所有利益相关方的意见，共同进行服务的规划并决定将资金用于资助哪些组织。在部级战略小组中，主要参与方包括第三部门、私营部门、住房部门、服务使用者、照顾者等组织和个人，其中最重要的是老年人及其照顾者。大家坐在一起，共同决定最好的方案。”（苏格兰政府医疗与社会照顾一体化理事会负责人，G—3—G—L—F—36—M）

在政府通过边界组织开展政策协商的过程中，“代表组织”（representative bodies）扮演着重要的角色，在促进跨边界的各主体沟通、优化政策的制定和执行等方面发挥着关键作用，是作为网络领导者的政府整合大量个体、群体和组织以实现跨边界政策协商的便利性工具。政府部门、第三部门、私营部门组织以及服务使用者、照顾者群体都有各自的代表组织，如苏格兰地方当局大会、苏格兰照顾协会、苏格兰照顾与支持提供者联盟、爱丁堡志愿组织理事会等。这类组织在苏格兰分权地区及其下辖各市范围内形成不同规模与影响力的组织形态，是决策小组、论坛等边界组织的关键参与者，整合其成员组织的意见，并代表其成员组织在政策协商中发表意见，在各参与方的博弈中维护其成员组织的核心利益与价值追求。本节以苏格兰地方当局大会（The Convention of Scottish Local Authorities，COSLA）为例，分析代表组织在实现政策协商民主化过程中是如何发挥作用的。

苏格兰地方当局大会成立于1975年，是从皇家自治市大会（Convention of Royal Burghs）[①] 演变而来的，是苏格兰各地方议会 [②] 的全国（即苏格兰分权地区）协会，也是其32个成员机构的雇主协会。苏格兰地方当局大会是苏格兰辖属地方议会的代言人，参与苏格兰地区事务的政治领导，并与地方议会合作改善地方服务、加强地方民主。苏格兰地方当局大会是一个由议员领导的、跨党派的组织，代表地方议会关注面临的挑战和机遇，并在政策、资金和立法方面与政府及其他利益相关方积极建立友好关系，支持各地方议会的重要工作，保障其所需资源和权力。苏格兰地方当局大会的职能包括：(1) 参与关键的财政、立法与政策发展，以确保产生最好的影响；(2) 发展与苏格兰、英国和国际政府、议会、第三部门以及私营部门的伙伴关系；(3) 针对会员（即各地方议会）关心的问题开展运动，提升地方政府的形象和声誉；(4) 支持地方政府在苏格兰治理中发挥作用，并游说加强地方民主和社区赋权；(5) 领导关于改善公共服务和有效节约资金的改革；(6) 代表所有地方议会协商公平合理的工资和工作条件；(7) 支持地方议会共同努力，提供共享服务以提高工作能力。苏格

---

① 皇家自治市大会曾是欧洲最古老的代表机构，其支持苏格兰地方优先事项的历史可以追溯到800多年前。

② 苏格兰有32个由直接选举产生的地方议会，截至2020年，有1227名议员被选举到353个选区。苏格兰各地方当局负责为数百万居民提供广泛而重要的公共服务，包括社会工作（如社区照顾）、教育（如学前教育和学校教育、成人教育和社区教育）、解决不平等问题和促进社会包容、道路和交通、规划与环境、经济发展、管理与保护服务、住房、休闲与图书馆服务、文化服务、垃圾处理等，每年共计花费超过190亿英镑，雇佣24万人，几乎占苏格兰所有工作岗位的10%。See Scottish Government, *Local Government*, https://www.gov.scot/policies/local-government/。

兰地方当局大会作为苏格兰各地方政府的合作途径和共同代表，通过组织论坛讨论共同议题、制定共享议程等方式收集地方议会的意见，并将意见传达给包括苏格兰议会、英国议会和欧洲议会在内的关键利益相关者。

作为地方政府的代表机构，苏格兰地方当局大会相比其他代表组织而言具有更强的政治性。该组织的成员为地方议会的当选议员，由地方政府的领袖组成委员会，就预算安排等对地方议会形成重大影响的事务共商共议，共同作出决策；同时，地方议会中负责医疗与社会照顾等各领域工作的议员分别参加该组织内部的各专业领域委员会，就各具体领域的事务共同商议，形成决议。基于各地方议会对当地具体情况的深入了解以及对政策制定与执行的民主协商，苏格兰地方当局大会整合基层政府的意见并反馈给苏格兰政府，从而影响更高层级、更大范围内的政策制定。由此，苏格兰地方当局大会在苏格兰政府和地方议会之间发挥中层组织的整合性作用，将基层政府纳入苏格兰分权地区的政策网络中，使其参与民主协商的渠道更加畅通，推动等级制政府和企业家政府向更加注重组织间关系与民主协商的"元治理"政府转型。一方面，苏格兰地方当局大会为地方议会提供了民主协商的平台，使基层政府的意见得以充分沟通与整合；另一方面，该组织与苏格兰政府紧密合作，代表基层政府将有关政策制定与实施的建议反馈给苏格兰政府，使地区政策更加适应基层实际。

> "苏格兰地方当局大会是地方政府的代表组织，致力于为重要的国家政策而工作。我们与苏格兰政府密切合作，参与苏格兰地区政策的制定，并努力确保苏格兰政府颁布的政策适合各地方政府的实际情况，在保证地方政府尊重并配合上级政府政策的同时，培养其开展地方自治、作出有利于当地社区正确决策的能力。"（苏格兰地方当局大会医疗与社会照顾部门政策官员，T—4—O—L—F—34—M）

二、通过数据定向实现资源投放精准化

社区养老服务的资源配置是由政府、服务生产方和服务使用者共同塑造的，由政府领导制定的战略规划、服务生产方的收益偏好与价值偏好、服务使用者对服务的自主选择三方面因素共同发挥作用。然而，由于服务生产方进行社区养老服务递送在一定程度上依靠政府的资金支持，政府的战略规划及与之相关的公共资金投放计划对于社区养老服务递送宏观布局具有重要调控作用。正如前文所述，新公共治理阶段的核心资源分配机制是组织间网络，因此，政府在资源投放的战略规划中注重网络内部组织间和人际间的民主协商；但与此同时，为了确保资源的精准投放，提高社区养老服务供给与需求的匹配程度，政府在战略规划中也重视专业机构研发的数据指标，以客观数据作为资源分配的指导性信息来源。

> “战略委托计划本身涉及资金的支配，其预算影响着服务规模与布局，专业数据为计划制定提供信息，来自各基层地方的声音也为计划提供信息。在理想的情况下，当这些因素都集合在一起时，我们就能为服务供给进行有效的资源分配，服务递送就能满足每个人的需求。”（苏格兰政府医疗与社会照顾一体化理事会负责人，G—3—G—L—F—36—M）

社区养老服务通常以一定社区地理范围或居民群体为单位进行递送，而单纯依靠服务生产方的收益偏好与价值偏好很难保证资源配置的公平性。一方面，营利性机构的收益偏好促使其追求更大的投入产出比，因而，其服务递送通常针对富裕社区和需求程度较低而支付能力较强的人群，这就将社区品质较差、需求程度较高而支付能力较低的人群排斥在外；另一方面，非营利机构的价值偏好促使其形成较为独立的服务目标，

其特定的价值观导致其服务递送针对特定群体或特定社区，这与政府的公共目标及其优先次序存在差异。

> “私营服务供应商对客户有选择性，客户首先必须得有足够的钱；同时，如果他们认为客户太难管理，比如具有破坏性或需要很多关注，就不会接受客户。私营部门服务递送肯定会选择富裕社区，这是他们商业计划的一部分，贫穷社区对他们没有吸引力。第三部门也会对服务对象有所侧重，在文化、宗教、年龄或身体条件等方面有所筛选。比如，苏格兰阿尔茨海默氏症协会就是针对特定疾病的患者提供服务的。历史上的照顾模式造成服务设施与可供利用的资源分布不平衡，服务供给不一定适应当前的人口需求，所以，我们一直在持续关注和分析供给能力与需求来自哪里。”（爱丁堡市政府老龄事务战略规划部主任，G—2—G—M—F—49—M）

为了提高最需要服务的老年人获取社区养老服务的可及性，保证服务供给与社区及老年人群体需求的精准匹配，政府在战略规划制定过程中参考社区多重剥夺指数、人口脆弱风险指数等专业数据，在资源投放中向需求水平更高的社区和群体倾斜。本节以苏格兰多重剥夺指数（Scottish Index of Multiple Deprivation，SIMD）为例，分析政府如何利用专业数据精准投放资源。

苏格兰多重剥夺指数是苏格兰政府、地方政府、英国国家医疗服务体系和苏格兰其他政府机构用来支持政策与决策制定的统计工具，可用于识别苏格兰各地在社会生活各方面都处于劣势的地区，以帮助有效确定政策目标和资金投向，重点用于多重剥夺地区问题的解决。苏格兰多重剥夺指数为每个区域统计排名，显示该区域与其他区域相比的贫困方面及程度，帮助社区明确当地最突出的问题及其具有的优势和资产，以指导各组织机构将资金投入最需要帮助的地区，有针对性地改善居民生活。该指数作为重要资源广泛用于地方规划，帮助政府引导第三部门、私营部门、非正式部门等服务生产方汇集所需资源以实现公共目标。

苏格兰多重剥夺指数对整个苏格兰地区近7000个小范围区域（即数据区域）进行了从最贫困到最不贫困的排名，并报告了有关收入、就业、健康、教育、获得服务、犯罪和住房等7个领域的统计数据。① 该指数是一种相对量度，可以看出一个地区是否比另一个地区更贫困。贫困水平（即苏格兰多重剥夺指数排名）的变化表明，与苏格兰其他地区相比，相对贫困程度发生了变化，但这并不一定意味着该地区在绝对意义上发生了变化。同时，该指数识别的是贫困地区，而不是贫困人口，超过一半的低收入者并不生活在苏格兰20%最贫困的地区，识别处于贫困状态的个人还需要与其他数据相互补充。因此，政府在制定养老服务战略规划时，将苏格兰多重剥夺指数与人口脆弱风险指数、人口普查中的年龄数据等专业数据进行交叉分析，多维度定位最需要社区养老服务资源投放的社区和人口分布，以指导规划制定过程中服务供给的目标区域、目标人群和服务类型的确定，从而引导和支持各服务生产方与政府合作，实现社区养老服务供给与需求的精准匹配。

① 苏格兰多重剥夺指数研究团队首先将苏格兰划分为6976个小范围区域，这些区域被称为“数据区域”。苏格兰总人口约为540万，每个数据区域的人口数量大致相等，约有700至800人。接下来，该团队研究了衡量每个数据区域在贫困不同方面的指标，如学生的受教育水平、距离社区医院的出行时间、犯罪率和失业率等，将30多个贫困指标分为7个领域。最后，研究团队将7个领域合并到一个索引中，从最贫困的1到最不贫困的6,976对苏格兰的每个数据区域进行排名。关注小范围区域可以发现每个社区存在不同的问题，如住房条件较差、优质教育或技能缺乏、公共交通不发达等。苏格兰首席统计学家罗杰·哈利迪（Roger Halliday）于2020年1月28日发布了苏格兰多重贫困指数，此前分别于2004年、2006年、2009年、2012年和2016年出版，于2017年英国皇家统计学会颁发官方统计卓越奖（Royal Statistical Society’s Excellence in Official Statistics Awards）。

三、通过医疗与社会照顾整合实现服务衔接无缝化

自第二次世界大战以来，英国的地方公共服务供给形成了与公共行政改革的三个阶段相对应的三种模型：一是新公共行政阶段的地方福利政府模型。在该模型中，地方政府对医疗保健服务不承担直接责任，而在其他地方公共服务中发挥主要作用。地方政府按照功能进行服务部门的划分，各专业部门间联系甚少，服务供给由特定领域的专家主导，服务使用者无权对服务提供者及提供方式施以直接影响。二是新公共管理阶段的碎片化地方政府模型。在此阶段，政府通过引入竞争机制推动公共服务市场化，通过私有化与职能外包推动政府规模最小化。虽然地方公共服务的效率和效益得到提高，但地方政府的关键职能受到削减，责任被部分转移到代理机构，公共服务供给日益碎片化。三是新公共治理阶段的网络化地方治理模型。这一阶段的政策更加强调“合作”与“公民导向”的服务，公共服务设计由便利于服务供应者转向聚焦于服务使用者的需求。与之相匹配，政府重视与其他服务提供主体之间的横向协调和协同服务，由地方政府与其他公共机构、私营企业、志愿组织和社区团体建立长效的伙伴关系，通过跨部门协调实现地方政府对公共服务网络的控制与指导。①

英国医疗服务与社会照顾服务体系的分离及整合，伴随着公共服务改革的历程。两者的分离始于20世纪40年代的公共行政阶段。在《医疗与社会照顾法案（1946年）》(NHS Act 1946）与《国民救济法案（1948年）》(National Assistance Act 1948）的规定下，病人的医疗保健需求由英国国家医疗服务体系满足，服务对公民免费；而体弱或残疾人士的社会照顾需

① ［英］史蒂芬·奥斯本编著：《新公共治理？——公共治理理论和实践方面的新观点》，包国宪等译，科学出版社2016年版，第187、318—326页。

求则由地方政府满足，获取服务需通过资格评估（需求评估或经济情况调查）或使用者自费。[①] 到20世纪70至80年代的新公共管理阶段，这两类服务的界限逐渐模糊。当时，接收长期住院患者的医院被关闭，老年人的照顾需求越来越依靠社会照顾服务来满足。由于照顾服务是选择性福利，需要经过需求评估或经济情况调查，而医疗服务是普惠性福利，公民可免费获取，所以，这一转变造成了福利服务分配结果不公平[②]；此外，在新公共管理改革下，政府在医疗服务与社会照顾服务体制内引入市场机制，服务递送的责任由政府转向各类代理机构，这进一步加剧了服务递送的碎片化问题。医疗服务与社会照顾服务两个部门的长期分离造成双方在组织、财务、法律、专业、文化等多方面的分裂和差异。医疗服务与社会照顾服务的关键差异如表5—1所示。

表5—1　医疗服务与社会照顾服务的关键差异[③]

对比方面＼对比项目	医疗服务	社会照顾服务
责任	国家（政府部长）	地方（当选议员）
政策	由卫生部监督	由地方政府的社区与地方政府部监督
费用	服务递送免费	需接受需求评估 / 经济状况调查或收费
界限	基于全科医生注册	基于地理位置和地方议会区域界限
焦点	个人（医学）治疗	更广泛背景下的个人
文化	受到医学与科学的强烈影响	受到社会科学的强烈影响

① UK Parliament, *National Health Service Act 1946*, 1946, https://www.legislation.gov.uk/ukpga/Geo6/9-10/81/enacted. HM Government, *National Assistance Act 1948*, 1948, https://www.legislation.gov.uk/ukpga/Geo6/11-12/29/contents/enacted.

② 国务院发展研究中心社会部课题组：《养老服务体系发展的国际经验与中国实践》，中国发展出版社2019年版，第98页。

③ See Jon Glasby, *Understanding Health and Social Care (3rd Edition)*, Bristol: Policy Press, 2017, p. 74.

在多重障碍的影响下，服务使用者所接受服务往往是碎片化的、相互脱节的，而非连贯的、协调的，无缝化服务与跨部门协作难以实现。这对于具有复杂的、跨越性需求的服务使用者，特别是该服务的最大使用者群体——老年人群体来说影响颇深。面对医疗部门和社会照顾部门间的混淆与割裂问题，英国政府希望推动更高层次的整合，实现新公共治理改革背景下的跨部门协同合作与服务使用者导向下的公共服务供给。

英国各分权地区均推行了医疗与社会照顾整合方案。苏格兰于2014年颁布了《公共机构（联合工作）（苏格兰）法案》（Public Bodies (Joint working) (Scotland) Act 2014）①，推动英国国家医疗服务体系委员会（NHS Boards）和地方当局共担责任、整合预算，建立医疗和社会照顾领域的专业人士同第三部门、私营部门在服务规划与递送中的伙伴关系。具体的整合进程包括以下几个方面：合作领导与关系建立、财务管理与规划的整合、有效的战略性改进计划、一致的治理与问责安排、共享信息的能力与意愿、有意义的持续性参与。②

为了推动地方合作伙伴提供整合性服务，苏格兰政府于2016年建立常设机构，即一体化联合委员会（Integration Joint Board, IJB），通过该机构实行医疗服务与社会照顾服务的横向及纵向整合。在横向整合方面，苏格兰政府将医疗服务与社会照顾服务纳入一个综合系统，通过一体化联合委员会将医疗部门与地方当局的职能整合起来。一体化联合委员会与医疗委员会、地方当局的关系如图5—1所示。在纵向

① Scottish Parliament, *Public Bodies (Joint Working) (Scotland) Act 2014*, 2014, https://www.legislation.gov.uk/asp/2014/9/contents/enacted.

② Scottish Government, *Review of Progress with Integration of Health and Social Care*, 4 February 2019, https://www.gov.scot/publications/ministerial-strategic-group-health-community-care-review-progress-integration-health-social-care-final-report/.

整合方面，苏格兰政府在地方层面设立31个一体化当局（伙伴关系），负责整合服务供给在各地的管理与落实。一体化当局的分布地图如图5—2所示。

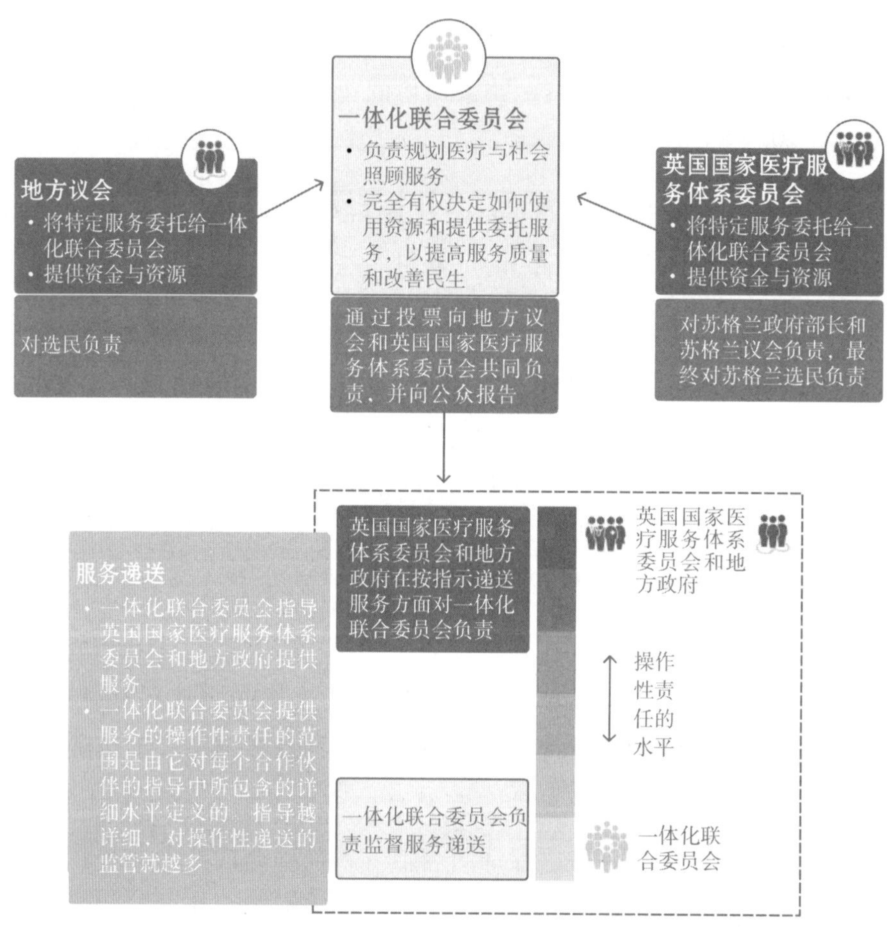

图5—1　一体化联合委员会与医疗委员会、地方当局关系图①

① See Audit Scotland, *Health and Social Care Integration: Update on Progress*, 15 November 2018, https://www.audit-scotland.gov.uk/publications/health-and-social-care-integration-update-on-progress.

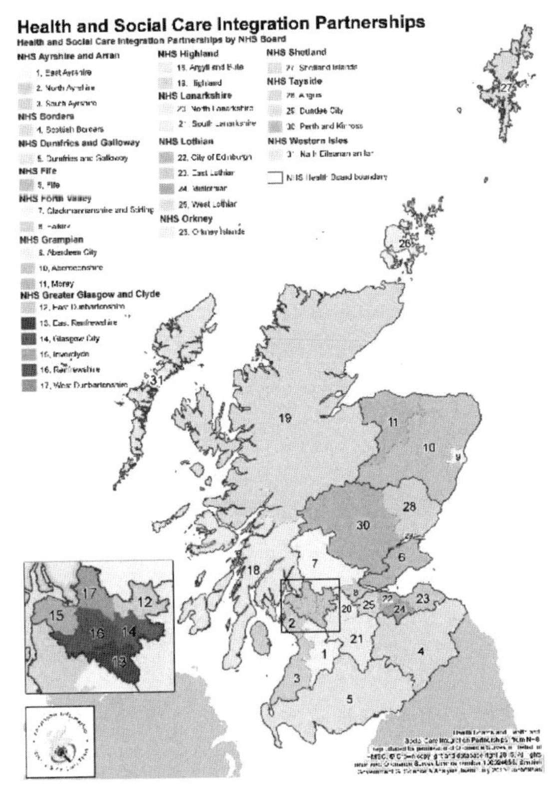

图 5—2　医疗与社会照顾一体化当局分布地图[①]

自 1948 年英国国家医疗服务体系建立以来，一体化整合是苏格兰医疗服务与社会照顾服务领域最重大的改革，其目的是改善对服务使用者及其照顾者的照顾与支持。它更加强调协同服务和使用者导向的服务，并将重点放在预防性照顾方面。《国家医疗与福祉成果框架》（National Health and Wellbeing Outcomes Framework）对医疗与社会照顾整合的目标作出高级别声明：(1) 居民能够管理和改善自己的健康及福祉，并以良好的健康状态生活更长时间；(2) 包括残疾人士、长期病症患者及体弱人士在内的居民，均能在合理可行的情况下，独立地在家中或社区的家居环境中

① 本图由苏格兰政府社区医疗与社会照顾理事会发布。

生活；（3）使用医疗与社会照顾服务的居民对该服务有积极体验，并感受到其尊严受到尊重；（4）医疗与社会照顾服务的重点是帮助维持或改善服务使用者的生活质量；（5）医疗与社会照顾服务有助于减少健康不平等；（6）支持无薪照顾者管理自己的健康和幸福，包括减少照顾者角色对其自身的负面影响；（7）保护医疗与社会照顾服务使用者不受伤害，保障其安全；（8）医疗与社会照顾服务从业者对其从事的工作有投入感，并在不断改进其提供的信息、支持、照顾和治疗服务过程中得到支持；（9）在医疗与社会照顾服务供给中高效地利用资源。①

然而，正如前文所述，医疗部门与社会照顾部门之间存在多方面差异，选民导向性与行业独立性在整合中形成张力。医疗服务由国家医疗服务体系提供、对部长负责，而社会照顾服务由地方政府管理、对选民负责，由于医疗体系与地方政府的问责主体不同，两者的责任取向也有所不同。地方政府更加注重满足选民需求、提高选民满意度，涉及的管理领域和服务范围非常广泛，需综合判断各地的优先事项；而医疗体系有自身的问责机制与职业规范，强调专业性与同行认可，同时，具有更强的职业权力和行业独立性，已经形成了行业传统的力量。由此，两个“父母”部门的性质差异致使一体化联合委员会在整合这两个部门时面临困难。

“苏格兰国家医疗服务体系的医疗卫生委员会本质上是由苏格兰政府的部长任命的，对部长负责，听从部长的指示。地方政府不对苏格兰政府或部长负责，而是对地方选民负责；它们本身就是法定机构，对在地方一级选举它们的选民负责。因而，苏格兰政府只能试图影响地方政府的想法，并不能决定其未来发展方向；相对而言，国家

① Scottish Government, *National Health and Wellbeing Outcomes Framework*, 18 February 2015, https://www.gov.scot/publications/national-health-wellbeing-outcomes-framework/.

医疗服务体系是按照政府部长的安排做事的。为了赢得选举，地方议员必须照顾到当地人民的利益，而维护选民利益最好的方式就是整合；相比之下，国家医疗服务体系的管理者更不愿意交出权力，因为其组织在历史上一直被视为医疗服务的独立提供者，分享权力对其管理者来说并不情愿。”（苏格兰政府医疗与社会照顾一体化理事会负责人，G—3—G—L—M—52—M）

医疗与社会照顾整合政策的推行仍在初始阶段，各基层地方都在进行着不同的探索与尝试，其效果尚有待观察。一体化联合委员会这一“年轻”的机构如何整合已经存在 70 余年的英国国家医疗服务体系、医疗部门与社会照顾部门之间如何进行权力的重新划分、一体化当局如何调整管理架构以适应整合工作，这些问题还有待进一步研究。

四、通过督察机制实现质量监管标准化

新公共治理阶段的社区养老服务监管一定程度上保留了新公共管理和公共行政阶段的部分特征，同时也增加了新公共治理阶段的特点，不仅重视服务过程，还重视服务结果，并将监管范围拓展到合作生产网络。首先，服务监管注重从专业标准和服务目标出发对服务过程进行评估；其次，关注资源投入转化为服务产出、满足服务使用者需求的最终结果；最后，注重多元组织合作生产网络的整体绩效，从关注单个组织的绩效转向关注合作网络的绩效。

苏格兰政府于 2011 年 4 月成立照顾督察局（Care Inspectorate），承担苏格兰社会工作和社会照顾的监管工作，其重要职能包括对老年人照顾服务的监管，机构内 600 余名员工在苏格兰各地工作。该机构是一个为改进

服务提供支持的监察机构（scrutiny body），关注照顾服务质量，通过定期检查发现需要改进的问题，指导服务机构作出积极改变，确保服务达到专业标准要求，使服务使用者获得对应其需求、权利、选择且安全、高质量的照顾服务。照顾督察局的工作职能如表 5—2 所示。

表 5—2　照顾督察局工作职能 ①

工作职能	具体内容
督察照顾服务质量	苏格兰有大约 1.4 万家照顾服务机构在照顾督察局注册，照顾督察局的督察员定期检查每个机构，高风险服务会受到更加频繁的检查。检查员通过与服务使用者、工作人员及管理者会谈以了解情况，促进服务质量达到更高标准，推动服务更大程度上与使用者的需要、权利和选择相匹配。督察工作采取打分制，检查项目包括照顾和支持、物理环境、员工质量、管理和领导素质等。每项服务的每个检查项目都从 1 分至 6 分进行评分；其中，1 分为不满意，6 分为优秀。每次完成检查后，照顾督察局都会发布相应的督察报告，说明检查结果，为正在或计划使用照顾服务的居民提供参考。
多机构联合督察	照顾督察局与其他监察机构合作，共同监督地方当局、社区规划伙伴关系、医疗与社会照顾伙伴关系等多组织合作网络在各地社区提供照顾服务的情况。督察工作着眼于协同服务为使用者提供积极的照顾体验和服务成果的效果，并通过联合督察报告帮助各伙伴关系组织了解工作进展情况与有待改进的方面。
支持服务效果改善	照顾督察局的工作不仅限于督察照顾服务，还包括帮助促进服务质量的提高。为此，照顾督察局与服务机构合作并为其提供帮助，提出建议、提供指导、分享好的做法，以帮助服务达到最高标准，使服务使用者获得满足个人需求的高质量照顾服务。苏格兰颁布的《医疗与社会照顾标准》（Health and Social Care Standards）② 描述了人们对照顾服务的期望，该标准也用作照顾服务效果评估时参考。
不佳服务的处置措施	如果照顾服务质量不佳，照顾督察局将采取行动，提出改进建议，发布改善要求，并开展相应检查。如果服务未能得到改善，照顾督察局可以采取强制措施，如在治安官的决定下关闭服务。服务使用者如果认为照顾服务不佳，可以直接向照顾督察局投诉。

① 本表由笔者根据苏格兰照顾督察局工作报告和高级督察专员访谈材料整理而成。

② 新的《医疗与社会照顾标准》自 2018 年 4 月开始实施。该标准规定了公民在使用苏格兰的医疗、社会照顾及社会工作服务时的应有期望，努力为每位公民提供更好的服务，使其尊严受到尊重，使公民的基本人权得到维护。

续表

工作职能	具体内容
督察工作须遵守行为准则	根据《苏格兰监管改革法案（2014 年）》（Regulatory Reform (Scotland) Act 2014）的要求 ①，照顾督察局必须遵守《苏格兰监管机构的战略行业准则》（Scottish Regulators' Strategic Code of Practice）。该准则由苏格兰政府 / 议会部长颁布，规定了照顾督察局在对待监管对象时应该采取的方法。② 照顾督察局的所有工作必须符合法规要求，始终将弱势群体的安全、健康和福祉置于商业利益之上。苏格兰的照顾服务机构必须在照顾督察局注册，提供照顾服务的大量工作人员必须在苏格兰社会服务委员会（Scottish Social Services Council, SSSC）注册。

进入新公共治理阶段，督察工作不仅以专业标准监督服务递送的过程与效果，还特别重视服务使用者的评价与满意度，将服务使用者的意见反馈作为评分的重要项目，体现出“公民导向”的特征。此外，督察机构由纵向的“筒仓”式孤立工作转向横向的跨机构联合工作，督察对象由单一的服务机构转向一体化的合作伙伴关系。各督察机构共同制定监察战略规划、共同进行督察、共同整合评估意见报告，从总体上优化服务递送网络、提高服务供给质量与绩效。

“监察机构必须协同工作，以改进和支持伙伴关系的一体化工作。这些监察机构包括苏格兰医疗保健改善署（Healthcare Improvement Scotland）、照顾督察局、改善处（Improvement Service）和苏格兰国家医疗服务体系（NHS National Services Scotland）等。改善支持将会更精简，更有针对性，更专注于协助合作伙伴关系执行建议。”（苏格兰政府医疗与社会照顾一体化理事会负责人，G—3—G—L—M—52　M）

① HM Government, *Regulatory Reform (Scotland) Act 2014*, 2014, https://www.legislation.gov.uk/asp/2014/3/contents/enacted.

② Scottish Government, *Scottish Regulators' Strategic Code of Practice*, 12 January 2015,https://www.gov.scot/publications/scottish-regulators-strategic-code-of-practice/.

五、本章小结

本章以新公共治理为理论视角，考察政府如何发挥作用，以维护和保障社区养老服务多元主体合作供给系统及其子系统（即各合作供给模式）的良性运转。研究发现，政府从合作网络出发，以“协同服务”和“公民导向”为指导思想，通过边界组织和代表组织推进多元主体在政策协商中的民主参与，使不同层级政府、不同类型参与方之间形成纵向互通、横向互联的协商网络；通过多维数据定向为资源在不同社区和群体间的精准投放提供支持，使需求程度最高的社区和老年人群体获得公平的资源分配；通过医疗服务与社会照顾服务的整合推动服务递送无缝衔接，使具有复杂的、跨越性需求的老年人获得一体化服务；通过个体督察与联合督察相结合，在保证各养老服务递送机构服务质量的同时，促进合作供给网络的绩效得到提高。由此，政府转变其承担责任的方式，从台前走向幕后，从局部走向全局，从直接干预走向环境塑造，将统筹、整合、管制等手段相结合，为合作供给系统提供了维护与保障，这也为各合作供给模式的良性运转奠定了基础。

第六章　结论与借鉴

一、研究结论

（一）三种模式共同构成服务供给的连续统一体

社区养老服务多元主体合作供给的三种模式之间不存在优劣之分，而是以其各有差异而又部分重叠的服务供给特征，共同构成社区养老服务供给的连续统一体，以覆盖老年人不同层面的需求。

这三种模式在服务的面向范围、针对对象、适用于老年人的生命阶段等方面的特征如下：首先，在服务范围方面，政府与非正式部门合作供给模式面向单一社区，政府与第三部门合作供给模式面向一定区域内的所有社区，政府与私营部门合作供给模式面向社区中的老年人个体，三者共同覆盖了老年人作为独立个体在居家生活中的照顾服务需求、作为社区居民在社区生活中的群体交往需求、作为社会公民在社会生活中对平等权利的需求。这三种服务模式以老年人个体为圆心，依次向外呈同心圆扩大到家庭、社区、社会范畴，使老年人在各范畴内的需求得到满足、权利得到维护。

其次，在服务对象方面，政府与非正式部门合作供给模式针对非失能、半失能老年人，政府与第三部门合作供给模式针对同组织目标相关的老年人，政府与私营部门合作供给模式针对失能、半失能老年人，三者共同覆盖了老年人在非失能、半失能、失能以及面临其他特殊问题（如失智症、视听障碍、行动困难、抑郁症等慢性退行性疾病及精神类疾病）时的服务需求，针对老年人在各种生理与心理健康状态下的需求提供服务并维护其权利。

最后，在服务适用的生命阶段方面，政府与非正式部门合作供给模式大致适用于低龄老年阶段，政府与第三部门合作供给模式适用于全部老年阶段，政府与私营部门合作供给模式大致适用于高龄老年阶段，三者共同覆盖老年人生命历程中从低龄到高龄的不同阶段，使老年人在各个生命阶段的需求都能得到关注与回应。

这三种合作供给模式以老年人的需求与权利为中心匹配相应的服务，针对老年人的社会生活范畴形成“家庭—社区—社会”相互嵌套、相互补充的服务网络，针对老年人生理与心理健康逐步退行的趋势形成适应“非失能—半失能—失能”老年人需求的梯度式服务供给，针对老年人生命历程的连续性形成“低龄老年阶段—高龄老年阶段”的全老年阶段服务覆盖。

（二）三种模式各有侧重，共同实现积极老龄化价值目标

服务生产方“是否营利”“是否正式”的本质属性塑造着各模式中主体角色权责结构，造成各模式适应、目标达成、整合、模式维持诸功能实现路径的差异，产生了三种不同的运行机制：一是政府赋权社区，社区自治互助；二是政府分权引导第三部门，第三部门在公民、非正式组织和政府之间架起链接互通的桥梁；三是政府规范市场，私营部门与服务使用者协商共塑服务。上述运行机制使三种合作供给模式在实现价值目标的侧重方面和具体路径上各有差异。

首先，三种合作供给模式分别侧重“融合”“平等”“选择”的价值目标，这三种目标分别成为三种模式的重要特征：政府与非正式部门合作供给模式通过社区互助鼓励老年人以工作者身份参与服务递送，帮助老年人通过“老有所为”融入社区与社会生活，实现“融合”的价值目标；政府

与第三部门合作供给模式通过为老年人建立斗争性参与渠道、提供个体与群体倡导服务，维护老年人的完整人权与平等权益，实现“平等”的价值目标；政府与私营部门合作供给模式通过直接支付的方式保障老年人拥有对自己照顾经费的管理权，从而增加其对个性化服务的选择性与控制力，实现“选择”的价值目标。需要指出的是，三种模式对于实现上述价值目标均起到一定的推动作用，但其他两种模式发挥作用的方式更为间接，故此不做赘述。

其次，三种模式都实现了“赋权”“参与”“独立”“可及”的价值目标，但实现目标的路径存在差异。

其一，在“赋权”目标的实现路径方面，政府与非正式部门合作供给模式通过社区自治为维护老年人参与社区服务决策的权利提供组织基础，认可并提升老年人参与社区服务管理的能力；政府与第三部门合作供给模式通过为老年人提供政策宣传和社区服务咨询等信息支持，增强老年人融入社会与独立生活的能力；政府与私营部门合作供给模式通过供需双方共同参与服务规划，并将照顾者纳入老年人的利益相关方，以维护老年人在个体服务使用和群体服务决策中的程序性权利，尊重和提高老年人尚存的能力。由此，三种模式共同实现对老年人的赋权增能。

其二，在“参与”目标的实现路径方面，政府与非正式部门合作供给模式将老年人纳入社区建设的核心参与主体，使其深度参与社区服务规划和递送的各个方面；政府与第三部门合作供给模式为老年人建立利益表达的参与渠道，将其主张作为推动政策导向的信息与动力来源；政府与私营部门合作供给模式将老年人作为塑造所使用服务的关键参与主体，使服务递送以其需求与偏好为中心组合起来。由此，三种模式从社区建设、利益表达、服务塑造方面共同提高老年人“参与”水平。

其三，在“独立”目标的实现路径方面，政府与非正式部门合作供给模式通过在社区范围内提供支持性服务满足老年人在居住圈内的基本需求，为老年人独立生活创造社区环境；政府与第三部门合作供给模式通过提供电话陪伴、社区服务联络对接等个性化的信息支持，帮助老年人减少孤独感与社会孤立，为老年人独立生活提供社会支持；政府与私营部门合作供给模式通过提供个性化的居家照顾服务帮助高龄老年人延迟进入养老院，尽可能在家中居住更长时间，享受独立、有尊严的晚年生活。由此，三种模式通过居家、社区、社会支持共同实现“独立”目标。

其四，在“可及”目标的实现路径方面，政府与非正式部门合作供给模式通过完整性递送使多样化服务以社区组织为中心形成聚合，从而使老年人就近获取一站式服务；政府与第三部门合作供给模式通过机构间、部门间的链接互通，帮助老年人获得不同服务机构共同提供的连续性、完整性服务递送，推动实现对使用者需求回应性更强的有责信的服务；政府与私营部门合作供给模式通过需求评估综合评判老年人对服务层次及种类的真实需要，将有限的公共资金与服务资源匹配给需求程度最高的老年人。由此，三种模式通过聚合服务、聚合信息、供需匹配共同实现服务的可及性。

（三）公私合作是“局部替代—整体互补”的关系

英国苏格兰社区养老服务多元主体合作供给中，政府与其他各主体之间实质上是“局部替代—整体互补”的关系。单从服务递送的角度来看，政府的部分职能一定程度上由非正式部门、第三部门、私营部门替代，但从服务递送、融资、决策、规制四个角度综合来看，政府与其他三个部门以及服务使用者之间呈现互补关系。政府承担责任的方式发生转变，从台前走向幕后，结合有限政府与责任政府的治理原则，推动公私合作中公共部门、私人部门、服务使用者共享裁量权，使各参与主体在合作供给中形成单维替换、多维互补的关系。

有关福利供给主体之间的进退关系，无论学界还是决策界都一直存在争议。替代理论（substitution theory）认为，人们对福利的需求具有同质性，福利总需求是一定的，一方介入会导致另一方在原有责任领域退出，因此，政府提供的法定服务与第三部门的服务之间存在此消彼长、零和博弈的关系。而互补理论（complementarity theory）认为，不同的组织具有特定的特点，进而被赋予完成某项特定工作的功能。一个组织能够最大程度上管理与其结构相契合的工作，即“匹配原则”，因而，政府与非政府组织的功能不能彼此替代，初级组织和科层组织之间呈现互补关系。①

本书通过实证研究发现，经过新公共管理和新公共治理两次福利改革，英国政府先后引进市场主体和社会主体，逐渐让渡服务递送职能。政府不直接组织服务递送，而是依据“有限政府”的工具性原则（即政府对非工具性公共关系的监管不应旨在接管个人主动性与个人关系的形成、指导或管理，国家应允许这些组织以与政治团体共同利益相一致的方式，通过自己的形式发挥作用）②、有效性原则（即政府不应去做它不能完成的事情，也不应该做其他主体可以做得更好的事）和辅助性原则（即上级组织不应该做下级组织能做的事情）③，将服务递送让渡给其他服务供给主体。

在融资、决策、规制等福利供给的其他方面，政府广泛引入私人部门和服务使用者参与。一方面，政府为私人部门和服务使用者留出“受保护范围”，将某些决定和活动保留给个人及团体来完成，特别是在涉及对他们很重要的道德独立和自治事项时，政治上的宽容氛围也补充并保障了人们塑造自己生活的权利。另一方面，政府采取法治的“限制手段”，主要通过法律来保障治理而不是为治理提供动力。法律是可知的、清晰的、一

① 韩央迪：《从福利多元主义到福利治理：福利改革的路径演化》，《国外社会科学》2012年第2期。

② John Finnis, “Limited Government”, in *Human Rights and Common Good (Collected Essays. Volume III)*, John Finnis, Oxford: Oxford University Press, 2011, pp. 83-106.

③ Leslie Green, “The Nature of Limited Government”, in *Reason, Morality, and Law: The Philosophy of John Finnis*, John Keown & Robert P. George & John Finnis (eds.), Oxford: Oxford University Press, 2013, pp. 186-203.

贯的、具有前瞻性的，并将其规范的主体视为有能力遵守其指令的、负责任的对象，而不是需要以强制力量激励的被动主体。

政府在让渡服务递送空间，引入多元主体参与融资、决策、规制的同时，并没有弱化自身的责任，而是转变责任重心，以“责任政府”的面貌出现，通过引导私人部门和服务使用者共担责任，从而承担起政府的责任。政府引导多元主体共担服务供给和政策制定的责任，能够实现三个方面的目标：其一，它使公众感觉良好，对社会产生自豪感和认同感，融入社会生活，成为“局内人”。企业的责任感也能得到提升。其二，它给公众一个遵守法律的好理由。如果公众认为法律是自己的法律，自己是其中一员，那么，他们就会觉得有义务去遵守它。其三，它可以鼓励公民积极参与社区活动，在推行公共政策时积极主动地合作，不仅仅是被动地服从，而是以强烈的主动愿意提供支持。①

（四）政府在多元主体合作供给中的角色具有多重性

在多元主体合作供给模式中，政府作为服务的提供方扮演着多重角色，其角色的多重性主要体现在角色层次及相应治理工具层次的差异方面。

从角色层次来看，政府在各合作供给模式（即子系统）中扮演差异化角色，在总系统中扮演总体性角色。在子系统中，为了充分发挥各合作供给模式中服务生产方的优势以获取信息、资源、生产率、合法性，同时规避与其共享裁量权带来的风险，政府根据非正式部门、第三部门、私营部门作为服务生产方的本质属性之差异，分别扮演“赋权者”“引导者”“规范者”角色；在总系统中，政府为多元主体合作供给总系统的良性运转塑造环境，扮演整个系统的“维护保障者”角色，建立多元主体协商网络，促进资源公平分配，

① John Randolph Lucas, “Responsible Government”, in *Responsibility*, John Randolph Lucas, Oxford: Oxford University Press, 1995.

整合碎片化的服务递送，提高服务质量与供给系统绩效。

从治理工具的层次来看，政府在各合作供给模式（即子系统）和总系统中使用不同层次的治理工具。在子系统中，政府主要使用“制度”层次的治理工具，包括由多元主体共同决策确定的协议、规则、法律、权利、职责、程序等，为处理各子系统中的具体问题提供框架；在总系统中，政府主要使用“元治理”层次的治理工具，确定整个系统运行的原则与规范，对各参与主体的参与方式进行约束，对系统运行效果进行评判。

二、对中国的启示与借鉴意义

本书是从服务生产方的本质属性“是否营利”“是否正式”出发，对社区养老服务多元主体合作供给模式进行界定，各模式在权责角色、结构功能、价值目标方面都具有类型化特征。尽管本书以英国苏格兰地区为研究场域，但只要是政府与营利 / 非营利、正式 / 非正式部门合作，其所发现的基本规律，无论对于哪个国家或地区都是普遍适用的。本书根据对英国苏格兰社区养老服务多元主体合作供给模式的研究，基于政府与不同类型服务生产方合作策略的差异性以及政府责任的多重性，从政府与非正式部门、第三部门、私营部门合作的着力点以及政府对各模式的维护保障作用四个方面，探讨苏格兰经验对中国社区养老服务供给的启示与借鉴意义。

（一）建立赋权型政府以培育非正式部门自治能力

老年人在社区生活中需要情感支持和社会融入，这对于配偶和子女陪伴不足、社会关系日益萎缩的老年人来说尤其重要。非正式部门在集聚社区资源、增强邻里互助精神、提高老年人参与水平等方面具有关键作用。政府与该部门的合作能够更好地吸纳并激活社区已有资源，使老年人通过参与社区自治增强对公共事务的影响力、通过邻里互助增强社区情感纽带、通过使用社区群体性服务提升融入感。非正式部门组织的建立与发展受到情感驱动，而其自治能力的充分发挥有赖于政府充分赋权，使其具备足够的可支配资源和可行使权力。从苏格兰经验看，政府在与非正式部门的合作中扮演着“赋权者”角色，正是通过对社区和居民赋权，培育社区的自治能力和互助精神。从中国的现实情况看，中国参与社区养老服务供给的社区组织主要包括社区居民委员会和社区自组织两种类型。一方面，社区居委会虽然从法律上来讲属于“基层群众性自治组织”，但该组织行政化色彩较浓，实际上承担着基层政府向社区延伸的角色，其公共性较强而私人性较弱、正式性较强而非正式性较弱，受到情感驱动的程度不强，与社区老年人的关系较为疏远，老年人在其中的认同感、归属感和参与感不足；另一方面，基于老年人互助情感的社区自组织发育不足，组织化程度较弱，社区影响力有限，使用社区资源、参与社区公共事务的权力受限，老年人通过社区互助融入社会生活的价值目标尚未实现。基于此，中国可借鉴以下苏格兰经验：(1) 赋予社区居委会独立进行社区事务决策、支配社区资源的权力，使其工作重心由政府自上而下委派的任务转向社区自下而上的发展。(2) 赋予社区自组织使用社区资源的权力，为其提供参与社区养老服务规划与递送决策的渠道，使其在社区发展中的影响力不断提高、开展志愿互助服务的潜力得到充分发挥。(3) 赋予老年人和各社区组织影响社区未来发展规划的权力，使社区建设与改造规划适应老年人的需求。

（二）建立引导型政府以发挥第三部门的“桥梁”与“诤友”作用

社区养老需要老年友好型社会环境的支持，以保障老年人享有与其他群体平等的社会权益。国家政策与规划制定过程中应充分考虑老年人的需求和权利，在医疗、照顾、住房、交通、就业等各政策领域中及时回应老年人的诉求。第三部门介于政府与老年人群体之间，一方面，该部门相对政府而言更加靠近私人领域，更能了解到弱势群体的心声，做到政府不能或不愿做的事；另一方面，该部门相对非正式部门而言更加靠近公共领域，且具有更大的社会影响力，能够将老年人群体和非正式养老服务组织的诉求向政府反馈，并在社会范围内引起关注。第三部门受到价值理性的驱动，具有明确而独立的价值主张，在所从事领域具有一定的专业水平，能够就老年友好型社会所需各类社会政策向政府建言献策。从苏格兰经验看，政府在与第三部门的合作中扮演着“引导者”角色，正是通过对第三部门的引导，使第三部门成为政府与老年人及非正式部门之间链接互通的“桥梁”和政府的“诤友”。从中国的现实情况看，“一方面，公益领域变得更加热闹和多元化，主要表现为从业人员、机构数量、资金投入、技术手段和内部合作的增加，活动领域的扩大以及专业化水平的提高。但另一方面，公益领域整体上的一致性、结构感在下降，呈现出碎片化的特征，公益领域的未来充满了不确定性”。① 在养老服务领域，现有第三部门组织各自提供分散的照顾服务，组织间、群体间、政府与公民间缺乏桥梁和纽带，尚未形成网络化结构。基于此，中国可借鉴以下苏格兰经验，通过如下途径引导第三部门发挥“桥梁”与“诤友”作用：(1) 在政府与碎片化的小型组织之间建立跨社区的中层代表性组织，代表和维护小型组织权益，收集和反馈老年群体诉求，“在社区之间形成横向聚合力，在公民和政府之间形成纵向信任感”②，发挥第三部门的“桥梁”作用。(2) 培育志愿和公益精神，培养第三部门社区养老服务组织的家国情怀和使命意识，使其形成关怀与尊重老年人健康、人格、权利、能力的人本价值追求，成为政府合格的“诤友”。(3) 建立政府与社会开放互通的渠道，为各个层

---

① 郑威：《中国第三部门观察报告 2019 发布座谈会在京举行》，《中国社会组织》2019 年第 15 期。

② 曹鸣玉：《英国苏格兰第三部门社区养老服务多组织联动体系探析》，《中国行政管理》2020 年第 1 期。

次的第三部门组织参与和影响政策规划提供机会，让政府听到更多有益的社会呼声，使老年人相关政策的制定与执行更多体现社会诉求，为第三部门发挥“诤友”与“桥梁”作用创造条件。

（三）建立规范型政府，与私营部门共塑个性化服务

老年人实现社区养老、避免不必要的机构化生活，需要居家照顾服务的支持，为失能、半失能老年人提供个性化的护理、家政、陪伴等各类居家服务，使老年人尽可能在家中居住更长时间，推迟或减少入住医院和养老院的时间。私营部门受到经济理性的驱动，服务效率较高、专业性较强，能够最大限度地根据老年人的个体需求匹配多样化、个性化服务。然而，仅仅依靠市场机制难以实现以老年人为主导的服务供给，无论从服务费用支付还是从服务机构与项目选择方面看，都需要政府的规范性支持，通过“准市场”机制调节服务资源分配，使需求程度最高的老年人以相对合理的支付额度获得所需服务。从苏格兰经验看，政府在与私营部门的合作中扮演着“规范者”角色，通过政策规范使老年人成为自身服务规划与递送的主导者，公平获得公共资金支持以提高购买力；通过督察规范中以服务使用者评价为主导，推动私营部门提高个性化服务质量。从中国的现实情况看，老年人居家照顾属于长期照护体系的一部分，而长照体系缺乏与目标相适应的政策工具，具体体现在“缺乏统一的长照对象准入机制的科学评价系统，对于失能失智老年人没有统一的分类、分级标准”“缺乏对于长照人力进行社会补偿的科学标准和国家规范”“缺乏对于长期照护人才队伍培养的国家标准”① 等方面。这导致在老年人居家照顾中，政府的资金与服务补贴难以精准匹配给最需要的老年人，出现“撒胡椒面”的现象；财政资金调控力度不足，难以实现福利再分配的公平性目标，且补

---

① 杨团：《中国长期照护的政策选择》，《中国社会科学》2016 年第 11 期。

偿水平与实际照顾所需费用差距较大；缺乏对照顾工作者的专业认证和服务指导与监督机制，导致照顾工作者的专业素养与服务质量参差不齐，高层次、个性化服务相对缺乏。① 基于此，中国可借鉴以下苏格兰经验，通过建立和完善制度规范，与私营部门合作供给个性化服务：(1) 建立需求评估制度，细化半失能、失能、失智老年人各需求层级评估指标及其相应的资助标准与服务内容。一方面，按需分配资金与服务，避免“平均用力”；另一方面，适当降低需求门槛，通过早期干预防止老年人照顾需求升级。(2) 建立“直接支付”制度，将资金直接支付给老年人，并帮助老年人寻求适合其需求的照顾服务，监督服务使用情况与使用效果。一方面保证老年人的自主选择权，另一方面将付费所得的服务价值最大化，使老年人的个性化需求得到满足。(3) 建立照顾工作者与服务机构准入制度、质量督察与评估制度，设立照顾人员素质基本标准，对从业人员与机构进行定期督察，公开质量评估报告，推动服务质量和行业水平的提高。

(四) 发挥政府在合作网络中的“元治理”作用

从英国苏格兰经验可以看出，政府不仅通过“制度”层次的治理工具形塑各合作供给模式，还使用“元治理”层次的治理工具对合作网络进行维护和保障。从中国社区养老服务多元主体合作供给网络的现实问题来看，在社区资源配置方面，缺乏社区老年照顾服务需求与供给数据的信息系统以及社区综合发展多维数据统计，难以实现资源精准分配；在多元主体共商共治方面，政府内部各管理部门以及政府与非正式部门、第三部门、私营部门之间缺乏长效的信息互通和政策协商机制；在服务可及性方面，医疗照顾与社会照顾体系分离，服务递送的碎片化特征明显；在服务

① 何玉华、崔丹、张欲晓等：《我国 15 个试点城市长期照护保险政策比较分析》，《中国社会医学杂志》2021 年第 2 期。

质量监管方面，缺乏全国统一的质量监督标准和权威的照顾督察机构，各监管部门之间缺乏联合工作机制。基于此，中国可借鉴以下苏格兰经验，在确定资源分配原则、搭建政策协商平台、整合服务递送网络、进行整体性效果评估等方面充分发挥政府作用，维护和保障合作系统运行：(1) 建立区域性的社区老年服务资源供需数据系统，在养老服务资源投放规划中有针对性地向需求程度高、社区资源匮乏的社区倾斜，注重跨社区资源分配的公平性目标的实现。(2) 建立政府内部各负责部门之间、政府与外部多元供给主体及老年人之间的多样化沟通协商机制，培育代表性组织以整合非正式部门、第三部门、私营部门以及老年人群体利益，在政策制定中有效吸纳各参与主体意见。(3) 推动医疗照顾与社会照顾服务一体化，统一老年人照顾服务预算筹资体系，围绕老年人需求整合服务递送，通过分级诊疗和照顾评估制度为老年人提供充足的社区医疗资源以及出院后的康复与照顾服务，一方面节约医疗资源，另一方面提高服务递送的完整性。(4) 建立统一的照顾督察机构和多部门联合督察机制，不仅对照顾服务质量进行标准化监督，将老年人意见纳入督察与评估的指标范围；还对多元主体合作效果进行多部门联合评估，推动合作体系绩效的提高。

三、进一步讨论的问题

（一）社区养老服务中支持性独立的思考

社区养老服务是老年人独立自主与支持性服务的统一。“独立自主”不是为了追求由老年人为自己做所有事的“独立”（independence），当然也不是追求让老年人完全“依赖”（dependence）其他人为其做事，而是通过为老年人提供适度的支持实现老年人与支持性资源的“相互依赖”

(interdependence)，因为在现代工业社会，没有任何人可以实现完全的独立，只是依赖程度不同而已，而老年人尤其需要身体、情感、社会、经济等方面的支持。[①] 社区养老服务就是为老年人提供适度依靠，帮助老年人实现有支持的独立生活。它既不同于传统的家庭养老，又不同于机构化老年照顾服务，而是通过个体性、社区性、社会性服务供给和老年友好型环境的塑造，支持老年人在自己家中独立生活更长时间，减少非必要入住医院或养老院的时间。

英国的社区养老服务是由"过度支持"向"支持性独立"转变的，服务供给形式由机构化养老转向社区养老，老年照顾福利来源由国家福利转向国家、商业、志愿、家庭等多元福利，"老年人在福利服务的家长式社会控制和低质量服务供给的背景下，通过社会运动挑战国家对其生活的控制权，认为自己有权就对其产生影响的社会政策与服务做出选择，推动政策与服务的话语权从由专业人士完全掌控转向由老年人参与主导，重视老年人的声音，认可其观点与经历的价值"。[②] 中国的社区养老服务是由"过度独立"向"支持性独立"转变的，服务供给形式由传统家庭养老转向社区养老，老年照顾福利来源由家庭福利转向国家、商业、志愿、家庭等多元福利。老年人由过去为了维持生活持续从事生产性劳动，依靠子女或配偶获得家庭照顾，转向为了家庭、社会和个人的价值意义参与生产性或志愿性活动[③]，依靠居家和社区服务获得照顾。这种差异是由中英两国基本国情的差异决定的。英国的人口老龄化是伴随着城市化和工业化趋势而渐进发展的，属于"先富后老"或"富老同步"；而中国进入人口老龄化阶段时，

① Jon Glasby, *Understanding Health and Social Care (3rd Edition)*, Bristol: Policy Press, 2017, p. 102.

② Peter Beresford & Sarah Carr, *Social Policy First Hand: An International Introduction to Participatory Social Welfare*, Bristol: Policy Press, 2018, p. 213.

③ 梅陈玉婵等：《老有所为在全球的发展：实证、实践与实策》，北京大学出版社 2012 年版，第 3—5 页。

属于中等偏低收入国家，应对挑战的基础比较薄弱，属于“未富先老”。① 因此，在现阶段，英国主要致力于围绕“独立”的价值导向调整服务供给方式与内容，使老年人获得对自己生活的掌控权，使服务递送以老年人个性化需求为中心，并使老年人在独立生活中继续体现自身价值；而中国主要致力于建立养老服务的“支持”体系，着力于制度建立与完善、机构设置与优化、服务培育与规范等基础建设工作，提高养老服务支持和保障水平。基于此，中国在借鉴英国社区养老服务供给的先行经验时，应从自身的发展阶段出发，大力培育多元主体供给力量，为老年人实现充分支持下的独立生活打下基础。中英社区养老服务的发展阶段差异如图 6—1 所示。

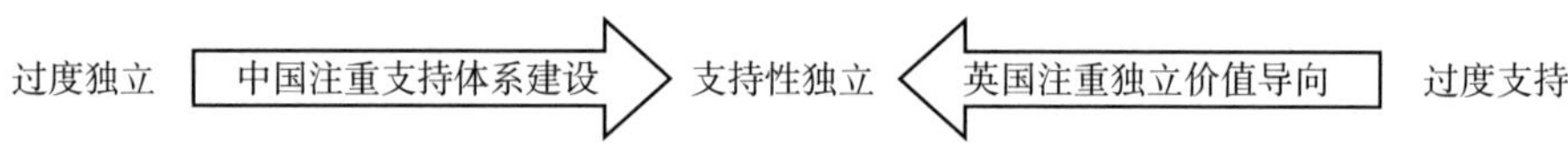

图 6—1　中英社区养老服务的发展阶段差异

（二）划分正式与非正式部门意义的思考

现在通常将第三部门从内涵上定义为非政府、非营利组织，从外延上定义为介于政府、市场和私人家庭领域之间的组织活动空间，然而，上述内涵定义与外延定义之间存在着不一致，其原因是内涵定义过于宽泛。因而，应该依照阿尔科克对部门空间的划分标准，将第三部门从内涵上定义为非公共、非营利、正式部门，这样才能将第三部门概念的内涵与外延统一起来。按照这样的定义，私人部门中跨社区的非营利组织正式性较强，应该属于第三部门；而社区自组织正式性较弱，应该划入非正式部门范畴。前者受到公益精神的驱动，依靠正式规则运行，具有较大的社会影响力，在空间上更加靠近公共领域，成为政府与社区自组织和家庭之间的沟

① 张岩松等：《社会养老服务体系建设研究》，东北财经大学出版社 2016 年版，第 7 页。

通“桥梁”；后者受到情感驱动，依靠亲属、朋友、邻里之间的非正式支持与互助互惠关系运行，在社区内部具有较大影响力，提供直接服务，处于社区养老服务合作供给网络的“末梢”，最接近服务使用者。因此，对两者的区分有利于把握社区养老服务供给的社会网络结构。

（三）协同生产中服务使用者参与层级的思考

在三种合作供给模式中，服务使用者作为协同生产者，其参与层级均处于由象征主义阶段向公民权利阶段过渡的进程中，但各模式中服务使用者参与的梯级阶段、身份特征、产生影响的范围、参与事务的类型各有差异。三种合作供给模式中服务使用者的参与程度和方式如表6—1所示。

表6—1　三种合作供给模式中服务使用者的参与情况

模式种类 参与情况	政府与非正式部门 合作供给模式	政府与第三部门 合作供给模式	政府与私营部门 合作供给模式
参与阶段	由象征主义阶段向公民权利阶段过渡		
参与梯级	咨询式、安抚式、伙伴式、委托式、公民控制式	咨询式、安抚式、伙伴式	咨询式、伙伴式
参与身份	公民、社区居民、社区老年人群体成员、服务使用者	公民、老年人群体成员、服务使用者	公民、消费者
影响范围	选区、社区、个人	特定群体、个人	特定区域、个人
权利类型	政治权利、社会权利	政治权利、社会权利	社会权利
政府目标	获得合法性、获得资源	获得信息	获得生产率

首先，在政府与非正式部门合作供给模式中，服务使用者的参与梯级横跨咨询式参与至公民控制式参与这一最高梯级之间的五个梯级，跨度最大，涉及的参与方式最为丰富，最大程度上实现了实质性的公民控制；公民参与以社区非正式组织为平台，老年人作为选区公民参政议政、作为社区居民参与社区规划、作为社区老年人群体成员影响当地服务规划与递送、作为服务使用者个人不仅塑造自身服务递送还直接参与服务供给；影响范围包括个人、社区和选区；该参与模式维护了老年人的政治权利和社

会权利，实现了政府在基层获得合法性认可、获取社区组织资源的目标。

其次，在政府与第三部门合作供给模式中，服务使用者的参与梯级由咨询式参与爬升至伙伴式参与，仅进入公民权利阶段的最低层级；公民参与以第三部门为其代表机构间接表达意见，老年人作为公民个人维护自身利益、作为老年人群体成员代表该群体提出诉求、作为服务使用者影响自身服务递送；影响范围包括个人和第三部门服务的特定群体；该参与模式维护了老年人的政治权利和社会权利，实现了政府通过第三部门这一媒介获取老年人及其利益相关者信息的目标。

最后，在政府与私营部门合作供给模式中，服务使用者的参与梯级仅包括咨询式参与和伙伴式参与，参与方式较为单一；公民参与体现在需求评估与市场选择方面，老年人作为有权获得福利服务的公民或自费购买服务的消费者参与塑造自己使用的服务，也以其公民个体的意见影响政府对区域服务的规划；该参与模式维护了老年人的社会权利，实现了政府利用私营部门供需匹配精确的优势获取个性化服务生产效率的目标。

在政府大力推进医疗照顾与社会照顾服务供给由消费主义向民主主义转型的过程中，实现更高层级的公民参与、推动公民参与由象征主义阶段迈入公民权利阶段成为当下的重要任务。这使得第三部门和非正式部门在动员公民力量、鼓励公民直接或间接参与服务规划和递送方面更加活跃，成为填补“民主赤字”的重要工具。与此同时，在消费主义盛行时期涌现出的市场供给模式也在不断适应民主主义改革的趋势，由提供者主导逐步转向消费者主导，增强公民对服务的掌控力。

（四）多元主体合作中责任与问责问题的思考

在三种合作供给模式中，各参与主体共享权力（利）、共担责任。虽然权力（利）与责任理论上基本对等，但在实际执行中，不同合作供给模式中的责任性质有所差异，存在硬性责任与软性责任的差别，问责难度也相应有所不同。服务生产方的非正式性、非营利性越强，该合作供给模式中各参与主体承担责任的软性就越强，问责难度也就越大。相比而言，非正式部门的非正式性和非营利性最强，在以该部门为服务生产方的合作供给模式中，责任聚焦于社区内部，责任的软性、主动性、鼓励性最强，责任界限最为模糊，问责难度最大；第三部门的非营利性强但非正式性较弱，在合作供给中，责任范围扩大到社会范畴，尽管部分责任以合同的形式明确规定，但由于其中包含了短期内难以量化评估的价值要素，因而，问责虽有据可循但仍存在困难；私营部门的非正式性和非营利性最弱，合作供给模式的责任聚焦于个体服务，参与主体承担硬性、被动性、消极性责任，责任界限最清晰，问责难度最小。

在权力下放的背景下，政府将权力（利）与责任部分转移给服务生产方和服务使用者，因此，后者能否真正承担起责任对于整个合作供给系统的责任承担至关重要。如果参与主体的责任界限划分不清、软性责任难以问责，就会出现原有政府责任外流而无人承担的责任流失问题。在现阶段，虽然社区赋权与地方主义法案得以颁布，责任下移的趋势已经形成，但具体的问责机制有待建构，这一问题的严峻性以私营部门、第三部门、非正式部门的顺序递增。

四、可能的创新与尚存的研究空间

（一）可能的创新

1.研究视角创新

（1）从主体视角出发，以合作生产方的本质属性为标准，对社区养老服务多元主体合作供给进行模式划分。这区别于以往以各主体之间具体合作方式为标准进行的模式划分，将研究焦点从政府与各主体具体合作方式的差异转向政府与不同类型主体合作策略的差异。

（2）建构了社区养老服务多元主体合作供给模式的“权责角色—结构功能—价值目标”三维分析框架。以往研究大多从权责角色、结构功能或价值目标的单一视角进行考察，而本书将三者纳入同一分析框架进行综合性考察，揭示出三者之间的内在关系，具有一定新意。

2. 研究内容创新

（1）以老年人的需求与权利为中心，从服务的面向范围、针对对象、适用于老年人的生命阶段诸方面，系统论证了社区养老服务多元主体合作供给中三种模式之间的连续统一体关系。

（2）以建构的分析框架刻画三种模式在主体权责角色、AGIL 功能以及积极老龄化价值目标方面的类型化特征，由此揭示出三种合作供给模式的不同运行机制。

（3）以“递送—融资—决策—规制”四维分析框架，阐明了合作供给中公共部门和私人部门之间“局部替换—整体互补”的关系。这一观点区别于替换理论与互补理论，进一步深化了福利多元主义理论。

（4）从社区养老服务多元主体合作供给中子系统（各模式）和总系统两个层面，阐明了政府角色的多重性。

3. 研究材料新颖

社区养老服务是老年福利的重要组成部分。在英国福利国家改革、公共管理理念转变、人口老龄化加剧的背景下，福利供给理念与方式发生变革。英国苏格兰地区社区养老服务相较于其他地区，更能集中体现英国福利国家民主化改革和新公共治理的最新理念。该地区社区养老服务组织发育充分、多元主体合作形态成熟、政策更新完整，各服务生产领域在政策导向下产生新的变革，积累了大量实践经验，为社区养老服务供给、多元主体合作治理研究提供了鲜活的素材。本书通过长周期实地调查的方式获取丰富的第一手资料，为本研究奠定了基础。

（二）研究方法的局限

本书采取质性研究方法，难以克服质性研究的诸多局限性。首先，从案例研究方式来看，本书根据差别复制逻辑针对每个合作供给模式选择一个典型案例进行多案例研究，但由于研究时间和精力所限，没有根据逐项复制逻辑针对每个合作供给模式选择多个案例进行研究。由于合作供给模式中作为关键因素的合作生产方（即非正式部门、第三部门、私营部门）内部可能存在一定的异质性，针对各模式选取一个典型案例进行研究，其代表性可能受到局限。其次，从资料收集方法来看，本书采取参与式观察法，观察结果的真实性受到被观察者是否察觉、观察的时机、观察情境中的人际关系等因素影响。采用半结构式访谈和焦点访谈法，访谈对象的意识容易受到研究者意图的影响，访谈对象之间也易产生相互干扰，影响访谈结果的客观真实性。访谈对象的选取采取非概率抽样方法，只能从性质上说明总体而难以从数量上推断总体。

（三）研究内容的不足

本书主要研究社区养老服务多元主体合作供给模式的主体权责角色、AGIL 功能与积极老龄化价值目标，探讨了服务使用者参与问题，并划分了其参与的梯级层次。首先，主要考察了合作供给模式通过何种路径实现哪些价值目标，但受制于质性研究方法的局限性，尚未建立价值目标实现效果的评价指标体系，也未运用统计调查的方法进行效果衡量与评价；其次，在考察服务使用者参与的梯级层次时，同样受制于质性研究方法的局限性，仅用文字描述对参与梯级层次进行划分，未能运用数据准确刻画参与程度。这些不足之处有待于以后进一步完善。

本书研究了多元主体合作供给模式的责任内容，但尚未充分探讨对各主体问责的具体方式。进入新公共治理阶段后，多元主体责任关系复杂化、重叠交错、界限难以划清，问责难度日益增大。对问责问题的探讨有待今后进一步推进。

（四）未来研究的展望

本书探讨了社区养老服务多元主体合作供给模式中政府与不同类型合作生产方合作供给的策略性思路，关注这些模式在英国苏格兰地区的特殊环境条件，未来可从具体合作方式、宏观环境比较以及治理理论深化诸方面拓展研究：首先，就各合作供给模式的具体操作方式进行应用性研究，进一步探究具体合作方式在各模式中的适用性问题；其次，开展跨国比较研究，考察各模式在不同政治、经济、文化、社会环境下的运行效果及其影响因素，并探索构建相应指标体系；最后，以社区养老服务多元主体合作供给为切入点，进一步拓展到合作治理、网络治理、社区治理等相关理论的系统性探讨。

参考文献

一、中文文献

（一）中文著作

曹堂哲：《公共管理研究方法——基于公共管理问题类型学的新体系》，北京大学出版社 2014 年版。

陈静：《福利多元主义视域下的城市养老服务供给模式研究》，山东人民出版社 2016 年版。

陈振明等：《公共管理学（第二版）》，中国人民大学出版社 2017 年版。

风笑天：《社会研究方法（第五版）》，中国人民大学出版社 2018 年版。

顾肃：《自由主义基本理念（第二版）》，中央编译出版社 2005 年版。

国务院发展研究中心社会部课题组：《养老服务体系发展的国际经验与中国实践》，中国发展出版社 2019 年版。

贾春增主编：《外国社会学史（第三版重排本）》，中国人民大学出版社 2018 年版。

梅陈玉婵等：《老有所为在全球的发展：实证、实践与实策》，北京大学出版社 2012 年版。

仇立平：《社会研究方法（第 2 版）》，重庆大学出版社 2015 年版。

孙洁：《英国的政党政治与福利制度》，商务印书馆 2008 年版。

孙鹃娟等：《老年学与老有所为：国际视野》，中国人民大学出版社

2014年版。

孙晔等:《社会心理学》，科学出版社1988年版。

谭祖雪等:《社会调查研究方法（第2版）》，清华大学出版社2020年版。

王乐夫等:《公共管理学（精编版）》，中国人民大学出版社2012年版。

夏学銮主编:《社区照顾的理论、政策与实践》，北京大学出版社1996年版。

杨耕等:《马克思主义哲学研究》，中国人民大学出版社2000年版。

杨善华等:《西方社会学理论》（下卷），北京大学出版社2006年版。

袁方等:《社会研究方法教程（重排本）》，北京大学出版社2019年版。

张国庆主编:《公共行政学（第三版）》，北京大学出版社2007年版。

张岩松等:《社会养老服务体系建设研究》，东北财经大学出版社2016年版。

《马克思恩格斯选集》第2卷，人民出版社2012年版。

[英]皮特·阿尔科克等:《解析社会政策(上)：福利提供与福利治理》，彭华民译，华东理工大学出版社2017年版。

[英]皮特·阿尔科克等:《解析社会政策(下)：福利提供与福利治理》，彭华民译，华东理工大学出版社2017年版。

[英] 皮特·阿尔科克等:《解析社会政策（第五版）》，董璐译，北京大学出版社2020年版。

[英] 史蒂芬·奥斯本编著:《新公共治理？——公共治理理论和实践方面的新观点》，包国宪等译，科学出版社2016年版。

[美] 艾尔·巴比:《社会研究方法（第13版）》，邱泽奇译，清华大学出版社2020年版。

[英] 马丁·鲍威尔主编:《理解福利混合经济》，钟晓慧译，北京大学出版社2011年版。

[美] 约翰·多纳休等:《合作:激变时代的合作治理》,徐维译,中国政法大学出版社 2015 年版。

[英] 弗里德里希·冯·哈耶克:《法律、立法与自由》,邓正来等译,中国大百科全书出版社 2000 年版。

[美] 尼尔·吉尔伯特等:《社会福利政策引论》,沈黎译,华东理工大学出版社 2013 年版。

[美] 丹尼斯·萨利贝:《优势视角:社会工作实践新模式》,杜立婕等译,华东理工大学出版社 2015 年版。

[英] 格里·斯托克:《转变中的地方治理》,常晶等译,吉林出版集团股份有限公司 2015 年版。

[美] 乔纳森·特纳:《社会学理论的结构(第 7 版)》,邱泽奇等译,华夏出版社 2006 年版。

[英] 贝弗利·休斯:《老年人与社区照顾》,谢立黎等译,湖南教育出版社 2016 年版。

[澳] 欧文·爱德华·休斯:《公共管理导论(第三版)》,张成福等译,中国人民大学出版社 2007 年版。

[英] 罗伯特·亚当斯:《赋权、参与和社会工作》,汪冬冬译,华东理工大学出版社 2013 年版。

[美] 罗伯特·K. 殷:《案例研究:设计与方法(原书第 5 版)》,周海涛等译,重庆大学出版社 2017 年版。

(二) 中文期刊

曹鸣玉:《英国苏格兰第三部门社区养老服务多组织联动体系探析》,《中国行政管理》2020 年第 1 期。

陈伟:《英国社区照顾之于我国"居家养老服务"本土化进程及服务模式的构建》,《南京工业大学学报(社会科学版)》2012 年第 1 期。

丁学娜、李凤琴:《福利多元主义的发展研究——基于理论范式视角》，《中南大学学报（社会科学版）》2013 年第 6 期。

龚韩湘、冯泽华、唐浩森等：《英国购买式社区照顾服务模式的发展、改革及启示》，《中国卫生政策研究》2017 年第 1 期。

郭竞成：《居家养老模式的国际比较与借鉴》，《社会保障研究》2010 年第 1 期。

郭林：《西方典型国家私营资本参与养老服务体系建设》，《国外社会科学》2014 年第 6 期。

韩央迪：《从福利多元主义到福利治理：福利改革的路径演化》，《国外社会科学》2012 年第 2 期。

何玉华、崔丹、张欲晓等：《我国 15 个试点城市长期照护保险政策比较分析》，《中国社会医学杂志》2021 年第 2 期。

贾培培、何朝珠、肖守渊等：《发达国家养老服务模式与保障体系》，《中国老年学杂志》2017 年第 19 期。

珂莱尔·婉格尔、刘精明：《北京老年人社会支持网调查——兼与英国利物浦老年社会支持网对比》，《社会学研究》1998 年第 2 期。

克雷斯·德·纽伯格、韩永江、华迎放：《福利五边形和风险的社会化管理》，《社会保险研究》2003 年第 12 期。

李静：《城市社区网络治理结构的构建——结构功能主义的视角》，《东北大学学报（社会科学版）》2016 年第 6 期。

林闽钢：《福利多元主义的兴起及其政策实践》，《社会》2002 年第 7 期。

刘颂：《积极老龄化框架下老年社会参与的难点及对策》，《南京人口管理干部学院学报》2006 年第 4 期。

彭华民、宋祥秀：《嵌入社会框架的社会福利模式：理论与政策反思》，《社会》2006 年第 6 期。

彭华民：《福利三角：一个社会政策分析的范式》，《社会学研究》2006 年第 4 期。

祁峰：《英国的社区照顾及启示》，《西北人口》2010 年第 6 期。

任俊生：《论准公共品的本质特征和范围变化》，《吉林大学社会科学学报》2002 年第 5 期。

沈杰、刘爱莲：《社会治理中的合作：共享裁量权与模式选择》，《理论探索》2018 年第 2 期。

田北海、钟涨宝：《社会福利社会化的价值理念——福利多元主义的一个四维分析框架》，《探索与争鸣》2009 年第 8 期。

王俊、顾昕：《新社群主义社会思想与公共政策分析——以阿米泰·埃兹奥尼为中心》，《国外理论动态》2017 年第 10 期。

王莉：《准市场、竞争与选择：英国老龄群体长期照护制度分析》，《卫生经济研究》2019 年第 2 期。

王文祥、刘栋明：《建立弱势群体利益表达机制的理论基石》，《社会科学战线》2015 年第 8 期。

邬沧萍、彭青云：《重新诠释“积极老龄化”的科学内涵》，《中国社会工作》2018 年第 17 期。

熊必俊：《制定新世纪老龄行动计划应对全球老龄化挑战——第二届世界老龄大会综述和启示》，《市场与人口分析》2002 年第 5 期。

杨蓓蕾：《英国的社区照顾：一种新型的养老模式》，《探索与争鸣》2000 年第 12 期。

杨沛然：《国外长期照护保险制度比较及其对中国的启示——以德国、日本、荷兰、美国、英国为例》，《劳动保障世界》2017 年第 20 期。

杨团：《中国长期照护的政策选择》，《中国社会科学》2016 年第 11 期。

张敏杰：《中外家庭养老方式比较和中国养老方式的完善》，《社会学研究》1994 年第 4 期。

赵青、李珍：《英国长期照护：基本内容、改革取向及其对我国的启示》，《社会保障研究》2018 年第 5 期。

郑威:《中国第三部门观察报告2019发布座谈会在京举行》,《中国社会组织》2019年第15期。

钟慧澜、章晓懿:《从国家福利到混合福利:瑞典、英国、澳大利亚养老服务市场化改革道路选择及启示》,《经济体制改革》2016年第5期。

(三)其他文献

国务院办公厅:《关于推进养老服务发展的意见》,2019年4月16日,见 http://www.gov.cn/zhengce/content/2019-04/16/content_5383270.htm。

祝阳:《中国政府购买公共服务中的政民关系及其影响因素研究》,北京师范大学社会发展与公共政策学院2018年博士学位论文。

二、英文文献

(一)英文著作

Baggott, Rob, *Health and Health Care in Britain(3rd Edition)*, Basingstoke: Palgrave Macmillan, 2004.

Bason, Christian, *Leading Public Sector Innovation: Co-creating for a Better Society (2nd Edition)*, Bristol: Policy Press, 2018.

Beresford, Peter &Carr, Sarah, *Social Policy First Hand: An International Introduction to Participatory Social Welfare*, Bristol: Policy Press, 2018.

Bochel, Hugh & Powell, Martin, *The Coalition Government and Social Policy: Restructuring the Welfare State*, Bristol: Policy Press, 2016.

Bozeman, Barry, *All Organizations are Public*, San Francisco, CA: Jossey-Bass, 1987.

Bulmer, Martin, *The Social Basis of Community Care*, London: Allen & Unwin, 1987.

Dominelli, Lena, *Anti-Oppressive Social Work Theory and Practice*, Basingstoke; New York: Palgrave Macmillan, 2002.

Etzioni, Amitai, *The New Golden Rule: Community and Morality in a Democratic Society*, New York: Basic Books, 1996.

Evers, Adalbert, "Shifts in the Welfare Mix: Introducing A New Approach for the Study of Transformations in Welfare and Social Policy", in *Shifts in the Welfare Mix: Their Impact on Work, Social Services and Welfare Policies*, Evers, Adalbert &Wintersberger, Helmut, Bloomington: Campus Verlag, 1990.

Evers, Adalbert, "Consumers, Citizens and Coproducers - A Pluralistic Perspective on Democracy in Social Services", in *Towards More Democracy in Social Services:Models and Culture of Welfare*, Flösser, Gaby&Otto, Hans-Uwe (eds.), Berlin: Walter de Gruyter, 1998.

Finnis, John, "Limited Government", in *Human Rights and Common Good (Collected Essays. Volume III)*, Finnis, John, Oxford: Oxford University Press, 2011.

Gilbert, Neil, "Welfare Pluralism and Social Policy", in *The Handbook of Social Policy*, Midgley, James & Livermore, Michelle (eds.), London: SAGE, 2009.

Glasby, Jon, *Understanding Health and Social Care (3rd Edition)*, Bristol: Policy Press, 2017.

Glennerster, Howard, *Understanding the Finance of Welfare: What Welfare Costs and How to Pay for It*, Bristol: Policy Press, 2003.

Green, Leslie, "The nature of limited government", in *Reason, Morality, and Law: The Philosophy of John Finnis*, Keown, John & George, Robert P. & Finnis, John (eds.), Oxford: Oxford University Press, 2013.

Ham, Christopher, *Health Policy in Britain (6th Edition)*, New York: Palgrave Macmillan, 2009.

Harris, John & White, Vicky, "Older People", in*A Dictionary of Social*

Work and Social Care (2nd Edition), Harris, John & White, Vicky, Oxford: Oxford University Press, 2018.

Harris, John & White, Vicky, "Private Sector", in *A Dictionary of Social Work and Social Care (2nd Edition)*, Harris, John & White, Vicky, Oxford: Oxford University Press, 2018.

Hatch, Stephen &Mocroft, Ian, *Components of Welfare: Voluntary Organisations, Social Services and Politics in Two Local Authorities*, London: Bedford Square Press/NCVO, 1983.

Hirschman, Albert O., *Exit, Voice, and Loyalty: Responses to Decline in Firms, Organizations, and States*, Cambridge, Massachusetts: Harvard University Press, 1970.

Johnson, Norman, *The Welfare State in Transition: The Theory and Practice of Welfare Pluralism*, Amherst: The University of Massachusetts Press, 1987.

Knapp, Martin, "Private and Voluntary Welfare", in *The New Politics of Welfare: An Agenda for the 1990s?*, McCarthy, Michael, Basingstoke: Macmillan, 1989.

Kydd, Angela & Duffy, Tim & Duffy, F. J. Raymond (eds.), *The Care and Wellbeing of Older People: A Textbook for Health Care Students*, Exeter: Reflect Press Ltd, 2009.

Law, Jonathan, "Public Sector", in *A Dictionary of Business and Management (6th Edition)*, Law, Jonathan (eds.), Oxford: Oxford University Press, 2016.

Le Grand, Julian, *Motivation, Agency, and Public Policy: Of Knights and Knaves, Pawns and Queens*, Oxford: Oxford University Press, 2003.

Lucas, John Randolph, "Responsible Government", in *Responsibility*, Lucas, John Randolph, Oxford: Oxford University Press, 1995.

Lyons Mark, *Third Sector: The Contribution of Nonprofit and Cooperative*

Enterprises in Australia, Australia: Allen & Unwin, 2001.

Marshall, Thomas Humphrey, *Citizenship and Social Class: And Other Essays*, Cambridge: University Press, 1950.

McCabe, Angus, & Phillimore, Jenny (eds.), *Community Groups in Context: Local Activities and Actions*, Bristol: Policy Press, 2018.

Means, Robin & Richards, Sally & Smith, Randall, *Community Care: Policy and Practice (4th Edition)*, Basingstoke: Palgrave Macmillan, 2008.

Pinker, Robert A., *Social Theory and Social Policy*, London: Heinemann, 1971.

Pinker, Robert A., *The Idea of Welfare*, London: Heinemann, 1979.

Pinker, Robert A., "From Gift Relationships to Quasi-markets: An Odyssey along the Policy Paths of Altruism and Egoism", in *Social Policy and Welfare Pluralism: Selected Writings of Robert Pinker*, Offer, John &Pinker, Robert A. (eds.), Bristol: Policy Press, 2018.

Pinker, Robert A., "The Experience of Citizenship: A Generational Perspective", in *Social Policy and Welfare Pluralism: Selected Writings of Robert Pinker*, Offer, John & Pinker, Robert A. (eds.), Bristol: Policy Press, 2018.

Porta, Miquel S. & Last, John M.(eds.), "Community", in *A Dictionary of Public Health (2nd Edition)*, New York: Oxford University Press, 2018.

Rees, James & Mullins, David, *The Third Sector Delivering Public Services: Developments, Innovations and Challenges*, Bristol: Policy Press, 2016.

Rose, Richard &Shiratori, Rei (eds.), *The Welfare State East and West*, Oxford: Oxford University Press, 1986.

Salamon, Lester M. &Anheier, Helmut K., *Defining the Nonprofit Sector: A Cross-national Analysis*, Manchester: MUP, 1997.

Scott, John (eds.), "Community", in *A Dictionary of Sociology (4th Edi-*

tion), Oxford: Oxford University Press, 2014.

Scott, John, "Community Care", in *A Dictionary of Sociology (4th Edition)*, Scott, John (eds.), Oxford: Oxford University Press, 2014.

Scott, John, "Informal-sector Theories", in *A Dictionary of Sociology (4th Edition)*, Scott, John (eds.), Oxford: Oxford University Press, 2014.

Spicker, Paul, *Principles of Social Welfare: An Introduction to Thinking About the Welfare State*, London: Routledge, 1988.

Spicker, Paul, *Social Policy: Themes and Approaches (2nd Edition)*, Bristol: Policy Press, 2008.

Thompson, Grahame, *Markets, Hierarchies and Networks: The Coordination of Social Life*, London: Sage, Published in Association with the Open University, 1991.

Tinker, Anthea, *Older People in Modern Society (4th Edition)*, Harlow: Longman, 1996.

Titmuss, Richard Morris, *The Gift Relationship: From Human Blood to Social Policy*, London: Allen & Unwin, 1970.

Titmuss, Richard Morris, *Essays on 'The Welfare State'*, London: Unwin University Books, 1974.

Wolfenden of Westcott& Wolfenden, John Frederick, *The Future of Voluntary Organisations: Report of the Wolfenden Committee*, London: Croom Helm, 1978.

（二）英文期刊

Abendstern, Michele et al., "Care Co-ordination for Older People in the Third Sector: Scoping the Evidence", *Health & Social Care in the Community*, Vol. 26, No. 3 (2018).

Alcock, Pete, "A Strategic Unity: Defining the Third Sector in the UK",

Voluntary Sector Review, Vol. 1, No. 1 (2010).

Arnstein, Sherry R., "A Ladder of Citizen Participation", *Journal of the American Planning Association*, Vol. 85, No. 1 (2019).

Barnes, Marian &Walker, Alan, "Consumerism versus Empowerment: A Principled Approach to the Involvement of Older Service Users", *Policy and Politics*, Vol. 24, No. 4 (1996).

Brereton, Louise & Nolan, Mike, "'You Do Know He's Had a Stroke, Don' t You?' Preparation for Family Care-giving - the Neglected Dimension", *Journal of Clinical Nursing*, Vol. 9, No. 4 (2000).

Chaney, Paul, "Equality and Territorial (in-)justice? Exploring the Impact of Devolution on Social Welfare for Older People in the UK", *Critical Social Policy*, Vol. 33, No. 1 (2013).

Donnelly, Mike, "Making the Difference: Quality Strategy in the Public Sector", *Managing Service Quality*, Vol. 9, No. 1 (1999).

Flemig, Sarah-Sophie &Osborne, Stephen, "The Dynamics of Co-production in the Context of Social Care Personalisation: Testing Theory and Practice in a Scottish Context", *Journal of Social Policy*, Vol. 48, No. 4 (2019).

Fuller, Roger, "Evaluating Community Care in Scotland: Critical Reflections on a Study of Policy Implementation", *Scandinavian Journal of Social Welfare*, Vol. 7, No. 2 (1998).

Glasby, Jon &Miller, Robin, "New Conversations Between Old Players? The Relationship Between General Practice and Social Care", *Journal of Integrated Care*, Vol. 23, No. 2 (2015).

Graham, Hilary, "Social Divisions in Caring", *Women's Studies International Forum*, Vol. 16, No. 5(1993).

Hudson, Bob, "Quasi-markets in Health and Social Care in Britain: Can the

Public Sector Respond?", *Policy and Politics*, Vol. 20, No. 2 (1992).

Janssen, Bienke M. et al., "Working Towards Integrated Community Care for Older People: Empowering Organisational Features from a Professional Perspective", *Health Policy (Amsterdam)*, Vol. 119, No. 1 (2015).

Johnson, Norman, "The Privatization of Welfare", *Social Policy and Administration*, Vol. 23, No. 1 (1989).

Jones, Ray, "A Journey Through the Years: Ageing and Social Care", *Ageing Horizons*, No. 6 (2007).

Judge, Ken, "Is There a Crisis in the Welfare State?", *International Journal of Sociology and Social Policy*, Vol. 1, No. 2 (1981).

Kalache, Alexandre & Kickbusch, Ilona, "A Global Strategy for Healthy Ageing", *World Health*, Vol. 50, No. 4 (1997).

Kim, JinWook, "Dynamics of the Welfare Mix in the Republic of Korea: An Expenditure Study Between 1990 and 2001", *International Social Security Review*, Vol. 58, No. 4 (2005).

Lowndes, Vivien & Gardner, Alison, "Local Governance Under the Conservatives: Super-austerity, Devolution and the 'Smarter State'", *Local Government Studies*, Vol. 42, No. 3 (2016).

Marnoch, Gordon, "Scottish Devolution: Identity and Impact and the Case of Community Care for the Elderly", *Public Administration (London)*, Vol. 81, No. 2 (2003).

Mctavish, Duncan&Mackie, Robert, "The Joint Future Initiative in Scotland: The Development and Early Implementation Experience of an Integrated Care Policy", *Public Policy and Administration*, Vol. 18, No. 3 (2003).

Mooney, Gerry & Scott, Gill, "Social Justice, Social Welfare and Devolution: Nationalism and Social Policy Making in Scotland", *Poverty and Public*

Policy, Vol. 3, No. 4 (2011).

Morris, Debra, "Charities and the Big Society: A Doomed Coalition?", *Legal Studies*, Vol. 32, No. 1 (2012).

Mõttus, René et al., "'On the Street Where You Live': Neighbourhood Deprivation and Quality of Life Among Community-dwelling Older People in Edinburgh, Scotland", *Social Science & Medicine*, Vol. 74, No. 9 (2012).

Pestoff, Victor Ashgates, "Third Sector and Co-operative Services - An Alternative to Privatization", *Journal of Consumer Policy*, Vol. 15, No. 1 (1992).

Qureshi, Hazel, "Social and Political Influences on Services for Older People in the United Kingdom in the Late 20th Century", *The Journals of Gerontology. Series A, Biological Sciences and Medical Sciences*, Vol. 57, No. 11 (2002).

Taylor, Beck et al., "What Are the Challenges to the Big Society in Maintaining Lay Involvement in Health Improvement, and How Can They Be Met?", *Journal of Public Health*, Vol. 33, No. 1 (2011).

Torrie, Alfred, "The Future of Community Care", *The Lancet*, Vol. 255, No. 6600(1950).

Williams, Charlotte & Mooney, Gerry, "Decentring Social Policy? Devolution and the Discipline of Social Policy: A Commentary", *Journal of Social Policy*, Vol. 37, No. 3 (2008).

Wistow, Gerald, "Aspirations and Realities: Community Care at the Crossroads", *Health and Social Care in the Community*, Vol. 3, No. 4 (1995).

（三）政策文献

Cabinet Office, UK, *Building the Big Society*, 18 May 2010, https://www.gov.uk/government/publications/building-the-big-society.

Department for Communities and Local Government, UK, *Annual Report and Accounts 2010-11*, 18 July 2011, https://www.gov.uk/government/publications/dclg-annual-report-and-accounts-2010-to-2011.

Department of Health andCare, UK, *2010 to 2015 Government Policy: Health and Social Care Integration*, 8 May 2015, https://www.gov.uk/government/publications/2010-to-2015-government-policy-health-and-social-care-integration/2010-to-2015-government-policy-health-and-social-care-integration.

Department of Health, UK, *'Working for Patients' White Paper*, London: H.M.S.O, 1989.

Department of Health, UK, *Caring for People: Community Care in the Next Decade and Beyond*. London: H.M.S.O, 1990.

HM Government, *National Assistance Act 1948*, 1948, https://www.legislation.gov.uk/ukpga/Geo6/11-12/29/contents/enacted.

HM Government, *Social Work (Scotland) Act 1968*, 1968, https://www.legislation.gov.uk/ukpga/1968/49/contents/enacted.

HM Government, *National Health Service and Community Care Act 1990*, 1990, https://www.legislation.gov.uk/ukpga/1990/19/contents/enacted.

HM Government, *Community Care (Direct Payments) Act 1996*, 1996, https://www.legislation.gov.uk/ukpga/1996/30/contents/enacted.

HM Government, *Localism Act 2011*, 2011, https://www.legislation.gov.uk/ukpga/2011/20/contents/enacted.

HM Government, *Open Public Services White Paper*, 1 July 2011, https://www.gov.uk/government/publications/open-public-services-white-paper.

HM Government, *Scotland Act 2012*, 2012, https://www.legislation.gov.uk/ukpga/2012/11/contents/enacted.

HM Government, *Care Act 2014*, 2014, https://www.legislation.gov.uk/ukpga/2014/23/contents/enacted.

HM Government, *Regulatory Reform (Scotland) Act 2014*, 2014, https://

www.legislation.gov.uk/asp/2014/3/contents/enacted.

Scottish Government, *Reshaping Care for Older People Initiative*, 30 August 2013, https://www.gov.scot/publications/reshaping-care-older-people-2011-2021/.

Scottish Government, *Scottish Regulators' Strategic Code of Practice*, 12 January 2015, https://www.gov.scot/publications/scottish-regulators-strategic-code-of-practice/.

Scottish Government, *National Health and Wellbeing Outcomes Framework*, 18 February 2015, https://www.gov.scot/publications/national-health-wellbeing-outcomes-framework/.

Scottish Government, *Review of Progress with Integration of Health and Social Care*, 4 February 2019, https://www.gov.scot/publications/ministerial-strategic-group-health-community-care-review-progress-integration-health-social-care-final-report/.

Scottish Parliament, *Social Care (Self-directed Support) (Scotland) Act 2013*, 2013, https://www.legislation.gov.uk/asp/2013/1/contents/enacted.

Scottish Parliament, *Public Bodies (Joint Working) (Scotland) Act 2014*, 2014, https://www.legislation.gov.uk/asp/2014/9/contents/enacted.

Scottish Parliament, *Community Empowerment (Scotland) Act 2015*, 2015, https://www.legislation.gov.uk/asp/2015/6/contents/enacted.

UK Parliament, *National Health Service Act 1946*, 1946, https://www.legislation.gov.uk/ukpga/Geo6/9-10/81/enacted.

UK Parliament, *Scotland Act 1998*, 1998, https://www.legislation.gov.uk/ukpga/1998/46/contents/enacted.

UK Parliament, *Community Care and Health (Scotland) Act 2002*, 2002, https://www.legislation.gov.uk/asp/2002/5/contents/enacted.

UK Parliament, *Health and Social Care Act 2012*, 2012, https://www.legislation.gov.uk/ukpga/2012/7/contents/enacted.

（四）其他文献

Audit Commission, *Making a Reality of Community Care*, London: Her Majesty's Stationery Office, 1986.

Audit Scotland, *Health and Social Care Integration: Update on Progress*, 15 November 2018, https://www.audit-scotland.gov.uk/publications/health-and-social-care-integration-update-on-progress.

Burchardt, Tania, *Boundaries between Public and Private Welfare: A Typology and Map of Services*, London: Centre for Analysis of Social Exclusion; London School of Economics, 1997.

Care Inspectorate, *Services for Older People in Edinburgh*, May 2017, https://www.careinspectorate.com/images/documents/3831/Edinburgh%20services%20for%20older%20people%20joint%20inspection%20report%20May%202017.pdf.

Governance International, *Co-production*, http://www.govint.org/our-services/co-production/.

Living Wage Scotland, *The Real Living Wage for the Real Cost of Living*, https://scottishlivingwage.org/.

OECD, *Health at a Glance 2017: OECD Indicators*, Paris: OECD Publishing, 2017.

Office for National Statistics, *National Population Projections: 2014-based Statistical Bulletin*, London: Office for National Statistics, 2015.

Scottish Government, *Local Government*, https://www.gov.scot/policies/local-government/.

Scottish Parliament, *The Electoral System for the Scottish Parliament*, http://www.parlamaid-alba.org/gd/visitandlearn/Education/16285.aspx.

Tidy, Colin, *Expert Patients*, 8 May 2015, https://patient.info/doctor/expert-patients.

United Nations · New York, *Report of the Second World Assembly on Ageing*, 8-12 April 2002, http://www.emro.who.int/images/stories/elderly/documents/20080625_madrid_ageing_conference.pdf?ua=1.

World Health Organisation, *Active Ageing: A Policy Framework*, 2002, https://apps.who.int/iris/bitstream/handle/10665/67215/WHO_NMH_NPH_02.8.pdf;jsessionid=07F265F1A97A0C61F16C4A7E74F6F1C4?sequence=1.

World Health Organisation, *Global Age-friendly Cities: A Guide*, 2007, https://apps.who.int/iris/bitstream/handle/10665/43755/9789241547307_eng.pdf;jsessionid=F9266BF11644F89243A29429D816AF13?sequence=1.

附录一　观察提纲

一、观察程序

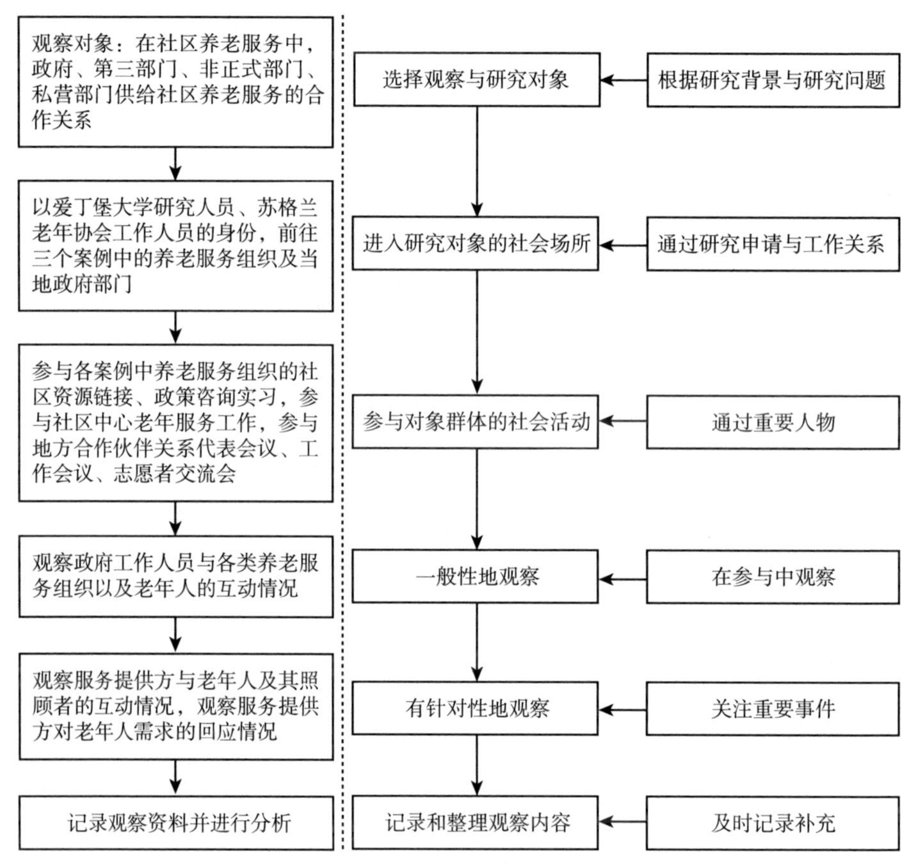

附图 1　主要观察流程

二、参与式观察内容

1. 观察各部门供给养老服务时的工作内容、工作方式、工作态度。

2. 观察各部门与其他部门互动的方式及顺畅程度。

3. 观察老年人在接受服务时的身体状态、精神状态、情感状态。

4. 观察社区自组织开展活动时的病理级别划分方式以及相应的活动方式。

5. 观察第三部门组织开展内部会议、外部宣讲、同行交流时的工作内容与方式。

6. 观察私营部门供给上门服务时与老年人共处的方式、服务态度和情感交流情况。

7. 观察政府部门进行公开议会辩论、议员进入基层探访、参与地方合作伙伴关系会议时关注的议题和推崇的养老服务理念。

8. 观察医疗照顾与社会照顾整合政策在医疗部门及社会照顾部门中的推动方式、被接纳程度和改革进程。

9. 观察家庭照顾对老年人幸福感、健康水平、精神状态的影响。

10. 观察社区集体活动及志愿者陪护参加的社会活动对提升老年人生活质量的作用。

附录二 访谈提纲

一、政府部门工作人员访谈提纲

（一）英文原文

1. What are the main responsibilities of your department regarding elderly care services?

2. Which organisations have you worked for? And what do they do? What positions did you hold in the respective organisations? And what are the job responsibilities?

3. Is there any classification of the communities from the government's perspective? How are they classified? What factors have impact on the quality of older people's life inthe communities?

4. How does the government position "community elderly care" in the elderly care service system? How is the coverage of elderly care services decided?Which entities are involved in the supply-demand management of the community elderly care services?

5. When choosing the types and the quality of the coverage areas of the community elderly care services, what are the preferences of the private sector, third sector and informal sector service providers? How does the government regulate it?

6. Is there any imbalanced development of elderly care services among different communities?What kind of factors caused the uneven development? What are the measures taken by the government to promote the common development of elderly care services in different communitiesandareas?

7. What work has the government mainly done regarding the community elderly care services?What responsibilitiesdoes the government take?Whatpowers doesit hold?What roles does it play?

8. How is the relationship between the private sector, the third sector and the informal sector in the community elderly care services?How does the government interact with the above sectors?How do the different departments within the government interact with each other?

9. In the supply-demand management of community elderly care services, what are the channels for the government to communicate with the public to access public feedback, improve public participation in decision-making, and respond to public appeals?

10. How does the government absorbor respond to the opinions of various stakeholders in the formulation of policies, regulations and strategic planning in relation to community elderly care services?

11. How does the government evaluate the quality of community elderly care services?How to monitor the service providers to achieve the service standards and improve the service level?

12. What are the government's short-term goals and long-term plans in promoting the integration of health and social care?What measures have been taken?What are the difficulties?

（二）中文译文

1. 请介绍所在部门有关养老服务方面的工作内容。

2. 请介绍主要工作经历、目前所在职位及主要工作职责。

3. 政府如何划分社区种类？哪些因素对社区老年生活质量有影响？

4. 在养老服务体系中，政府如何定位“社区养老”？社区养老服务的覆盖范围如何界定？有哪些主体共同参与社区养老服务供需管理和服务？

5. 在社区养老服务中，私营部门、第三部门和非正式部门在服务区域的社区类型与社区质量的选择方面有哪些偏好？政府如何进行调节？

6. 不同社区之间是否存在养老服务发展不平衡问题？哪些因素导致了发展的不平衡？政府采取哪些措施来促进不同社区的养老服务共同发展？

7. 政府在社区养老服务中主要做了哪些工作？承担了哪些责任？具有哪些权力？发挥了哪些作用？

8. 政府在社区养老服务工作中如何处理与私营部门、第三部门和非正式部门的关系？政府如何实现与上述部门组织的互动？政府体系内部的不同部门之间是如何实现互动的？

9. 在社区养老服务供需管理中，政府与公众沟通、公众意见反馈、公众参与决策、政府处理与回应公众诉求有哪些渠道？

10. 在社区养老服务相关政策法规与战略规划制定中，政府如何吸收多种利益相关方的意见？如何回应各方意见？

11. 政府如何评估社区养老服务的供给质量？如何监管服务供给方达到服务标准并不断提高服务水平？

12. 政府在推动医疗照顾与社会照顾一体化进程中的短期目标和长期计划是什么？采取了哪些措施？遇到了哪些困难？

二、第三部门工作人员访谈提纲

（一）英文原文

1. What are the operation status, developingcourse and future goals of the third sector organisation you are working in?

2. What are the contents of the elderly care servicesin your organisation?

3. Which organisations have you worked for? And what do they do? What positions did you hold in the respective organisations? What are your current position, job responsibilities and years of service?

4. What are the sources of staffin third sector organisations?What qualities or professional background are required from them?

5. What are the main services provided by the third sector for the older people?How to make a match between supply and demand?

6. What are the sources of funding for the third sector organisation you are working in?What kind of preferential policies does it enjoy?

7. How do you apply for the projects commissioned by the government? How do you complete the project?

8. How to evaluate the outcome of the elderly care serivces organized by the third sector? How does the evaluation impact the organisations and the public?

9. How is the relationship between the third sector organisations and the government in the process of the community elderly care service provision? What are the ways to interact with the government?

10. How is the relationship between the third sector and the informal sector in the community elderly care services? What are the ways to interact with the informal sector?

11. How is the relationship between the third sector and the public in the community elderly care services? What are the ways to interact with the public?

12. How is the relationship among the third sector organisations in the community elderly care services? What are the ways to interact?

13. What are the roles of the third sector in the demand management and

supply system of the elderly care services? What are the social implications?

14. What achievements has the third sector made in the elderly care services? What are the difficulties?

（二）中文译文

1. 请介绍所在第三部门组织的运行现状、发展历程及未来目标。

2. 请介绍所在第三部门组织的养老服务内容。

3. 请介绍工作经历、目前的工作职位、承担的职责、工作年限。

4. 第三部门组织中工作人员的来源有哪些？需要具备哪些素质或专业背景？

5. 第三部门为老年人提供的服务主要有哪些？如何实现供需匹配？

6. 请介绍所在第三部门组织的资金来源有哪些？享有何种政策优惠？

7. 请介绍所在第三部门组织是如何申请政府委托的服务项目的？又是如何完成所承担项目的？

8. 如何评价第三部门组织的养老服务效果？评估对组织和公众有哪些影响？

9. 在社区养老服务中，第三部门组织在运转过程中与政府的关系如何？与政府的互动方式有哪些？

10. 在社区养老服务中，第三部门与非正式部门的关系如何？与非正式部门的互动方式有哪些？

11. 在社区养老服务中，第三部门与公众的关系如何？与公众的互动方式有哪些？

12. 在社区养老服务中，第三部门组织相互之间的关系如何？互动方式有哪些？

13. 第三部门在老年人需求管理与服务供给体系中扮演什么角色？产生哪些社会影响？

14. 第三部门在养老服务中取得了哪些成绩？遇到哪些困难？

三、非正式部门工作人员访谈提纲

（一）英文原文

1. What are the operation status, developing course and future goals of the community organisation you are working in?

2. What are the contents of the elderly care services in your organisation?

3. What are the main sources of funding for the communityorganisation you are working in? What kind of preferential policies does it enjoy?Is the funding stable?

4. How is the interactive relationship between the community organisation-sandthe government?What are the channels for the community organisations to submitfeedback andreceiveresponses from the government?

5. How is the interactive relationship between the community organisations and the third sectororganisations?Did therepresentativeorganisations well represent and safeguard the interests of the community organisations?

6. How is the relationship between thecommunity organisations and the institutions as well as the individuals in the community?How to utilise the existing human, material and financial resources in the community to serve the older people?

7. What kind of preferential policies are available for the community organisations?Which government policies havegreater impactson community organizations?What are the effects?

8. How is the internal management of the community organisations?What kind of management and service teams are there in the community organizations?What do they do?

9. How is the service capacity of the community organisations?Could it

meet the needs of the older people in the community?

10. What are the main difficulties in the development of communityorganisations? What are the key factors in overcoming the difficulties?

（二）中文译文

1. 请介绍所在社区自组织的运行现状、发展历程及未来目标。

2. 请介绍所在社区自组织提供的社区养老服务有哪些内容。

3. 社区自组织的资金来源主要有哪些？资金是否稳定？

4. 社区自组织与政府部门的互动关系如何？意见反馈与回应的渠道有哪些？

5. 社区自组织与第三部门的互动关系如何？第三部门中的协会组织是否能够很好地代表与维护社区自组织的利益？

6. 社区自组织与社区内组织和个人的关系如何？如何利用社区内已有的人力、物力、财力资源为老年人服务？

7. 社区自组织主要享受了哪些优惠政策？政府部门推行的哪些政策对社区自组织的影响较大？分别产生了哪些影响？

8. 社区自组织的内部管理是如何进行的？有哪些管理与服务团队？分别起到了什么作用？

9. 社区自组织的服务承载力如何？能否适应社区老年人的需求量？

10. 社区自组织发展中遇到的主要困难有哪些？克服困难的关键因素有哪些？

四、私营部门人员访谈提纲

（一）英文原文

1. What are the operation status, developing course and future goals of the private organisation you are working in?

2. What are the contents of the elderly care services in your organisation?

3. What is unique about the services provided by the private sector comparedto other sectors?

4. How does the private sector plan services for the older people?What are the main factors to consider?

5. How is the interactive relationship between the private sector and the government?

6. How is the interactive relationship between the private sector and the third sector?What are the implications in terms of different drivers of the private sector and the third sector's development on the two sector's interaction?

7. What kind of preferential policies are available for the private organisations?

8. Could the private sector maintain its independence for development?Are there constraints in terms of pricing, service planning andproject development?

9. What difficulties and challenges is the private sector faced with inthe communityelderly care bussinessdevelopment?

（二）中文译文

1. 请介绍所在私营部门的运行现状、发展历程及未来目标。

2. 请介绍所在私营部门提供的社区养老服务有哪些内容。

3. 私营部门提供的服务相比其他部门而言有哪些独特之处？

4. 私营部门是如何为老年人规划服务项目的？主要考虑的因素有哪些？

5. 私营部门与政府部门有哪些互动关系？

6. 私营部门与第三部门有哪些互动关系？私营部门与第三部门发展的驱动力不同对两者间的互动有哪些影响？

7. 私营部门在发展中享受到政府的哪些政策支持？

8. 私营部门是否能够保持自身发展的独立性？在定价、服务规划、项目开拓方面是否受到制约?

9. 私营部门在社区养老服务的业务发展中面临哪些困难与挑战?

五、公众访谈提纲

(一)英文原文

1. Could you introduce your age, health condition, income level and family members?

2. Could you introduce the types, contentsand the service providersof the elderly care services you are receiving?

3. Are you satisfied with the services?Which of your major needs are met by those services?

4. What are your main care needs?Which of them arethe most important to you?

5. Do you have any informal carers in your family?Do you also act as a carer in your family?

6. Are the current resources for community elderly care services sufficient for you?Are there any drawbacks?

7. What do you think are the advantages and disadvantages of the elderly care services provided by different sectors? Which sector's services do you prefer?

8. How does the service price affect your choice of services?

9. What preferential policies have you enjoyed for the elderly care services?How do they impact your life?

(二)中文译文

1. 请介绍您的年龄、身体健康状况、收入水平与家庭成员情况。

2. 请介绍您正在接受的照顾服务的类型与具体内容及服务提供部门。

3. 您对这些服务是否感到满意？这些服务主要满足了您的哪些需求？

4. 您的照顾需求主要有哪些？哪些需求对您来说是最重要的？

5. 您是否有家庭中的非正式照顾者？您在家中是否也同时扮演照顾者的角色？

6. 您认为目前的社区养老服务资源对您来说是否充足？哪些方面还存在不足？

7. 您认为不同部门提供的养老服务有哪些优势与劣势？您最喜欢哪个部门提供的服务？

8. 您觉得服务价格对您的服务选择有何种影响？

9. 您享受过哪些养老服务优惠政策？给您的生活带来了哪些影响？

附录三　访谈对象与编码表

一、编码规则

附表 1　访谈对象编码规则表

部门	非正式部门（I）	第三部门（T）	私营部门（P）	政府部门（G）
案例	案例 1（1）	案例 2（2）	案例 3（3）	其他（4）
访谈对象类型	服务提供方工作人员（O）	政府部门工作人员（G）	服务使用者 / 老年人（U）	老年人的家人 / 照顾者（C）
岗位	管理者（M）	部门负责人（L）	普通工作人员（S）	志愿者（V）
性别	男性（M）		女性（F）	
年龄	采用具体数字，例如：70 岁即填写“70”			
收入	低收入（L）	中等收入（M）		高收入（H）
健康	优（E）	良（G）	中（A）	差（P）

例如：访谈对象特征为第三部门、案例 2、服务提供方工作人员、部门负责人、女性、68 岁、中等收入，其访谈对象编码为“T—2—O—L—F—68—M”。

注：“岗位”只适用于养老服务提供方工作人员和政府部门工作人员，“健康”只适用于服务使用者 / 老年人。

二、访谈对象编码表

附表 2　访谈对象编码表

序号	编码	序号	编码	序号	编码
1.	I—1—O—M—F—65—M	16.	I—1—U—F—76—H—P	31.	T—2—O—L—M—35—M
2.	I—1—O—L—F—46—M	17.	I—1—U—F—74—M—A	32.	T—2—O—L—F—43—M
3.	I—1—O—L—F—48—M	18.	I—1—U—F—73—M—A	33.	T—2—O—L—F—45—M
4.	I—1—O—S—F—43—M	19.	I—1—C—M—76—H—A	34.	T—2—O—L—F—41—M
5.	I—1—O—S—F—46—M	20.	I—1—C—F—67—M—G	35.	T—2—O—S—F—31—M
6.	I—1—O—S—F—50—M	21.	I—1—C—M—45—H—E	36.	T—2—O—S—F—29—M
7.	I—1—O—S—F—47—M	22.	I—1—C—M—42—M—E	37.	T—2—O—S—M—35—M
8.	I—1—O—S—F—41—M	23.	I—1—C—F—43—M—E	38.	T—2—U—M—72—M—A
9.	I—1—U—F—75—M—A	24.	G—1—G—M—F—56—M	39.	T—2—U—F—62—H—A
10.	I—1—U—F—79—M—P	25.	G—1—G—M—F—41—M	40.	T—2—U—M—80—M—A
11.	I—1—U—M—80—M—A	26.	G—1—G—M—F—56—M	41.	G—2—G—M—F—49—M
12.	I—1—U—F—83—M—P	27.	G—1—G—L—M—51—H	42.	G—2—O—L—F—54—M
13.	I—1—U—F—80—M—A	28.	T—2—O—L—M—37—M	43.	G—2—O—L—F—43—M
14.	I—1—V—M—77—M—P	29.	T—2—O—L—M—42—M	44.	G—2—O—L—F—45—M
15.	I—1—V—F—66—M—G	30.	T—2—O—L—M—38—M	45.	G—2—O—L—M—70—M

续表

序号	编码	序号	编码	序号	编码
46.	P—3—O—M—M—53—H	63.	P—3—U—F—81—M—P	80.	I—4—O—L—M—64—M
47.	P—3—O—M—F—52—H	64.	P—3—U—F—74—H—A	81.	I—4—O—L—F—58—M
48.	P—3—O—M—F—43—H	65.	P—3—U—M—77—H—P	82.	I—4—O—S—F—32—M
49.	P—3—O—L—F—34—M	66.	P—3—U—F—81—M—P	83.	I—4—O—S—F—37—M
50.	P—3—O—L—F—35—M	67.	P—3—C—F—56—H—G	84.	I—4—O—S—F—42—M
51.	P—3—O—S—F—34—M	68.	G—3—G—L—M—52—M	85.	I—4—O—S—M—34—M
52.	P—3—O—S—F—32—M	69.	G—3—G—L—F—36—M	86.	I—4—O—S—M—33—M
53.	P—3—O—S—F—35—M	70.	I—4—O—M—F—68—M	87.	I—4—U—F—71—H—A
54.	P—3—O—S—M—37—M	71.	I—4—O—M—F—43—M	88.	I—4—U—F—75—M—A
55.	P—3—O—V—F—40—M	72.	I—4—O—M—F—39—M	89.	I—4—U—F—67—M—G
56.	P—3—U—F—73—H—A	73.	I—4—O—M—M—43—M	90.	I—4—U—F—78—H—A
57.	P—3—U—F—77—M—A	74.	I—4—O—M—M—45—M	91.	I—4—U—F—69—M—G
58.	P—3—U—F—82—H—A	75.	I—4—O—M—F—56—M	92.	I—4—U—F—73—H—P
59.	P—3—U—F—75—M—A	76.	I—4—O—M—F—63—M	93.	I—4—U—F—71—M—A
60.	P—3—U—M—74—M—P	77.	I—4—O—M—F—67—M	94.	I—4—U—M—75—M—P
61.	P—3—U—F—81—H—P	78.	T—4—O—M—F—37—M	95.	I—4—U—F—77—H—A
62.	P—3—U—F—76—H—A	79.	T—4—O—L—F—35—M	96.	I—4—U—M—69—M—G

续表

序号	编码	序号	编码	序号	编码
97.	I—4—U—F—72—M—G	114.	T—4—O—M—M—37—M	131.	T—4—O—L—F—58—H
98.	I—4—U—F—62—H—G	115.	T—4—O—M—M—35—M	132.	T—4—O—L—F—52—M
99.	I—4—U—F—69—M—G	116.	T—4—O—M—M—42—M	133.	T—4—O—L—M—43—M
100.	I—4—U—F—66—M—A	117.	T—4—O—M—M—48—M	134.	T—4—O—L—F—34—M
101.	I—4—U—F—74—M—A	118.	T—4—O—M—F—48—M	135.	T—4—O—L—M—46—M
102.	I—4—U—F—76—H—G	119.	T—4—O—M—F—54—M	136.	T—4—O—L—F—37—M
103.	I—4—U—F—69—M—A	120.	T—4—O—M—F—37—M	137.	T—4—O—L—M—38—M
104.	I—4—U—F—72—M—A	121.	T—4—O—M—F—41—M	138.	T—4—O—L—M—41—M
105.	I—4—U—F—63—M—G	122.	T—4—O—M—F—54—M	139.	T—4—O—L—M—36—M
106.	I—4—C—F—37—M—E	123.	T—4—O—L—F—43—M	140.	T—4—O—L—M—49—M
107.	I—4—C—F—32—M—E	124.	T—4—O—L—F—36—M	141.	I—4—O—L—F—56—M
108.	T—4—O—M—F—45—H	125.	T—4—O—L—M—37—M	142.	T—4—O—L—F—42—M
109.	T—4—O—M—F—65—M	126.	T—4—O—L—M—36—M	143.	T—4—O—L—F—37—M
110.	T—4—O—M—F—45—M	127.	T—4—O—L—M—33—M	144.	T—4—O—L—F—34—M
111.	T—4—O—M—F—46—M	128.	T—4—O—L—M—46—M	145.	T—4—O—L—F—35—M
112.	T—4—O—M—F—41—M	129.	T—4—O—L—F—41—M	146.	T—4—O—L—F—35—M
113.	T—4—O—M—F—51—M	130.	T—4—O—L—F—37—M	147.	T—4—O—S—M—28—M

续表

序号	编码	序号	编码	序号	编码
148.	T—4—O—V—F—71—H	161.	T—4—C—F—66—M—A	174.	P—4—O—L—F—53—M
149.	T—4—U—M—75—M—G	162.	T—4—C—F—61—M—E	175.	P—4—O—L—F—32—M
150.	T—4—U—F—70—M—G	163.	T—4—C—F—65—M—G	176.	P—4—U—F—82—M—P
151.	T—4—U—M—72—M—G	164.	P—4—O—M—F—48—H	177.	P—4—U—M—78—M—P
152.	T—4—U—F—74—H—A	165.	P—4—O—M—F—39—H	178.	P—4—U—F—81—M—P
153.	T—4—U—F—79—H—A	166.	P—4—O—M—F—41—H	179.	P—4—C—F—45—M—G
154.	T—4—U—M—77—M—G	167.	P—4—O—M—F—37—H	180.	P—4—C—M—42—M—E
155.	T—4—U—F—75—M—A	168.	P—4—O—M—F—46—H	181.	G—4—G—M—M—55—M
156.	T—4—U—M—72—M—A	169.	P—4—O—M—F—53—H	182.	G—4—G—L—M—40—M
157.	T—4—U—F—70—M—G	170.	P—4—O—M—F—50—M	183.	G—4—G—L—F—43—M
158.	T—4—U—F—67—M—G	171.	P—4—O—M—F—56—H	184.	G—4—G—L—M—40—M
159.	T—4—C—F—62—M—G	172.	P—4—O—M—M—57—M	185.	G—4—G—L—F—33—M
160.	T—4—C—M—64—H—G	173.	P—4—O—L—F—51—M	186.	G—4—O—S—F—37—M

附录四　本书涉及的政策法规

附表 3　本书涉及的政策法规

文件译名	文件原名	适用范围	发布时间
医疗与社会照顾标准	Health and Social Care Standards	苏格兰	2018 年
战略委托计划	Strategic Commissioning Plans	苏格兰	2016 年
社区赋权（苏格兰）法案	Community Empowerment (Scotland) Act	苏格兰	2015 年
苏格兰监管机构的战略行业准则	Scottish Regulators' Strategic Code of Practice	苏格兰	2015 年
国家医疗与福祉成果框架	National Health and Wellbeing Outcomes Framework	苏格兰	2015 年
照顾法案	Care Act	英国	2014 年
采购改革（苏格兰）法案	Procurement Reform (Scotland) Act	苏格兰	2014 年
公共机构（联合工作）（苏格兰）法案	Public Bodies (Joint working) (Scotland) Act	苏格兰	2014 年
苏格兰监管改革法案	Regulatory Reform (Scotland) Act	苏格兰	2014 年
社会照顾(自我指导支持)（苏格兰）法案	Social Care (Self-directed Support) (Scotland) Act	苏格兰	2013 年
重塑老年人照顾倡议	Reshaping Care for Older People initiative	苏格兰	2012 年
医疗与社会照顾法案	Health and Social Care Act	英国	2012 年
苏格兰法案	Scotland Act	苏格兰	2012 年

续表

文件译名	文件原名	适用范围	发布时间
公共服务（社会价值）法案	Public Services (Social Value) Act	英国	2012 年
地方主义法案	Localism Act	英国	2011 年
开放公共服务白皮书	Open Public Services White Paper	英国	2011 年
精神卫生（照顾与治疗）（苏格兰）法案	Mental Health (Care and Treatment) (Scotland) Act	苏格兰	2003 年
社区照顾与医疗（苏格兰）法案	Community Care and Health (Scotland) Act	苏格兰	2002 年
照顾条例（苏格兰）法案	Regulation of Care (Scotland) Act	苏格兰	2001 年
无行为能力成年人（苏格兰）法案	Adults with Incapacity (Scotland) Act	苏格兰	2000 年
地方政府法案	Local Government Act	英国	1999 年
苏格兰法案	Scotland Act	苏格兰	1998 年
社区照顾（直接支付）法案	Community Care (Direct Payments) Act	英国	1996 年
英国国家医疗服务体系与社区照顾法案	National Health Service and Community Care Act	英国	1990 年
照顾人民：未来 10 年及以后的社区照顾	Caring for People: Community Care in the Next Decade and Beyond	英国	1989 年
为病人服务白皮书	Working for Patients White Paper	英国	1989 年
社会工作（苏格兰）法案	Social Work (Scotland) Act	苏格兰	1968 年
国民救济法案	National Assistance Act	英国	1948 年
英国国家医疗服务体系法案	National Health Service Act	英国	1946 年

注：本表的资料来源于英国议会的立法发布平台（https://www.legislation.gov.uk/）和苏格兰政府信息发布平台（https://www.gov.scot/）。

后 记

本书是我在英国爱丁堡大学访学期间的实地研究基础上完成的。英国自 20 世纪 90 年代起就将养老服务纳入社区，探索为老年人提供社区服务的多种模式。经过 30 多年的不断发展，在福利国家发展、公共管理理论范式转变、养老服务理念转型等多重影响下，逐步建构起多元主体合作供给的社区养老服务格局。在英国访学的 1 年间，我针对英国的社区养老服务进行实证研究，实地调查了 69 个参与社区养老服务供给的组织机构，访谈、座谈 100 余次，在一次次访谈交流、参与观察的过程中，逐渐深入英国的社会情境，挖掘养老服务供给背后的组织网络与价值体系，期盼能为处于社区养老服务体系建设与模式探索阶段的中国提供可资借鉴的经验。

特别感谢我的博士生导师、国务院研究室原主任、北京师范大学中国社会管理研究院 / 社会学院创始院长魏礼群教授。承蒙恩师青睐，受业于恩师门下。恩师之于我，如一部博大精深的经典著作，精确诠释了“为天地立心，为生民立命”的志向和“天行健，君子以自强不息；地势坤，君子以厚德载物”的品格。跟随恩师攻读博士学位期间，恩师苦心培养学生独立思考和理论创新的能力，主张在科研实践中提升研究能力，带领学生参加由他主持的多项研究课题，积累科研经验，把握科研规律；鼓励学生参加每年举办的中国社会治理论坛等学术活动，关注社会热点，聚焦问题难点，跟进理论动态，把握学术前沿；支持学生参与中英社会治理现代化研讨会等国际交流活动，开拓全球视野，树立国际意识，关切人类命运。这些都为我写作本书打下了较为扎实的研究基础。

感谢我的博士后合作导师、中共中央党校（国家行政学院）公共管理教研部主任王满传教授。在本书写作过程中，王满传教授鼓励我进行中英比较研究，积极拓展研究宽度，并提出了许多富有启发性与建设性的意见和建议，使本书的研究质量得到提升。

感谢我在英国爱丁堡大学访学期间的指导老师詹姆斯·米切尔（James Mitchell）教授和安德鲁·汤普森（Andrew Thompson）教授。两位教授推荐我进入苏格兰当地颇具社会影响力的苏格兰老年协会（Age Scotland），通过参加社区链接工作逐步厘清社区养老服务供给的网络结构。米切尔教授建议我通过梳理政策脉络打开思路，引介我与苏格兰政界建立联系；汤普森教授引导我关注公共服务供给中的公民权利问题，拓展了我的研究深度与广度。在两位教授的帮助下，我收集到大量宝贵的一手资料，为本书的实证研究奠定了坚实基础。

在本书写作过程中，多位师长和专家提出了宝贵意见。感谢北京师范大学中国社会管理研究院/社会学院的张汝立教授、尹栾玉教授、赵秋雁教授、朱光明教授、朱耀垠教授、谢琼教授、游祥斌教授、萨支红副教授，中国人民大学的董克用教授，国务院发展研究中心的冯俏彬教授，河南师范大学的崔永和教授。张汝立教授在本书修改遇到困难时，指出存在的诸多问题，指导我建立和完善理论分析框架，帮助我优化篇章结构；尹栾玉教授对本书初稿提出了详细的指导意见，帮助我进一步凝练核心思想、聚焦研究问题；赵秋雁教授为我创造走向学术前沿的条件，使我有幸迈入国际学术平台，开拓研究视野，获得与中外专家学者交流的珍贵机会；朱光明教授鼓励我挑战科研难题，使我增强了克服困难的信心和勇气；朱耀垠教授、谢琼教授、游祥斌教授、萨支红副教授基于各自的专业学识和经验，从不同角度提出了修改意见；董克用教授多次为我答疑解惑，教会我作为中国学者应该如何研究外国问题；冯俏彬教授对本书提出了中肯意见，使我受益匪浅；崔永和教授在方法论上为我指点迷津，使我的研究更加科学缜密。

本书的部分内容是中共中央党校（国家行政学院）校级课题《新中国70年国家治理现代化历程和经验研究》的成果，本书出版得到该课题经费的支持。

感谢人民出版社的有关领导和同志，他们为本书的出版付出了辛勤的劳动。本书在写作过程中参考并吸收了学界前辈和同行的一些研究成果。在此，一并表示诚挚的谢意！

曹鸣玉

2022 年 11 月 10 日

于中共中央党校（国家行政学院）

策划编辑：侯　春
责任编辑：侯　春
封面设计：汪　莹
版式设计：严淑芬

图书在版编目（CIP）数据

英国苏格兰社区养老服务多元主体合作供给模式研究 / 曹鸣玉 著 .—
北京：人民出版社，2023.6
ISBN 978－7－01－025612－2

I. ①英…　II. ①曹…　III. ①养老－社区服务－研究－苏格兰
IV. ① D756.186

中国国家版本馆 CIP 数据核字（2023）第 068014 号

英国苏格兰社区养老服务多元主体合作供给模式研究

YINGGUO SUGELAN SHEQUYANGLAOFUWU DUOYUANZHUTI
HEZUO GONGJI MOSHI YANJIU

曹鸣玉　著

人民出版社 出版发行
（100706　北京市东城区隆福寺街 99 号）

北京中科印刷有限公司印刷　新华书店经销

2023 年 6 月第 1 版　2023 年 6 月北京第 1 次印刷
开本：710 毫米 ×1000 毫米 1/16　印张：20.75
字数：270 千字

ISBN 978－7－01－025612－2　定价：80.00 元

邮购地址 100706　北京市东城区隆福寺街 99 号
人民东方图书销售中心　电话（010）65250042　65289539